高职高专"十二五"规划教材

物流法规与实务

WULIU FAGUI YU SHIWU

文宁 主编　邹勇　李艳 副主编

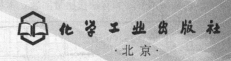

化学工业出版社

·北京·

本书系统地介绍了物流业务开展过程中所涉及的法律法规，包括物流企业的设立、物流采购、货物运输、货物仓储、货物配送、包装和流通、货物搬卸与装卸等各个环节的法律问题，最后还介绍了国际物流中涉及的法律法规。每章节配以工作任务，便于读者理解和掌握相关内容。本书能够使读者在最短的时间内掌握物流相关的法律知识。

本书可作为物流管理专业以及相关经济类专业开设"物流法规"课程的教材，也可作为物流从业人员培训用书和物流相关行业人员学习法律法规的参考读物。

图书在版编目（CIP）数据

物流法规与实务/文宁主编．—北京：化学工业出版社，2012.2（2024.2重印）
高职高专"十二五"规划教材
ISBN 978-7-122-13250-5

Ⅰ．物… Ⅱ．文… Ⅲ．物流-物资管理-法规-中国
Ⅳ．D922.29

中国版本图书馆 CIP 数据核字（2012）第 004208 号

责任编辑：蔡洪伟 于 卉　　　　　　文字编辑：贺婷婷
责任校对：陈 静　　　　　　　　　　装帧设计：张 辉

出版发行：化学工业出版社（北京市东城区青年湖南街 13 号　邮政编码 100011）
印　　装：北京科印技术咨询服务有限公司数码印刷分部
787mm×1092mm　1/16　印张 11　字数 267 千字　2024 年 2 月北京第 1 版第 3 次印刷

购书咨询：010-64518888　　　　　　　售后服务：010-64518899
网　　址：http://www.cip.com.cn
凡购买本书，如有缺损质量问题，本社销售中心负责调换。

定　　价：39.00 元　　　　　　　　　　　　　　　　　　　　　　版权所有　违者必究

前　言

物流学科是一门综合学科，物流产业是一个跨行业、跨部门的复合产业，在实践中必然会遇到众多的法律问题，在解决这些问题时应该遵循哪些法律原则及规范，是物流行业管理者、经营者以及广大业务人员需要了解和具备的知识。

由于物流行业的经营和物流活动本身所涉及的法律法规体系十分庞大，同时我国物流业发展很快，相关的法律、法规仍在不断调整完善中，目前比较全面系统地介绍物流法律法规的专业教材比较缺乏。本书是作者在总结了多年教学经验和成果的基础上，结合物流业务中具体问题编写的一本介绍最新法律动态、内容全面、体系完整的特色法律类教材。

本书秉承服务于"技能型人才"的写作目的。在教材的编写上增加案例教学的比例，从而进一步培养学生对所学专业的感性认识，提高他们的职业适应能力。本教材不仅围绕技术应用能力这条主线来设计学生的知识、能力、素质结构，加强学生的基本实践能力与操作技能、专业技术应用能力与专业技能、综合实践能力与综合技能的培养，还增加教材中案例所占的比例，从而引导学生积极思考和实践，让学生主动参与。这样，做到理论与实践更好地相结合，培养学生分析问题和解决实际问题的能力。

本书的编写思路如下。

1. 准确定位。《物流法规与实务》的定位是物流管理和相关专业学生的专业课程教材，对于学习物流管理的学生和读者是非常重要的一本书。作为现代物流管理专业的特色教材，因此给它的定位：（1）专业课程；（2）内容既要全面，又要突出重点；既要讲解基本法律规定，又要简介前沿进展；（3）概念严谨，深入浅出。强调教材为人才培养目标服务，有完整理论教学、具有应用型教育特色的教学方法和达到一定运用能力的训练方法。

2. 确立高层次性、职业性和可衔接性。理论以必需、够用为度，突出应用性，加强理论联系实际；突出通俗性、趣味性；在教材结构、体例和编写风格上，按培养应用型人才的特点，对传统风格进行改革。以问题引出概念与知识，多用具有实际应用价值的示例、案例，促进对概念方法的理解。文、图、表有机结合，图文并茂容易激发学生的学习兴趣，受到学生的重视。教材具有很强的可读性，同时便于学生理解与记忆。

3. 增强教材的可读性。教材每一章节从本章知识点简介出发，引导学生逐步地掌握理论方法，并在相关知识讲解中，引入生动具体的案例加深对理论的理解。并从概念、原理的分析给学生搭建一个理论框架,让学生在潜移默化中学习科学的思维方法。教材引用大量案例,大量与实例相关的图表、资料穿插其中,使物流法律法规不再是枯燥的理论,而是与实际工作相关联的一门学问,拉近与实际工作的距离。

使用说明:教材每章的体系结构由知识点简介、正文、复习思考题、补充资料组成。正文部分由理论叙述、教学案例两部分组成。建议教师按教材进行授课,介绍完知识点后,采用为学生掌握理论而设计的教学任务,给学生提供实践环节的指导与训练,使学生获得较多的教学技能和活动体验,从而帮助学生消化理解所学理论知识,特别是学会如何将理论用于分析实际问题,增强学习、工作的信心。

本教材共分为八个章节,涵盖物流主体设立、采购管理、仓储管理、运输管理、装卸搬运以及国际物流等内容。全书由五位编者共同合作完成,具体分工为:第一、二章,文宁(湖南女子学院);第三章,邹勇(湖南女子学院);第四章,陈鑫铭(湖南商学院);第五、六章,李艳(湖南工程职业技术学院);第七、八章,雷爱华(湖南女子学院)。最后,由主编对全书进行修改、润色与定稿。

本教材是在各方紧密配合下才得以圆满完成的。首先要感谢编者家人的全力支持,同时也要感谢各合作单位和出版单位的鼎力协助。在教材编写过程中,我们参阅了和借鉴了国内外大量的论著和文献,在此对论著和文献的作者表示由衷的谢意。由于编者才疏学浅,加之编写经验有限,书中尚有不足与疏漏之处,敬请读者不吝批评指正。

编者
2011 年 12 月

物流法规与实务

目 录

项目一 认知物流法律法规

单元一 法的基本知识 ··· 1
  一、法的概念 ··· 1
  二、法的分类及我国的法律体系 ··· 2
  三、法律行为与代理 ·· 4
单元二 物流法概述 ·· 6
  一、物流法概述 ··· 6
  二、物流法律关系 ··· 8
  三、物流服务合同 ··· 9
  四、我国物流法律法规的现状与发展 ··· 12

项目二 认知物流企业法律制度

单元一 企业法律制度及应用 ··· 17
  一、公司法律制度 ··· 17
  二、合伙企业法律制度 ··· 21
单元二 物流企业法律制度及应用 ··· 27
  一、物流企业的概述 ·· 27
  二、物流企业的市场准入和设立 ··· 28
  三、物流企业经营方式及法律责任 ·· 32
  四、物流企业的变更和解散 ·· 34

项目三 认知物流采购法律制度

单元一 买卖合同 ··· 38
  一、买卖合同概述 ··· 39

二、买卖合同的订立 ·· 39
　　三、买卖合同的效力 ·· 44
　　四、买卖合同的当事人的权利义务 ·· 45
　　五、标的物所有权的转移和风险责任承担的相关规定 ·································· 46
　　六、买卖合同的履行和担保 ·· 47
　　七、合同的变更、转让和终止 ·· 49
　　八、违反买卖合同的法律责任 ·· 51
单元二　招标投标法 ·· 53
　　一、招标投标法概述 ·· 53
　　二、招标投标活动应当遵循的原则 ·· 54
　　三、招标投标活动当事人 ··· 55
　　四、招标投标程序 ··· 55
　　五、开标、评标和中标 ·· 56
　　六、法律责任 ·· 57
单元三　政府采购法 ·· 57
　　一、政府采购概述 ··· 58
　　二、政府采购的当事人 ·· 59
　　三、政府采购方式 ··· 59
　　四、政府采购程序 ··· 61

项目四　认知货物运输法律法规

单元一　货物运输合同 ·· 65
　　一、货物运输合同的概念和特征 ··· 65
　　二、货物运输合同的种类及当事人 ·· 66
　　三、货物运输合同中主要当事人的义务 ··· 67
单元二　公路货物运输法律制度 ··· 68
　　一、公路货物运输规则 ·· 69
　　二、公路货物运输合同 ·· 69
　　三、汽车货物运输责任的划分 ·· 71
　　四、汽车货物运输费用 ·· 72
　　五、货运事故与赔偿 ·· 74
单元三　铁路货物运输法律制度 ··· 74
　　一、铁路货物运输合同 ·· 75
　　二、国际铁路货物联运协定 ··· 75
单元四　水路货物运输法律制度 ··· 78
　　一、国内外水路运输管理制度 ·· 78
　　二、水路运输方式类型及其当事人的义务和责任 ··· 78
　　三、国内水路货物运输合同 ··· 80
　　四、国际海上货物运输合同 ··· 81
单元五　航空货物运输法律制度 ··· 84

一、航空货物运输合同概述 ································· 84
　二、航空货物运输合同当事人的权利义务 ················· 84
单元六　多式联运法律制度 ································· 86
　一、多式联运合同 ··· 87
　二、国际多式联运 ··· 88

项目五　认知仓储法律法规

单元一　保管与保管合同 ····································· 91
　一、保管 ·· 91
　二、保管合同 ··· 92
单元二　仓储与仓储合同 ····································· 94
　一、仓储 ·· 94
　二、仓储合同 ··· 96
单元三　仓单 ··· 101
　一、仓单的概念和性质 ···································· 101
　二、仓单的内容和效力 ···································· 101
单元四　涉外仓储业务 ·· 103
　一、涉外仓储业务 ··· 103
　二、保税仓库 ··· 104
　三、出口监管仓库制度 ···································· 106

项目六　认知货物配送、包装和流通加工法律法规

单元一　货物配送合同 ·· 111
　一、配送合同的概念和种类 ······························· 111
　二、配送合同的主要内容 ·································· 114
　三、配送合同中当事人的权利义务 ······················ 115
单元二　货物包装法律法规 ··································· 117
　一、普通货物的包装法律制度 ····························· 117
　二、危险货物的包装法律制度 ····························· 122
　三、国际物流中的包装法律制度 ························· 127
单元三　加工承揽合同 ·· 130
　一、加工承揽合同的概念和种类 ························· 130
　二、加工承揽合同的主要内容 ····························· 131
　三、加工承揽合同中当事人的权利与义务 ·············· 133

项目七　认知货物搬运与装卸法律制度

单元一　港口搬运装卸作业的法律制度 ··················· 138
　一、港口搬运装卸法律法规的概述 ······················ 138
　二、一般货物的港口作业合同 ···························· 139

三、集装箱货物的装卸作业 …………………………………………………… 140
　　四、港口与船方之间的货物交接关系 ………………………………………… 142
　单元二　铁路装卸搬运作业的法律制度 ………………………………………… 143
　　一、铁路装卸搬运法律法规概述 ……………………………………………… 143
　　二、铁路货物运输合同中的装卸搬运义务 …………………………………… 143
　　三、委托他人进行铁路搬运装卸作业的物流企业应遵循的法律规定 ……… 143
　单元三　公路装卸搬运作业的法律制度 ………………………………………… 144
　　一、公路装卸搬运法律法规概述 ……………………………………………… 144
　　二、公路装卸搬运作业人的义务与责任 ……………………………………… 144

项目八　认知国际物流中涉及的法律法规

　单元一　国际贸易公约、惯例 …………………………………………………… 146
　　一、《联合国国际货物买卖合同公约》（CISG）……………………………… 146
　　二、国际货物买卖中的主要惯例 ……………………………………………… 149
　单元二　国际货物运输代理法律法规 …………………………………………… 151
　　一、国际货物运输代理概述 …………………………………………………… 151
　　二、国际货运代理企业 ………………………………………………………… 152
　　三、外商投资国际货运代理企业的设立 ……………………………………… 154
　　四、国际货物运输委托代理合同 ……………………………………………… 156
　　五、国际货运代理企业在进行跨国业务合作时的注意事项 ………………… 158
　单元三　国际货物多式联运法律法规 …………………………………………… 159
　　一、《联合国国际货物多式联运公约》………………………………………… 159
　　二、《多式联运单证规则》……………………………………………………… 162

参考文献

项目一 认知物流法律法规

【本章知识点简介】

法是由国家制定或认可的、代表统治阶级意志的，并由国家强制力保证实施的行为规范的总称。依据我国宪法和有关组织法的规定，我国的社会主义法的渊源主要有宪法、法律、行政法规等。民事法律行为简称法律行为，是指民事主体基于意思表示，设立、变更或者终止民事权利、义务的合法行为。代理是指代理人依据被代理人的委托或者法律规定以及人民法院或有关单位指定，以被代理人的名义，在代理权限内实施的民事法律行为，而代理行为产生的法律后果直接由被代理人承受的制度。

物流法是指调整在物流活动中产生的与物流活动有关的社会关系的法律规范的总称。物流法律法规的特征为广泛性和复杂性、多样性和综合性、技术性、国际化。物流法律关系是指物流法律规范在调整物流活动中所形成的具体的权利义务关系。物流合同，是指第三方物流企业与其他企业约定，由第三方物流企业为后者进行物流系统的设计，或负责后者整个物流系统的管理和运营，承担系统运营责任，由后者向第三方物流企业支付物流服务费的合同。

现代物流业的持续发展必然以良好的法律制度环境为依托和动力，然而我国物流法规中还存在许多问题，所以需要统一制定物流法律法规的原则，建立适应现代物流发展的物流法律法规体系，创造有利于现代物流业发展和国际化发展需要的技术标准法规体系。

单元一 法的基本知识

一、法的概念

《中华人民共和国宪法》规定，中华人民共和国实行依法治国，建设社会主义法治国家。随着社会主义法律意识的逐步树立，越来越多的人在学法、用法，用法律来维护自己的切身利益。

一般来讲，法是由国家制定或认可的、代表统治阶级意志的，并由国家强制力保证实施的行为规范的总称。这一国家意志的内容由统治阶级物质生活条件所决定，它通过规定人们在社会关系中的权利和义务，确认、保护和发展有利于统治阶级的社会关系和社会秩序。法作为一种特殊的行为规则和社会规范，不仅具有行为规则、社会规范的共性，还具有自己的特征。其特征主要包括如下几点。

（一）法是调整行为关系的规范

法是一种特殊的社会规范，其特点之一是它调整人们的行为和人与人之间的相互关系。

法具有明确的内容，能使人们预知自己或他人一定行为的法律后果。法具有普遍适用性，凡是在国家权力管辖和法律调整的范围、期限内，对所有社会成员及其活动，都普遍适用。

（二）法由专门机关制定和解释

法由国家制定或认可，具体制定法和对法的解释，则应由国家授权的专门机关实现。

统治阶级意志并不能直接成为法，它必须通过一定的组织和程序，即通过代表统治阶级的国家制定或认可，才能形成法。制定和认可是国家创制法的两种方式，也是统治阶级把自己的意志变为国家意志的两条途径。法是通过国家制定和发布的，但不是国家发布的任何文件都是法。首先，法是国家发布的规范性文件；其次，法是按照法定的职权和方式制定和发布的，有确定的表现形式。也就是说，法需要通过特定的国家机关，按照特定的方式，表现为特定的法律文件形式才能成立。

（三）法以权利义务双向规定为调整机制

法的主要内容是由规定权利、义务的条文构成的，它通过规定人们在社会关系中的权利、义务来实现统治阶级的意志和要求，维持社会秩序。

权利和义务是相对应的，每个社会成员既是权利主体，又是义务主体，在享有权利的同时，必须履行相应的义务，其他社会规范并不都是将权利和义务相对应。

（四）法以国家强制力保证实施

法的强制性是由国家提供和保证的，因而与一般社会规范的强制性不同。

国家强制力是以国家的强制机构（如军队、警察、法庭、监狱）为后盾，对违法者采取国家强制措施。这种制裁，表现为一种强制性的制裁，而不以当事人的意志为转移。而其他社会规范虽然也有一定的强制性，如道德主要依靠社会舆论的制约，习惯受到巨大习惯势力的制约，但这些制约都不同于国家的强制。

（五）法具有普遍约束力和严格程序

法的调控不是针对某个人的，也不是局限于某一个固定的时间，而是对不特定的多数人，在连续的某一时期均有效力。

法要按程序制定，按程序执行，无论立法还是执法都要遵循程序，而不允许随意更改或变化。

二、法的分类及我国的法律体系

（一）社会主义法的渊源

法的渊源是指法的表现形式。社会主义法的渊源是有权创制法律规范的国家机关制定发布的规范性法律文件。依据我国宪法和有关组织法的规定，我国的社会主义法的渊源主要有以下几种。

1. 宪法

宪法是国家的根本大法，它规定了我国的各项基本制度、公民的基本权利和义务、国家机关的组成及其活动的基本原则等。我国宪法由全国人民代表大会按特殊程序制定和修改，具有最高的法律效力，是其他一切法律、法规制定的依据。

2. 法律

法律由全国人民代表大会和全国人民代表大会常务委员会制定。其中刑事、民事以及有关国家机构等基本法律由全国人民代表大会制定，基本法律以外的其他法律由全国人民代表大会常务委员会制定。法律不得与宪法相抵触。

3. 行政法规

行政法规是国务院根据宪法和法律的规定，在其职权范围内制定的有关国家行政管理活动的规范性文件。行政法规不得与宪法和法律相抵触。

4. 部门规章

部门规章是国务院各部、委员会、中国人民银行、审计署和具有管理职能的直属机构，根据法律和国务院的行政法规、决定、命令，在本部门的权限范围内，制定的规范性文件。部门规章一般在全国范围内有效。

5. 地方性法规

地方性法规是各省、自治区、直辖市和较大的市（即省、自治区的人民政府所在地的市，经济特区所在地的市和经国务院批准的较大的市，下同）的人民代表大会及其常务委员会，根据本行政区域的具体情况和实际需要制定的规范性文件的总称。地方性法规不得与宪法、法律和行政法规相抵触，且仅在本地区内有效。

6. 地方政府规章

地方政府规章是省、自治区、直辖市人民政府和较大的市的人民政府，根据法律、行政法规和本省、自治区、直辖市的地方性法规制定的规范性文件的总称。地方政府规章仅在本地区内有效。

7. 自治条例和单行条例

自治条例和单行条例是民族自治区、自治州、县的人民代表大会依照当地民族的政治、经济和文化的特点制定的规范性文件的总称。自治条例和单行条例可以依照当地民族的特点，对法律和行政法规的规定做出变通规定，但不得违背法律或者行政法规的基本原则，不得对宪法和民族区域自治法的规定以及其他有关法律、行政法规专门就民族自治地方所作的规定做出变通规定。

8. 特别行政区的法

特别行政区的法是特别行政区的国家机关在宪法和法律赋予的职权范围内制定或认可，在特别行政区内具有普遍约束力的成文法和不成文法。我国实行"一国两制"，因此特别行政区的法律渊源具有一定特殊性。对此，《香港特别行政区基本法》和《澳门特别行政区基本法》均做出了具体规定。

9. 国际条约

我国与外国签订的具有规范性内容的国际协定以及我国批准加入的国际条约，也是我国的法律渊源。

（二）我国社会主义法律体系

法的体系是一国以所有现行法为基础所形成的，作为一个有机统一体存在的法的整体。

现代法的体系，通常指一国所有现行法按一定标准组合为若干部门法所构成的一个有机联系的整体。

法律体系是由法律部门构成的，法律部门则是依照调整社会关系的领域和调整的手段为标准，对法律进行的一种分类。构成我国社会主义的法律体系的主要法律部门包括：宪法、行政法、民商法、经济法、刑法、社会法、诉讼法、资源与环境保护法、军事法等。

三、法律行为与代理

（一）法律行为

1. 民事法律行为的概念和特征

民事法律行为简称法律行为，是指民事主体基于意思表示，设立、变更或者终止民事权利义务的合法行为。民事法律行为的特征体现为：

（1）民事法律行为以当事人的意思表示为要素；

（2）民事法律行为以发生一定的民事后果为要素，即民事权利义务的产生、变更或者消灭；

（3）民事法律行为是合法行为。

2. 民事法律行为的生效

民事法律行为的生效是指民事法律行为所具有的法律效力开始发生具体作用，即当事人已经享有实际意义上的民事权利和承担实际意义上的民事义务。民事法律行为生效的要件包括：

（1）行为人具有相应的民事行为能力；

（2）意思表示真实；

（3）不违反法律或者社会公共利益。

3. 无效民事行为

无效民事行为是指因欠缺民事法律行为的有效条件，不发生法律效力的民事行为。无效民事行为有以下情形：

（1）无民事行为能力人实施的民事行为；

（2）限制民事行为能力人依法不能独立实施的或没有征得法定代理人同意的；

（3）一方以欺诈、胁迫的手段或者乘人之危，使对方在违背真实意思的情况下所为的民事行为；

（4）恶意串通损害国家、集体或者第三人利益的民事行为；

（5）以合法形式掩盖非法目的的民事行为；

（6）违反法律或者社会公共利益的民事行为。

民事行为部分无效，不影响其他部分的效力的，其他部分仍然有效。

4. 可撤销的民事行为

可变更、可撤销的民事行为是指当事人一方出于自身原因作出不符合本人真实意愿的意思表示，事后可以请求人民法院或者仲裁机关予以变更或者撤销的民事行为。可变更、可撤销的民事行为有下列情况：

（1）重大误解的民事行为；

（2）显失公平的民事行为。

5. 民事行为被确认无效或者被撤销的后果

无效民事行为被确认无效或者被撤销后，均自行为开始起无效，民事行为被确认无效或者被撤销后，还会产生下列法律后果：

（1）财产返还　由于民事行为无效，当事人从民事行为中取得的财产就失去了合法根据，所以，当事人应将其从该民事行为中取得的财产返还给对方，财产返还分为单方返还和双方返还，前者是有过错的一方将其从无效民事行为中所得财产返还给对方，而对方所得财产则不予以返还，依法另行处理。后者则是双方各自将其从无效民事行为中所得财产分别返还给对方。

（2）赔偿损失　无效民事行为给当事人造成损失的，还相应地产生损失赔偿的后果。该后果的承担是与当事人的过错相联系的。

（3）追缴财产　在法律规定情况下，执法机关要将当事人因无效民事行为所取得的财产（已经取得和约定取得的财产）予以追缴，收归国家、集体所有或返还给第三人。

（二）代理

1. 代理的概念和特征

代理是指代理人以被代理人名义，在代理授权范围内，与第三人进行的确立被代理人与第三人之间一定的法律关系的法律行为。

代理具有以下法律特征：

（1）代理是代理人以被代理人名义，即代替被代理人进行的法律行为；

（2）代理人在代理权限内有权独立自主地进行代理行为；

（3）代理人是代理被代理人与第三人之间进行的具有法律意义、产生法律后果的法律行为；

（4）代理人的代理后果由被代理人承受，从而在被代理人与第三人之间确立了法律关系。

2. 代理的种类

（1）委托代理　这是基于被代理人的委托所产生的代理。所以，委托代理又叫授权代理。经济关系中主要采取委托代理形式。

（2）法定代理　这是根据法律规定而直接产生的代理。

（3）指定代理　这是指由有关指定单位或人民法院的指定而产生的代理。如法院指定诉讼代理人。

3. 代理的法律责任

（1）无代理权，又叫无权代理。超越代理权或代理权终止后仍进行代理的，为无权代理，由行为人承担民事责任；若被代理人追认，则由被代理人承担民事责任。本人知道他人以本人名义实施民事行为而不作否认表示的，视为同意。第三人知道行为人无权代理，但仍与之实施民事行为、给他人造成损害的，由第三人和行为人负连带责任。

（2）代理人不履行代理职责而给被代理人造成损害的，应当承担民事责任。代理人与第三人串通，损害被代理人利益的，由代理人和第三人负连带责任。

（3）代理人知道被委托事项违法而仍然进行代理活动，或被代理人知道代理人违法却不表示反对，由代理人和被代理人负连带责任。

（4）委托代理转托时，应事先取得被代理人同意，或事后及时告知取得其同意，否则，由代理人负民事责任。但在紧急情况下为保护被代理人利益而转托的不在此限。

【工作任务1】

运用所学知识分析以下案例。

1. 某物流公司运送货物的货车发生故障，货物急需运送到目的地，而且当时夜深且地段偏僻，正巧王某开车路过，见状后提出要求其支付每公里100元车费为条件，将货物运送到目的地，物流公司无奈只好答应，请分析物流公司与王某之间的民事行为是否有效。

［答案］ 无效合同。一方以欺诈、胁迫的手段或者乘人之危，使对方在违背真实意思的情况下所为的民事行为为无效民事行为。

2. 甲政府机关依法委托专门从事政府采购代理业务的乙公司代理采购一批办公设备，并授权乙公司与中标供应商签订采购合同。乙公司在与中标供应商签订采购合同时，双方秘密商定，乙公司在合同条款上对供应商予以照顾，中标供应商作为答谢提供给乙公司一批办公设备。请问乙公司的代理行为是否有效，后果如何承担？

［答案］ 代理行为无效，后果由乙公司自己承担。

单元二 物流法概述

一、物流法概述

物流活动涉及采购、运输、仓储、生产、流通加工、配送、销售等多环节，从法律层面上调整物流活动，维护当事人合法权益，是物流发展的必然要求和必要结果。

（一）物流法的概念

物流法是指调整在物流活动中产生的与物流活动有关的社会关系的法律规范的总称。

从我国目前的情况来看，由于物流业在我国兴起不久，物流法律制度的研究还处于起步阶段，我国缺乏一个统一的物流技术和物流服务标准，也没有统一的物流法，所有与物流直接相关的法律规范，散见于各个部门法之中。

（二）物流法律法规框架

我国物流法律制度目前只是一个基本的行业法律规范的有机组合，物流企业要遵守行业规范，在与物流相关的法律法规框架范围内，完成各自的物流活动，承担相应的法律责任。

1. 法律

法律是指由拥有立法权的国家机关（在我国为全国人民代表大会及其常务委员会）按照立法程序制定和颁布的规范性文件。在有关物流法规的各种表现形式中，法律具有最重要的地位。

在由国家制定的现行法律之中，直接为物流制定或与物流有关的法律包括：《合同法》总则及分则中的第十七章"运输合同"、第二十章"仓储合同"和第二十一章"委托合同"，《中华人民共和国海商法》、《中华人民共和国民用航空法》、《中华人民共和国铁路法》、《中华人民共和国公路法》和《中华人民共和国港口法》等。

2. 行政法规

行政法规是指由国家最高行政管理机关即国务院为了实施宪法和有关法律，在自己职权范围内制定的基本行政管理规范性文件的总称,其法律地位和法律效力仅次于宪法和法律。

目前,我国有关物流方面的行政法规有直接为物流制定的法规以及与物流有关的法规。从内容和行业管理上看,基本上属于海上、陆地和航空运输管理以及消费者权益保护、企业管理、合同管理等方面的法规。涉及物流的行政法规有《中华人民共和国海港管理暂行条例》、《中华人民共和国公路管理条例》、《中华人民共和国国际海运条例》以及《中华人民共和国航道管理条例》等。

3. 规章

规章是指由国务院各部、各委员会,包括一些直属机构为实施法律、行政法规而在自己权限范围内依法制定的规范性行政管理文件。

由国家铁道部、交通部、信息产业部和商务部所颁布的条例、办法、规定和通知都有涉及物流的内容。涉及物流的部门规章有《商业运输管理办法》、《铁路货物运输规程》、《国际铁路货物联运协定》、《国际货物运输代理业管理规定实施细则》以及《关于加快我国现代物流发展的若干意见》等。

4. 地方性法规

地方性法规是指由地方国家机关即地方人民代表大会及其常务委员会制定的一种规范性文件。其法律效力低于行政法规,只在地方政府管辖范围内有效,即受地域范围的限制。例如,上海市颁布执行的与物流有关的法律规范等。

由于各省、市、自治区经济发展和立法进程各不相同,所以此类规章的种类和内容在各个地区之间有很大的差异。沿海经济发达地区由于内外贸业务繁多,物资流动频繁,除执行具有全国效力的法律和行政法规外,也通过地方立法的形式制定较具体的物流类规章。与之相比,经济欠发达地区地方立法也就弱一些。地方规章的制定首先考虑的是本地区的经济利益,所以在某种程度上容易形成跨区域物流运行中的壁垒和障碍。

5. 国际条约

国际条约是指国家及其他国际法主体间所缔结的以国际法为基础,确定其相互关系中的权利和义务的一种国际书面协议,也是国际法主体间互相交往的一种最普遍的法律形式。涉及物流的国际条约很多,但并不是所有国际条约都可以无条件地在任何一个国家内生效。根据国际法和国家主权原则,只有经一国政府签署、批准或加入的有关物流的国际条约,才对该国具有法律约束力,才能成为该国物流法规的表现形式。

此外,我国还加入了多个国际公约,其中海运方面最多,其次是航空和铁路,公路类的国际公约较少。

(三) 物流法律法规的特点

物流活动涉及物品的运输、储存、装卸、搬运、包装、流通加工、配送、信息处理等诸多环节,调整物流的法律规范也涵盖物流活动的各个方面,表现形式也体现为不同形式,再加上物流活动的技术性和国际化,使得物流法律法规具有以下特征。

1. 广泛性和复杂性

物流法律法规的广泛性是指物流活动的各个领域均存在有关的法律、法规或公约。物流活动本身的环节众多,物流活动参与者众多,物流活动的市场管理者众多,物流活动既受社会经济活动的一般准则制约,又要受到行业法规和惯例制约,这些决定了物流法律制度的广泛性。

物流法律法规的复杂性是指物流活动参与者经常处于双重甚至多重法律关系中,这使得物流活动中法律适用也十分复杂。譬如，在第三方物流服务合同中，第三方物流企业既为企业设计并管理物流系统，也要提供综合的物流服务，甚至提供具体的物流作业服务，物流法律关系十分复杂。同时在法律适用上也异常复杂，第三方物流企业为物流企业设计物流系统时，适用的是技术合同和技术开发合同的规定，而提供的具体物流作业服务，则根据服务的具体内容分别适用货物运输合同、加工承揽合同、仓储合同、保管合同等规定。

2. 多样性和综合性

物流法律法规的多样性是指物流法规在形式上表现为各种法律、法规和公约。譬如就物流活动运输中的运输环节来说，就分别有公路运输法律规范、铁路运输法律规范、水路运输法律规范、航空运输法律法规等不同领域的法律法规。而就公路运输法律规范而言，包括《合同法》、《公路法》以及《汽车货物运输规则》等不同层次、不同效力的法律规范。

物流法律法规的综合性是指各种与物流相关的法律、法规之间存在着相互协调、相互配合的关系。物流法律法规对物流活动中所有环节中产生的关系进行调整，因此反映综合物流的物流法律法规自然也有综合性的特点。

3. 技术性

物流法律法规的技术性是指作为调整物流活动、规划物流市场的法律规范，必将涉及物流活动的专业用语、技术标准、设备标准和操作规程等技术要求。由于整个物流活动过程都需要运用现代管理技术和现代信息技术，物流活动自始至终都体现较高的技术含量，而物流法又是与物流技术、物流业务紧密联系的法律，具有较强的技术性特点。

4. 国际化

物流法律法规的国际化表现在一些技术标准以及物流技术标准和工作标准等领域适用全球通用的国际标准，在法律适用上体现国际化。现代物流活动的国际化，使得物流超越了一国和区域的界限，走向国家化，与国际物流相适应，物流法规也呈现出国际化的趋势。

二、物流法律关系

法律关系是法律在规范人们的行为过程中所形成的一种特殊的社会关系，即法律上的权利义务关系。物流法律关系是指物流法律规范在调整物流活动中所形成的具体的权利义务关系。物流法律关系包括主体、客体和内容三个要素。

（一）物流法律关系的主体

物流法律关系的主体，即物流法律关系中权利和义务的承担者。它分为权利主体和义务主体。其中，在物流法律关系中享有权利的一方为权利主体，在物流法律关系中负有义务的一方为义务主体。物流法律关系的主体包括以下三类。

1. 自然人

自然人是指按照自然规律出生的人。自然人作为物流法律关系的主体必须注意以下两点：

（1）由于物流是商业活动，并且法律对一些物流行业的主体有特殊规定，因此，一般而言，自然人成为物流服务的提供者将受到很大的限制；

（2）现代物流涉及的领域较为广泛，自然人在一些情况下可以通过接受物流服务，而成为物流法律关系的主体。

2. 法人

法人是指具有民事权利能力和民事行为能力，依法享有民事权利和承担民事义务的组织。包括综合性的物流企业、航运企业、进出口公司等。

3. 其他组织

其他组织是指即合法成立、有一定的组织机构和财产，但不具备法人资格，不能独立承担民事责任的组织。其他组织必须符合相应的法律规定，取得一定的经营资质，才能从事物流业务。

（二）物流法律关系的客体

物流法律关系的客体，即物流法律关系的主体享有的权利和承担的义务所共同指向的对象。物流法律关系的客体通常为物、行为和智力成果。如运输公司的运送行为，工商行政管理部门对设立物流企业的审核、批准行为等。

（三）物流法律关系的内容

物流法律关系的内容，是指物流法律关系主体在物流活动中享有的权利和承担的义务。权利是指主体能够凭借法律的强制力或合同的约束力，在法定限度内自主为或不为一定行为以及要求义务主体为或不为一定行为，以实现其实际利益的可能性；义务是指主体依照法律规定或应权利主体的要求必须为或不为一定行为，以协助或不妨碍权利主体实现其利益的必要性。

（四）物流法律关系的发生、变更和终止

1. 物流法律关系的发生

物流法律关系的发生，又称物流法律关系的设立，是指因某种物流法律事实的存在而在物流法律关系主体之间形成某种权利和义务关系。

物流法律事实是指由法律所规定的能够引起物流法律关系发生、变更和消灭的客观现象，包括物流法律事件和物流法律行为两大类。

2. 物流法律关系的变更

物流法律关系的变更，又称物流法律关系的相对消灭，是指因某种物流法律事实的出现而使物流主体之间已经存在的物流法律关系发生改变。

物流法律关系变更的结果往往是使已经存在的物流法律关系的主体、客体或内容发生某种变化。如运输过程中遭遇严重的交通事故，使交货的时间推迟或货物损坏，致使原合同无法全面履行。

3. 物流法律关系的终止

物流法律关系的终止，又称物流法律关系的绝对消灭，是指因某种物流法律实施的出现而使已经存在物流主体之间的物流法律关系归于消灭。

三、物流服务合同

（一）物流服务合同的含义

物流服务合同的含义有狭义和广义之分。

狭义的物流服务合同，是指第三方物流企业与其他企业约定，由第三方物流企业为后者进行物流系统的设计，或负责后者整个物流系统的管理和运营，承担系统运营责任。而由后者向第三方物流企业支付物流服务费的合同。

广义的物流服务合同，是指第三方物流企业与其他企业约定，由第三方物流企业为后者提供全部或部分的物流服务，而由后者向第三方物流企业支付报酬的合同。

本书所称的物流服务合同，是指狭义的物流服务合同，或者是综合物流合同。其中，我们将提供这种物流服务的第三方物流企业，称为物流企业；将接受物流服务的货主企业或者其他企业，称为物流服务需求者。

（二）物流服务合同的特点

（1）物流服务合同是双务合同，即当事人双方相互享有权利并承担义务的合同。例如，物流企业有完成合同规定服务的义务，并收取相应费用的权利；而物流服务需求者有支付费用的义务，也有接受完善服务和出现问题时要求索赔的权利。

（2）物流服务合同是有偿合同，即享有合同权利必须偿付相应代价的合同。物流企业以完成全部服务为代价取得收取报酬的权利，而物流服务需求者以支付费用为代价享受完善服务的权利。

（3）物流服务合同是非要式合同，即法律不要求必须具备一定形式和手续的合同。物流单据是物流服务合同的证明，其本身不是合同。

（4）物流服务合同是诺成合同，即当事人意思表示一致即成立的合同。只要物流服务需求方和物流企业之间就物流服务协商一致，物流服务合同即告成立。

（5）物流服务合同是提供劳务的合同，即物流企业在为物流服务需求者提供服务的整个过程中，仅仅是提供劳务服务，货物所有权并不转移到物流企业手中，物流企业没有处分货物的权利，必须按物流服务需求者的要求完成物流服务项目。

（6）物流服务合同有约束第三者的性质，即物流服务合同的双方是服务商与用户方，而收货方有时并没有参加合同签订，但收货方可直接取得合同规定的利益，并自动受合同的约束。

（三）物流服务合同的当事人

物流服务合同的主体包括服务商、用户方、收货方以及分包商。服务商是指与用户方签订物流服务合同的服务商。物流服务合同中的服务商是特定主体，即物流服务合同中的物流企业必须是第三方物流企业，或专为提供物流服务收取报酬而经营的法人或其他组织。用户方是指与物流企业签订物流服务合同，或依据用户方授权而将货物实际交给物流企业的人。收货方是指有权提取货物的人。分包商是指实际完成全程物流服务一个或几个环节的服务商，包括承揽仓储、包装、搬运的分包人，以及在多式联运中，实际完成运输全程中某一区段或几个区段货物运输的分运人。

（四）物流服务合同的形式

合同的形式是指订立合同的当事人双方达成的协议的表现形式，它是合同内容的外在表现和载体。由于物流服务合同目前还没有明确的法律规定。更没有对其订立形式的规定，因此不存在法定的形式。物流服务合同的形式包括以下三种。

1. 口头形式

口头形式是指当事人通过使用语言进行意思表示订立合同的形式。口头形式简单易行，一般经常进行业务往来的物流双方当事人之间可以通过直接对话或者电话联系，以便迅速达成协议。但是，口头合同缺乏证明效力，在实践中，一般通过提单、收据等单据在合同当事人之间流通，形成对合同的证明，一定程度上可以弥补口头合同的欠缺。

2. 书面形式

书面形式是指合同书、信件、数据电文（电报、电传、传真、电子数据交换和电子邮件)等可以有形地表现所载内容的形式。物流双方当事人对于关系复杂、重要的合同,一般应采用书面形式。

3. 其他形式

其他形式是指除口头形式和书面形式以外的合同形式。

物流双方当事人可以通过约定来确定物流服务合同的形式。

(五) 物流服务合同的条款

合同条款是当事人达成合意的具体内容。为了保证物流服务合同的履行和双方合同目的的实现,并在发生争议后解决争议时有所依据,当事人设计合同条款时应当具体、完备和全面。物流服务合同的条款分为一般条款和格式条款。

1. 物流服务合同的一般条款

(1) 当事人的名称或者姓名以及住所 包括物流企业和物流服务需求者的名称、地址等进行明确。

(2) 物流服务的范围和内容 物流企业和物流服务需求者就提供的物流服务进行约定,包括货物运输服务,仓储服务、咨询业务等物流业务服务和物流综合服务等。

(3) 合作方式和期限 物流企业和物流服务需求者就运营模式和合作期限进行约定,包括提供运输、仓储等单一或者少数物流功能的组合服务项目,或者提供配送、流通加工、咨询和信息等其他增值作业服务,或者是长期服务合同形成一体化供应链物流方案等。

(4) 双方的具体权利和义务 包括物流企业提供物流服务的义务和收取费用的权利,以及物流需求者交付费用的义务和享受对方提供物流服务的权利。

(5) 服务所应达到的指标 物流企业和物流服务需求者在物流合同中应当详细规定服务应达到的技术指标。

(6) 实物交接和费用的结算、支付 物流活动的环节众多,物流合同应尽量具体的规定每个环节的实物交付和费用支付。

(7) 违约和解除合同的处理 物流企业和物流服务需求者事先就解除合同的情况进行约定,并明确双方违约责任的承担。

(8) 争议的解决方法 物流企业和物流服务需求者可以事先约定采用何种方式解决纠纷,包括协商、仲裁或者诉讼。

2. 物流合同的格式条款

合同格式条款,是指当事人为了重复使用而预先拟定,并在订立合同时未与对方协商的条款。目前多数物流企业有自己的物流格式合同,这些合同当然应当遵守《合同法》的相关规定:

(1) 提供格式条款的一方应当遵循公平的原则确定当事人之间的权利和义务,并采取合理的方式提请对方注意免除或者限制其责任的条款,按照对方的要求,对该条款予以说明。

(2) 格式条款具有《合同法》第52条规定的合同无效的五种情况和第53条规定的免责无效的两种情况,或者免除提供格式条款一方当事人主要义务、加重对方责任、排除对方当事人主要权利的条款无效。

(3) 对格式条款的理解发生争议的,应当作出不利于提供格式条款一方的解释,格式条款和非格式条款不一致的,应当采用非格式条款。

四、我国物流法律法规的现状与发展

（一）我国物流立法现状

由于我国的实际情况，我国目前并未制定一部完整的物流法，我国现行调整物流的法律法规都散见于法律、法规、规章和国际条约、国际惯例及各种技术规范、技术法规中，涉及采购、运输、仓储、包装、配送、搬运、流通加工和信息等各个方面，从内容看，主要包括以下三个方面。

1. 调整物流主体的法律规范

物流法律关系主体包括企业、各种组织和自然人以及国家机关，对这些主体进行规范的法规构成物流法规的重要组成部分。调整物流主体的法律规范主要有《公司法》、《中外合资经营企业法》、《中外合作经营企业法》、《外商独资企业法》及《外商独资企业法实施细则》、《个人独资企业法》、《合伙企业法》等。

2. 调整物流活动环节的法律规范

（1）与货物销售相关的物流法规

国内货物买卖的法律法规包括《中华人民共和国合同法》、《产品质量法》等。

对外贸易相关的法律和法规包括《对外贸易法》、《进出口商品检验法》、《货物进出口管理条例》、《出口货物原产地规则》、《出口许可证管理规定》、《货物进口许可证管理办法》、《出口商品配额管理办法》、《联合国国际货物销售合同公约》，《国际贸易术语解释通则》以及《跟单信用证统一惯例》等。

（2）与货物运输相关的物流法规

运输是传统物流最重要的组成部分，有关运输的法律、法规比较健全，体系也很庞大。这里主要将运输法规中涉及货物运输和交接方面的内容列入物流法规框架。

① 公路运输方面。主要有《中华人民共和国公路法》、《华人民共和国公路管理条例》、《货物运输规则》和《汽车危险货物运输规则》等。

② 航空运输方面。主要有《中华人民共和国航空法》、《民用航空货物国内运输规则》和《民用航空货物国际运输规则》等。

③ 铁路运输方面。主要有《中华人民共和国铁路法》、《铁路合同管理办法》和《货物运输管理规则》。

④ 水路运输方面。主要有《海商法》、《国际海运条例》及其《实施细则》、《水运危险货物运输规则》、《国内水路货物运输规则》、《国际货运代理业管理规定》及其《实施细则》、《国内水路集装箱货物运输规则》等。

⑤ 多式联运方面。主要有《国际集装箱多式联运管理规则》。相关的国际公约有《海牙规则》、《维斯比规则》、《汉堡规则》、《铁路货物运输国际公约》、《国际公路货物运输合同公约》、《华沙公约》以及《海牙议定书》等。

（3）包装、仓储相关的物流法规

① 包装方面。主要包括《一般货物运输包装通用技术条件》、《危险货物运输包装通用技术条件》、《危险货物包装标志》、《包装储运图示标志》、《运输包装件基本试验》和《国际海运危险货物规则》等。

② 仓储方面。主要有仓储方面我国《合同法》有专门的分则，此外也有国家标准，还有国务院及有关主管部门制定的规范性文件。

(4) 与装卸、搬运相关的物流法规

装卸、搬运也较少有独立的针对性的法律、法规，多数是与运输、仓储等适用的法律、法规相关。如《海商法》、《铁路法》、《航空法》、《合同法》、《铁路货物运输管理规则》、《汽车货物运输规则》和《国内水路货物运输规则》等。较有针对性的法规、标准或公约有《港口货物作业规则》、《铁路装卸作业安全技术管理规则》、《铁路装卸作业标准》、《汽车危险货物运输、装卸作业规程》、《国际贸易运输港站经营人赔偿责任公约》、《集装箱汽车运输规则》、《国内水路集装箱货物运输规则》和《港口货物作业规则》等。

(5) 与报关、检验检疫相关的物流法规

包括《海关法》、《国境卫生检疫法》、《食品卫生法》、《进出境动植物检疫法》、《进出口商品检验法》、《海关法行政处罚实施细则》、《进出口关税条例》、《海关稽查条例》、《保税区海关监管办法》、《海关关于转关运输货物监管办法》、《海关对暂时进口货物监管办法》、《国境卫生检疫法实施细则》、《进出境动植物检疫法实施条例》、《进口许可制度民用商品入境验证管理办法》、《进出境集装箱检验检疫管理办法》、《商品检验法实施条例》和《出口食品卫生管理办法》。有关的国际公约有《国际卫生条例》、《商品名称及编码协调制度的国际公约》、《关于货物暂准进口的ATA单证册海关公约》、《伊斯坦布尔公约》、《关于货物实行国际转运或过境运输的海关公约》、《国际公路车辆运输规则》、《1972年集装箱关务公约》、《关于简化和协调海关业务制度的国际公约》及其《附约》、《关于设立海关合作理事会的公约》等。

3. 调整物流争议的程序规范

主要有《民事诉讼法》、《仲裁法》、《海事诉讼特别程序法》及最高人民法院的一些相关司法解释。此外，部分国际公约和国际惯例、国际标准也可以作为争议解决的程序规范。

(二) 我国物流法规中存在的问题及相关建议

1. 物流法规中存在的问题

(1) 不统一且过于分散

我国现行的物流法律规范从内容和行业管理上分散于交通部门、铁路部门、海关、工商等部门制定的有关部门法规、规程和管理办法等，主要体现为不同的政府行政部门根据各自的行业特殊情况和部门利益制定和颁布的部门法规。这些部门在制定相关法规时基本上是各自为政，导致各个法规不统一，十分分散。

(2) 效力低且缺乏普遍适用性

我国现行的物流法规大部门是由国务院各部委以及地方人大或政府在制定和颁布的，大多以"办法""条例""通知"等形式存在，在具体运用中缺乏普遍适用性，带有地方、部门色彩。同时这些法规和规章效力低，多数只适合作为物流主体进行物流活动的参照性依据，可操作性不强。

(3) 不全面且相对落后

我国物流法律规范在内容上的缺失和空白是一个日益突出的问题。对于现代物流带来的新业务、新问题，原有的物流法规没有对其进行规范，存在不少法律"真空地带"，导致物流业在许多领域无法可依。另外目前现行的物流方面的法律法规大部分滞后于现代物流业的发展，已经不适应现代物流业的发展，更不适应我国物流国际化发展的需要，这直接阻碍了物流业的快速发展。

2. 完善物流法律法规体系的建议

现代物流业的持续发展必然以良好的法律制度环境为依托和动力。只有健全物流法律制度，同时配合市场机制的正常发挥，现代物流业才能得以健康、持续地发展。近几年来我国物流业进入了一个高速发展的时期，外资物流企业能凭借其先进的物流技术、高度的专业化管理以及雄厚的资金注入我国物流业，将对我国现有物流企业构成强大的冲击。但是由于缺乏完善的物流法律制度，我国物流业发展瓶颈问题也日益凸显。

针对世贸组织倡导的贸易自由化原则、公平竞争原则，以及针对现代物流业的发展趋势和特点，我们应对原有的法律法规及时进行清理、修改，并制定新的物流法律规范，从而建立和完善物流法律制度，促进解决物流业发展的瓶颈问题，实现我国物流业发展的飞跃或提升。

(1) 统一制定物流法律法规的原则

物流法律法规体系涵盖与物流相关的各种法律法规文件，不同单项法律法规既发挥着不同作用，又相互影响，然而重复立法很可能造成立法资源浪费和法规重复交叉。因此，物流法律法规体系应界定为由不同层次、不同类别的与物流直接或间接相关的法律法规文件组成的有机联系的统一整体，理顺不同单行法之间的层次结构与逻辑脉络，确立现代市场经济下物流运行应共同遵循的基本原则，从而避免跨部门的物流法律法规体系内部出现重复和矛盾，避免物流产业内部自律以及地方、中央物流管理过程中产生分歧和冲突。形成一个层次分明、结构严谨的物流法律法规框架，促进物流行为规范化和物流运作效率化。

(2) 建立适应现代物流发展的物流法律法规体系

从我国目前的经济体制以及物流发展的实际情况来看，建立适应社会主义市场经济体制和现代物流产业发展的物流法律法规体系，以保证我国物流业在不断完善的法律环境中健康发展。我国物流立法主要应从四个方面着手：

① 物流主体法，指确立物流主体资格、明确物流主体权利、义务和物流产业进入与退出规制的法律规范；

② 物流行为法，指调整物流主体从事物流活动的行为的法律规范，是各种物流交易行为惯例法律化的产物；

③ 宏观调控法，指调整国家与物流主体之间以及物流主体之间市场关系的法律规范；

④ 社会保障法，指调整国家、物流主体与劳动者、消费者之间关系的法律规范。

通过完善物流法律法规体系，为物流活动确立行为准则。

(3) 创造有利于现代物流业发展和国际化发展需要的技术标准法规体系

根据目前我国物流标准化进程中存在的国际物流标准化的发展方向，我们要加强物流术语、计量标准、技术标准、数据传输标准、物流作业、服务标准等基础标准的建设，同时依照国际上相应的物流行业技术标准，对于通用性较强的物流标准进行全面梳理、修订和完善，并形成系统的标准法规体系。

【工作任务 2】

运用所学知识分析以下案例。

1. 甲为农副产品进出口公司，乙为综合物流服务商。2008 年 7 月，甲欲将黄麻出口至印度，它将包装完好的货物交付给乙，乙为甲提供仓储、运输等服务。黄麻为易燃物，储存和运输的处所都不得超过常温。甲因听说乙已多次承运过黄麻，即未就此情况通知乙，也未在货物外包装上作警示标志。2008 年 8 月 9 日，乙将货物运至其仓储中心，准备联运，因仓库储物拥挤,室温高达15摄氏度。8月11日,货物突然起火,因救助不及,致使货物损失严重。据查,起火原因为仓库温度较高导致货物自燃。双方就此发生争议。

[问] 甲公司的损失应该由谁来承担?为什么?

[答案] 应由甲公司承担,因为其未在货物外包装上作警示标志。

2. 2010年2月5日,某科技有限公司委托湖南某快运有限公司承运10箱电脑及设备,收货人为河北某数码产品企业。7日下午,快运公司将上述货物交给王某经营的万发货运部托运,要求用汽车运至河北,但当天并未办理托运手续,也未缴纳运费。万发货运部保管不善,8日上午发现丢失配件1箱,价值9716元,并迟迟未交付给快运公司。快运公司提出起诉,要求王某赔偿损失9716元并承担诉讼费用。王某辩称,万发货运单记明托运货物必须参加保险,声明货物实际价格,出现货损、货失按报价赔偿;未参加保险的,赔偿金额不超过运费的3赔。故在丢失货物未进行保险的情况下,不同意赔偿9716元。

经查,物流货运单系万发货运部制定的格式货运单,其限额赔偿条款均为小字印刷,且无明显提示标志,在出具该货运单时,也未明确告知托运人。

[问] 该纠纷如何处理?

[答案] 快运公司应该案货物的实际损失进行赔偿。

【复习思考题】

1. 简述法的概念及特征。
2. 什么是代理?代理有哪些特征?
3. 物流法律关系要素?
4. 物流合同有哪些特征及条款?
5. 论述我国物流法律法规的现状与发展。

【补充阅读材料】

据了解,目前,昆明市从事货运的经营户有500多家,但形成规模的只有少数几家。约90%的货运站场没有仓库,所收到的货品大多临时堆放在一起,管理又不规范,大多数货运公司与客户在整个交易活动中的凭证就是一张货运单,而货运单还不属于正式的合同文本,混货、损货现象时有发生。由于大部分物流货运业主没有权利、也没有对所托运货品进行检查的意识,有些不法业者趁乱托运一些违法、违禁品。昆明曾发生过托运象牙、刀具、珍稀动物尸体和毒品的案件。

据介绍,为了更好地对物流货运市场进行管理,运政部门也曾计划在各物流货运公司集中地推出X光机管理,但由于物流服务行业数量多,分布广,有些设施简陋的"黑"公司常更换办公地点,给管理带来了很多不便。一位运政部门负责人说:"当前昆明的物流货运业刚刚起步,管理上还亟待规范。"记者了解到,我国《公路货物运输合同实施细则》规定:"货物在运输途中要定时检查,发现异常情况,及时采取措施,保证运输质量。凡属法令禁限运货物,受理时应查验有效证明。"

"开包检查?基本上都不会,我们接的货大多是老客户,货是客户包装好的,应该都没有问题。"一位从事货运业多年、某正规货运公司经理道出,别说是那些"游击队"货运公司,就连他们这样的三证(道路运输许可证、工商营业证、税务登记证)齐全的货运公司,对托运的货物都不会开包检查。"开包,损坏了货物谁来赔?我们是航空托运,货物上飞机前都要经过安检,有违法、违禁品自然会检查出来。如果不是明知货有问题,一般是不会处罚货运公司的。"经理表示,开包检查首先会"得罪"客户。其次,即便有关部门查出货运公司托运违法、违禁品,在不明知底情况下,也不会处罚货运公司。货运公司也就理所当然地把"开包检查"的规定置之脑后了。曾有记者连续暗访了8家物流公司,有两家直接告诉记者不用检查包裹里面所装物品;3家向记者说明不能装违禁物品和危险品,但不开包检查;有两家要求本人说明内装物品,但无需打开查验;还有一家最初要求开包检查,但在记者的要求下答应不检查。

"物流行业的进入门槛太低了,一部电话加一辆货车就可以组成一家物流公司。""2005年,有业内人士估计郑州市有大大小小的物流企业近6000家。但经营超过5年以上的,恐怕最多有10家。""打一枪换一个地方,再用别的名字注册一个公司照样能重新开张。这就是有些物流公司时常莫名其妙'蒸发'的原因了。""有些物流公司甚至做了'捐客',靠从中赚取差价存活。从托运人手中收取单件货物的运费(5元),再把一个地方的归到一类,批发给大的物流公司让他们运送(一件运费一般是2~3元)。反正收货人只在意把货收到就行了,中间过程是谁送的没关系。等于就是以零售价收取,再以批发价转'卖',从中赚取差额。"

项目二 认知物流企业法律制度

【本章知识点简介】

物流企业是指专门从事与商品流通有关的各种经营活动，依法自主经营、自负盈亏，具有法人资格的营利性经营单位。我国现有的物流企业类型包括传统的仓储企业、物资企业、国有交通运输企业和货运代理企业、生产企业自身成立相对独立的物流机构或实体以及第三方物流企业。根据我国法律，我国对内资企业从事一般的物流行业，如批发业、道路运输、货物仓储等行业的市场转入没有特殊限制。只要在设立相应企业时有与拟经营的物流业务范围相适应的固定生产经营场所，必要的生产经营条件，以及与所提供的物流服务相适应的人员、技术等，就可以到工商登记机关申请设立登记。特殊物流主体包括水路运输服务企业、航空快递服务企业、零担货物运输企业和海运物流企业等，不仅要具备一般物流主体设立的条件，还必须按照相关的行业法规所规定的条件来设立。

物流企业经营的主要方式主要有企业独立经营型、企业间联营型和通过代理方式。物流企业的民事责任是指物流企业违反合同义务和法定义务所应承担的法律责任，它可以分为违约责任和侵权责任。物流企业的行政责任是指物流企业违反国家有关物流监管的规定所应承担的法律责任。国家对物流的监督主要体现在对物流活动主体的市场准入的要求，对主体实施物流活动的监督和管理，公平和公开竞争的物流市场环境和规则的确定等。

物流企业的变更包括物流企业的合并、分立、注册资本的变更等。物流企业的清算发生的原因包括企业章程规定的营业期限届满或者章程规定的其他解散事由出现；股东会或者股东大会决议解散；因物流企业合并或者分立需要解散；依法被吊销营业执照、责令关闭或者被撤销；人民法院依法予以解散等。清算程序因为物流企业的类型不同而有所区别。

单元一 企业法律制度及应用

一、公司法律制度

公司法是规定公司法律地位、调整公司组织关系、规范公司在设立、变更与终止过程中的组织行为的法律规范的总称。我国的《公司法》由第八届全国人大常委会第五次会议于1993年12月29日通过，自1994年7月1日起施行。1999年12月25日第九届全国人民代表大会常务委员会第十三次会议《关于修改〈中华人民共和国公司法〉的决定》第一次修正,2004年8月28日第十届全国人民代表大会常务委员会第十一次会议《关于修改〈中华人民共和国公司法〉的决定》第二次修正,2005年10月27日第十届全国人民代表大会常务委员会第十八次会议修订。2005年10月27日中华人民共和国主席令第四十二号公布,自2006年1月1日起施行。

(一) 公司与公司法的概述

1. 公司的概念和特征

公司是指依法设立的以盈利为目的的企业法人。公司具有以下特征。

(1) 盈利性　公司是以盈利为目的的经营组织。

(2) 法人性　公司是法人的典型形式,法人性是公司的重要特征。

2. 公司法的概念和特点

公司法是规定各种公司的设立、组织活动和解散以及其他与公司组织有关的对内对外关系的法律规范的总称。公司法具有以下特征。

(1) 公司法兼具组织法和活动法的双重性质,以组织法为主。

(2) 公司法具有实体法和程序法性质,以实体法为主。

(3) 公司法兼具强制法和任意法的双重性质,以强行法为主。

(4) 公司法兼具国内法和涉外法性质,有一定国际性。

(二) 公司的分类

我国《公司法》的公司是指依照本法在中国境内设立的有限责任公司和股份有限公司。

(1) 有限责任公司　是指法律规定的一定人数的股东所组成的,股东以其出资额为限对公司债务承担责任的公司。

(2) 股份有限公司　简称股份公司,是指由一定人数以上的股东发起成立的,全部资本被划分为若干均等的股份由股东共同持有,所有股东均以其所有股份对公司债务承担责任的公司。

(三) 有限责任公司

1. 有限责任公司的概念

又称为有限公司,是指由符合法定要求的股东出资组成,每个股东以其认缴的出资额为限对公司承担责任,公司以其全部资产对公司债务承担责任的企业法人。

2. 有限责任公司的设立

设立有限责任公司,应当具备下列条件。

(1) 股东符合法定人数。有限责任公司由五十个以下股东出资设立。

(2) 股东出资达到法定资本最低限额。有限责任公司的注册资本为在公司登记机关登记的全体股东认缴的出资额。公司全体股东的首次出资额不得低于注册资本的百分之二十,也不得低于法定的注册资本最低限额,其余部分由股东自公司成立之日起两年内缴足;其中,投资公司可以在五年内缴足。有限责任公司注册资本的最低限额为人民币三万元。法律、行政法规对有限责任公司注册资本的最低限额有较高规定的,从其规定。

股东可以用货币出资,也可以用实物、知识产权、土地使用权等可以用货币估价并可以依法转让的非货币财产作价出资;但是,法律、行政法规规定不得作为出资的财产除外。对作为出资的非货币财产应当评估作价,核实财产,不得高估或者低估作价。法律、行政法规对评估作价有规定的,从其规定。全体股东的货币出资金额不得低于有限责任公司注册资本的百分之三十。

(3) 股东共同制定公司章程。有限责任公司章程应当载明的事项包括:公司名称和住所、公司经营范围、公司注册资本、股东的姓名或者名称、股东的出资方式、出资额和出资时间、公司的机构及其产生办法、职权、议事规则、公司法定代表人、股东会会议认为需要规定的其他事项。股东应当在公司章程上签名、盖章。

(4) 有公司名称,建立符合有限责任公司要求的组织机构。

(5) 有公司住所。

3. 有限责任公司的组织机构

有限责任公司的组织机构包括股东会、董事会和监事会。有限责任公司股东会由全体股东组成。股东会是公司的权力机构,依照本法行使职权。股东会行使下列职权。

(1) 决定公司的经营方针和投资计划。

(2) 选举和更换非由职工代表担任的董事、监事,决定有关董事、监事的报酬事项。

(3) 审议批准董事会的报告。

(4) 审议批准监事会或者监事的报告。

(5) 审议批准公司的年度财务预算方案、决算方案。

(6) 审议批准公司的利润分配方案和弥补亏损方案。

(7) 对公司增加或者减少注册资本作出决议。

(8) 对发行公司债券作出决议。

(9) 对公司合并、分立、解散、清算或者变更公司形式作出决议。

(10) 修改公司章程。

(11) 公司章程规定的其他职权。

对前款所列事项股东以书面形式一致表示同意的,可以不召开股东会会议,直接作出决定,并由全体股东在决定文件上签名、盖章。

有限责任公司的董事会是公司的执行机构,董事会由董事组成,其成员为三人至十三人。董事由股东选举产生。董事会对外代表公司,对内执行业务,是公司的常设性机构。股东人数较少和规模较小的公司可不设董事会,只设一名执行董事。董事会对股东会负责,行使下列职权。

(1) 召集股东会会议,并向股东会报告工作。

(2) 执行股东会的决议。

(3) 决定公司的经营计划和投资方案。

(4) 制定公司的年度财务预算方案、决算方案。

(5) 制定公司的利润分配方案和弥补亏损方案。

(6) 制定公司增加或者减少注册资本以及发行公司债券的方案。

(7) 制定公司合并、分立、解散或者变更公司形式的方案。

(8) 决定公司内部管理机构的设置。

(9) 决定聘任或者解聘公司经理及其报酬事项,并根据经理的提名决定聘任或者解聘公司副经理、财务负责人及其报酬事项。

(10) 制定公司的基本管理制度。

(11) 公司章程规定的其他职权。

有限责任公司设监事会，监事会是公司的监督机构，它负责对公司执行机构执行业务的情况进行全面的监督。其成员不得少于三人。股东人数较少或者规模较小的有限责任公司，可以设一至二名监事，不设监事会。监事会、不设监事会的公司的监事行使下列职权。

（1）检查公司财务。

（2）对董事、高级管理人员执行公司职务的行为进行监督，对违反法律、行政法规、公司章程或者股东会决议的董事、高级管理人员提出罢免的建议。

（3）当董事、高级管理人员的行为损害公司的利益时，要求董事、高级管理人员予以纠正。

（4）提议召开临时股东会会议，在董事会不履行本法规定的召集和主持股东会会议职责时召集和主持股东会会议。

（5）向股东会会议提出提案。

（6）依照本法第一百五十二条的规定，对董事、高级管理人员提起诉讼。

（7）公司章程规定的其他职权。

4. 有限责任公司的股权转让

有限责任公司的股东之间可以相互转让其全部或者部分股权。股东向股东以外的人转让股权，应当经其他股东过半数同意。股东应就其股权转让事项书面通知其他股东征求同意，其他股东自接到书面通知之日起满三十日未答复的，视为同意转让。其他股东半数以上不同意转让的，不同意的股东应当购买该转让的股权；不购买的，视为同意转让。经股东同意转让的股权，在同等条件下，其他股东有优先购买权。两个以上股东主张行使优先购买权的，协商确定各自的购买比例；协商不成的，按照转让时各自的出资比例行使优先购买权。公司章程对股权转让另有规定的，从其规定。人民法院依照法律规定的强制执行程序转让股东的股权时，应当通知公司及全体股东，其他股东在同等条件下有优先购买权。其他股东自人民法院通知之日起满二十日不行使优先购买权的，视为放弃优先购买权。

有下列情形之一的，对股东会该项决议投反对票的股东可以请求公司按照合理的价格收购其股权。

（1）公司连续五年不向股东分配利润，而公司该五年连续盈利，并且符合本法规定的分配利润条件的。

（2）公司合并、分立、转让主要财产的。

（3）公司章程规定的营业期限届满或者章程规定的其他解散事由出现，股东会会议通过决议修改章程使公司存续的。

自股东会会议决议通过之日起六十日内，股东与公司不能达成股权收购协议的，股东可以自股东会会议决议通过之日起九十日内向人民法院提起诉讼。自然人股东死亡后，其合法继承人可以继承股东资格；但是，公司章程另有规定的除外。

（四）股份有限公司

1. 股份有限公司的概念

指由法定人数的股东所组成，全部资本分为等额股份，股东以其拥有的股份为限对公司承担财产责任，公司以其全部资产对公司债务承担责任的公司。

2. 股份有限公司设立的条件

（1）发起人符合法定人数。设立股份有限公司，应当有二人以上二百人以下为发起人，其中须有半数以上的发起人在中国境内有住所。

(2) 发起人认购和募集的股本达到法定资本最低限额。股份有限公司注册资本的最低限额为人民币五百万元。法律、行政法规对股份有限公司注册资本的最低限额有较高规定的，从其规定。

股份有限公司的设立，可以采取发起设立或者募集设立的方式。发起设立，是指由发起人认购公司应发行的全部股份而设立公司。募集设立，是指由发起人认购公司应发行股份的一部分，其余股份向社会公开募集或者向特定对象募集而设立公司。

股份有限公司采取发起设立方式设立的，注册资本为在公司登记机关登记的全体发起人认购的股本总额。公司全体发起人的首次出资额不得低于注册资本的百分之二十，其余部分由发起人自公司成立之日起两年内缴足；其中，投资公司可以在五年内缴足。在缴足前，不得向他人募集股份。

股份有限公司采取募集方式设立的，注册资本为在公司登记机关登记的实收股本总额。

(3) 股份发行、筹办事项符合法律规定。股份有限公司发起人承担公司筹办事务。发起人应当签订发起人协议，明确各自在公司设立过程中的权利和义务。

(4) 发起人制定公司章程，采用募集方式设立的经创立大会通过。

(5) 有公司名称，建立符合股份有限公司要求的组织机构。

(6) 有公司住所。

3. 股份有限公司的组织机构

股份有限公司股东大会是公司的权力机构，由全体股东组成。股东大会的职权和有限责任公司股东会职权一致。股东大会会议由董事会召集，董事长主持；董事长不能履行职务或者不履行职务的，由副董事长主持；副董事长不能履行职务或者不履行职务的，由半数以上董事共同推举一名董事主持。董事会不能履行或者不履行召集股东大会会议职责的，监事会应当及时召集和主持；监事会不召集和主持的，连续九十日以上单独或者合计持有公司百分之十以上股份的股东可以自行召集和主持。

股份有限公司设董事会，是股东会的执行机构，其成员为五人至十九人。董事会成员中可以有公司职工代表。董事会中的职工代表由公司职工通过职工代表大会、职工大会或者其他形式民主选举产生。其职权和有限责任公司董事会职权一致。

股份有限公司设监事会，其成员不得少于三人。监事会应当包括股东代表和适当比例的公司职工代表，其中职工代表的比例不得低于三分之一，具体比例由公司章程规定。监事会中的职工代表由公司职工通过职工代表大会、职工大会或者其他形式民主选举产生。监事会设主席一人，可以设副主席。监事会主席和副主席由全体监事过半数选举产生。监事会主席召集和主持监事会会议；监事会主席不能履行职务或者不履行职务的，由监事会副主席召集和主持监事会会议；监事会副主席不能履行职务或者不履行职务的，由半数以上监事共同推举一名监事召集和主持监事会会议。董事、高级管理人员不得兼任监事。其职权和有限责任公司监事会职权一致。

二、合伙企业法律制度

（一）合伙企业的概念

合伙是指两个以上的人为着共同目的，相互约定共同出资、共同经营、共享收益、共担风险的自愿联合。

合伙企业是指依照《合伙企业法》在中国境内设立的由各合伙人订立的合伙协议、共同出资、合伙经营、共享收益、共担风险,并对合伙企业债务承担无限连带责任的营利性组织。合伙企业具有以下法律特征。

(1) 由各合伙人组成　合伙企业不是单个人的行为,而是多个人的联合。也就是说,一个合伙企业要有两个以上合伙人。

(2) 以合伙协议为法律基础　合伙协议是合伙人建立合伙关系,确定合伙人各自的权利义务,使合伙企业得以设立的前提,也是合伙企业的基础。如果没有合伙协议,合伙人之间未形成合伙关系,合伙企业便不能成立。

(3) 企业内部关系属于合伙关系　所谓合伙关系,就是共同出资、共同经营、共享收益、共担风险的关系。尽管不同合伙企业订立的合伙协议有很大差别,但是必须遵循上述基本原则。

(4) 合伙人对合伙企业债务承担无限连带责任　其含义是指:一是当合伙企业财产不足以清偿其债务时,合伙人应以其在合伙企业出资以外的财产清偿债务;二是每一合伙人对企业债务都有清偿的义务,债权人可以就合伙企业财产不足以清偿的那部分债务,向任何一个合伙人要求全部偿还。

(二) 合伙企业法的概念及其适用

合伙企业法是指国家立法机关或者其他有权机关依法制定的、调整合伙企业合伙关系的各种法律规范的总称。目前,我国调整合伙企业各种经济关系的主要法律规范是1997年2月23日第八届全国人民代表大会常务委员会第二十四次会议通过、同年8月1日起施行的《合伙企业法》。

《合伙企业法》适用于按照规定应由工商行政管理机关登记管理的合伙企业。采用合伙制的律师事务所、会计师事务所、医生诊所等组织,由于它们归其他行政主管部门登记管理,不适用于《合伙企业法》。《合伙企业法》规定的合伙企业,仅限于以自然人为合伙人的企业,不包括企业法人之间的合伙型联营。此外,《合伙企业法》也不适用于不具备企业形态的契约型合伙。

(三) 合伙企业的设立

1. 合伙企业的设立条件

根据《合伙企业法》的规定,设立合法企业应当具备下列条件。

(1) 有两个以上的合伙人,并且都是依法承担无限责任者。合伙企业合伙人至少为2人,这是最低限额。关于合伙人的资格,《合伙企业法》作了以下限定:①合伙人应当是依法承担无限责任者,合伙企业不允许有承担有限责任的合伙人;②合伙人应当为具有完全民事行为能力的人,无民事行为能力人和限制民事行为能力人不得成为合伙企业的合伙人;③法律、行政法规规定禁止从事营利性活动的人,不得成为合伙企业的合伙人;如国家公务员、法官、检察官等。

(2) 有书面合伙协议。合伙协议是指合伙人为设立合伙企业而达成的规定合伙人之间权利义务关系的协议。合伙协议应当依法由全体合伙人协商一致,以书面形式订立。

根据《合伙企业法》的规定,合伙协议应当载明下列必要记载事项:①合伙企业的名称和主要经营场所的地点;②合伙目的和合伙企业的经营范围;③合伙人的姓名及其住所;④合伙人出资的方式、数额和缴付出资的期限;⑤利润分配和亏损分担办法;⑥合伙企业事务的执行;⑦入伙与退伙;⑧合伙企业的解散与清算;⑨违约责任。除上述必要记载事项外，合伙协议还可以载明任意记载事项，如合伙企业的经营期限和合伙人争议的解决方式等。合伙协议经全体合伙人签名、盖章后生效。合伙人依照合伙协议享有权利、承担责任。合伙协议生效后，全体合伙人可以在协商一致的基础上，对该合伙协议加以修改或者补充。

（3）有各合伙人实际缴付的出资。合伙协议生效后，合伙人应当按照合伙协议的规定缴纳出资。根据《合伙企业法》的规定，合伙人可以用货币、实物、土地使用权、知识产权或者其他财产权利出资。合伙人对于自己用于缴纳出资的财产或者财产权，应当拥有合法的处分权，合伙人不得将自己无权处分的财产或者财产权用于出资。此外，经全体合伙人协商一致，合伙人也可以以劳务出资。

（4）有合伙企业的名称。合伙企业的名称应当与其责任形式及所从事的营业相符合。合伙企业在其名称中不得使用"有限"或者"有限责任"的字样。

（5）有经营场所和从事合伙经营的必要条件。

2. 合伙企业的设立登记

合伙企业的设立登记程序如下。

（1）向企业登记机关提出申请，并提交全体合伙人签署的登记申请书、全体合伙人的身份证明、合伙协议、出资权属证明、经营场所证明以及其他文件。法律、行政法规规定设立合伙企业必须报经有关部门审批的，还应当提交有关批准文件。合伙协议约定或者全体合伙人决定，委托一名或者数名合伙人执行合伙事务的，还应当提交全体合伙人的委托书。

（2）企业登记机关应当自收到申请登记文件之日起 30 日内，作出是否登记的决定。对符合《合伙企业法》规定条件的，予以登记，发给营业执照；对不符合《合伙企业法》规定条件的，不予登记，并应当给予书面答复，说明理由。合伙企业的营业执照签发日期，为合伙企业的成立日期。合伙企业领取营业执照前，合伙人不得以合伙企业的名义从事经营活动。合伙企业设立分支机构，应当向分支机构所在地企业登记机关申请登记，领取营业执照。

（四）合伙企业财产

1. 合伙企业财产的构成

根据《合伙企业法》的规定，合伙企业存续期间，合伙人的出资和所有以合伙企业名义取得的收益均为合伙企业的财产。

（1）合伙人的出资　合伙人的出资转入合伙企业时，就变成了合伙企业的财产。

（2）以合伙企业名义取得的收益　合伙企业作为一个独立的经济实体，以其名义取得的经济收益作为合伙企业的财产，成为合伙财产的一部分。

合伙企业的财产由全体合伙人依照《合伙企业法》的规定及合伙协议的约定共同管理和使用。在合伙企业存续期间，除非有合伙人退伙等法定事由，合伙人不得请求分割合伙企业的财产。合伙企业的合伙财产具有共有财产的性质，对合伙财产的占有、使用、收益和处分，均应依据全体合伙人的共同意志进行。

2. 合伙企业财产的转让

由于合伙企业及其财产性质的特殊性，其财产的转让，将会影响合伙企业以及各合伙人切身的利益，因此，《合伙企业法》对合伙企业财产的转让作了以下限制性规定。

（1）合伙企业存续期间，合伙人向合伙人以外的人转让其在合伙企业中的全部或者部分财产份额时，必须经其他合伙人一致同意。

（2）合伙人之间转让在合伙企业中的全部或者部分财产份额时，应当通知其他合伙人。

(3) 合伙人依法转让其财产份额时，在同等条件下，其他合伙人有优先受让的权利。

另外，《合伙企业法》规定，合伙人以其在合伙企业中的财产份额出质的，必须经其他合伙人一致同意。未经其他合伙人一致同意，合伙人以其在合伙企业中财产份额出质的，其行为无效，或者作为退伙处理，由此给其他合伙人造成损失的，依法承担赔偿责任。经全体合伙人同意，合伙人以外的人依法受让合伙企业财产份额时，经修改合伙协议即成为合伙企业的合伙人，合伙企业的各合伙人依照修改后的合伙协议享有权利和承担责任。

（五）合伙企业的事务执行

1. 合伙事务执行的形式

合伙人执行合伙企业事务，由全体合伙人共同执行合伙企业事务，委托一名或数名合伙人执行合伙企业事务两种形式。

(1) 全体合伙人共同执行合伙事务是合伙企业事务执行的基本形式，也是在合伙企业中经常使用的一种形式。在采取这种形式的合伙企业中，按照合伙协议的约定，各个合伙人都直接参与经营，处理合伙企业的事务，对外代表合伙企业。

(2) 委托一名或数名合伙人执行合伙企业事务，即由合伙协议约定或者全体合伙人决定委托一名或者数名合伙人执行合伙企业事务，对外代表合伙企业。未接受委托执行合伙企业事务的其他合伙人，不再执行合伙企业的事务。

根据《合伙企业法》的规定，合伙企业的下列事务必须经全体合伙人一致同意：①处分合伙企业的不动产；②改变合伙企业名称；③转让或者处分合伙企业的知识产权和其他财产权利；④向企业登记机关申请办理变更登记手续；⑤以合伙企业名义为他人提供担保；⑥聘任合伙人以外的人担任合伙企业的经营管理人员；⑦依照合伙协议约定的有关事项。

全体合伙人对合伙企业有关事项作出决议时，除《合伙企业法》另有规定或者合伙协议中另有约定外，经全体合伙人决定可以实行一人一票的表决办法。

2. 合伙人在执行合伙事务中的权利

根据《合伙企业法》的规定，合伙人在执行合伙事务中的权利主要包括以下内容。

(1) 合伙人平等享有合伙事务执行权。

(2) 执行合伙事务的合伙人对外代表合伙企业。

(3) 不参加执行事务的合伙人有权监督执行事务的合伙人，检查其执行合伙企业事务的情况。

(4) 各合伙人有权查阅合伙企业的账簿和其他有关文件。

(5) 合伙人有提出异议权和撤销委托执行事务权。

在合伙人分别执行合伙事务的情况下，由于执行合伙事务的合伙人的行为所产生的亏损和责任要由全体合伙人承担。因此，《合伙企业法》规定，经合伙协议约定或者经全体合伙人决定，合伙人分别执行合伙企业事务时，合伙人可以对其他合伙人执行的事务提出异议。提出异议时，应暂停该项事务的执行。如果发生争议，可由全体合伙人共同决定。被委托执行合伙事务的合伙人不按照合伙协议或者全体合伙人的决定执行事务的，其他合伙人可以决定撤销该委托。

3. 合伙人在执行合伙事务中的义务

根据《合伙企业法》的规定，合伙人在执行合伙事务中的义务主要包括以下内容。

(1) 由一名或者数名合伙人执行合伙企业事务的，应当依照约定向其他不参加执行事务的合伙人报告事务执行情况以及合伙企业的经营状况和财务状况。

(2) 合伙人不得自营或者同他人合作经营与本合伙企业相竞争的业务。

(3) 除合伙协议另有约定或者经全体合伙人同意外，合伙人不得同本合伙企业进行交易。

(4) 合伙人不得从事损害本合伙企业利益的活动。

4. 合伙企业的损益分配

(1) 合伙损益分配原则　合伙损益，即合伙企业的利润或亏损，由合伙人依照合伙协议约定的比例分配和分担。合伙协议未约定利润分配和亏损分担比例的，由各合伙人平均分配和分担。合伙协议不得约定将全部利润分配给部分合伙人或者由部分合伙人承担全部亏损。

(2) 合伙损益分配具体形式　合伙企业年度或者一定时期的利润分配或者亏损分担的具体方案，由全体合伙人协商决定或者按照合伙协议约定的办法决定。合伙损益分配的时间比较灵活，既可以按年度进行分配，也可以在一定时期内进行分配。合伙损益分配的具体方案应由全体合伙人共同决定。

5. 非合伙人参与经营管理

经全体合伙人同意，合伙企业可以聘任合伙人以外的人担任合伙企业的经营管理人员。被聘任的合伙企业的经营管理人员应当在合伙企业授权范围内履行职责，超越合伙企业授权范围从事经营活动，或者因故意或者重大过失，给合伙企业造成损失的，依法承担赔偿责任。

(六) 合伙企业与第三人关系

1. 对外代表权的效力

根据《合伙企业法》的规定，执行合伙企业事务的合伙人，对外代表合伙企业，可以取得合伙企业对外代表权的合伙人，主要有3种情况。

(1) 由全体合伙人共同执行合伙企业事务的，全体合伙人都有权对外代表合伙企业，即全体合伙人都取得了合伙企业的对外代表权。

(2) 由部分合伙人执行合伙企业事务的，只有受委托执行合伙企业事务的那一部分合伙人有权对外代表合伙企业，而不参加执行合伙企业事务的合伙人则不具有对外代表合伙企业的权利。

(3) 由于特别授权在单项合伙事务上有执行权的合伙人，依照授权范围可以对外代表合伙企业。执行合伙企业事务的合伙人，在取得对外代表权后，可以以合伙企业的名义进行经营活动，在其授权的范围内作出法律行为。这种行为对合伙企业有法律效力，由此而产生的收益应当归合伙企业所有，成为合伙财产的来源；由此而带来的风险，也应当由合伙人承担，构成合伙企业的债务。

合伙企业对合伙人执行合伙企业事务以及对外代表合伙企业权利的限制，不得对抗不知情的善意第三人。这里所说的"合伙人"，是指在合伙企业中有合伙事务执行权与对外代表权的合伙人。若第三人与合伙企业事务执行人恶意串通、损害合伙企业利益，则不属善意之情形。

2. 合伙企业的债务清偿

(1) 合伙人的连带清偿责任　合伙企业对其债务，应先以其全部财产进行清偿。合伙企业财产不足清偿到期债务的，各合伙人应当承担无限连带清偿责任。各合伙人所有个人的财产，除依法不可执行的财产，如合伙人及其家属的生活必需品、已设定抵押权的财产等，均可用于清偿。

(2) 合伙人之间的债务分担和追偿。以合伙企业财产清偿合伙企业债务时，其不足的部分，由各合伙人按照合伙企业分担亏损的比例，用其在合伙企业出资以外的财产承担清偿责任。关于合伙企业亏损分担的比例，合伙协议约定的，按照合伙协议约定的比例分担；合伙协议未约定的，由各合伙人平均分担。

合伙人之间的分担比例对债权人没有约束力。债权人可以根据自己的清偿利益，请求全体合伙人中的一人或数人承担全部清偿责任，也可以按照自己确定的清偿比例向各合伙人分别追索。如果某一合伙人实际支付的清偿数额超过其依照既定比例所应承担的数额，该合伙人有权就超过部分向其他未支付或者未足额支付应承担数额的合伙人追偿。

（七）入伙与退伙

1. 入伙

入伙是指在合伙企业存续期间，合伙人以外的第三人加入合伙，从而取得合伙人资格。新合伙人入伙时，应当经全体合伙人同意，并依法订立书面入伙协议。订立入伙协议时，原合伙人应当向新合伙人告知原合伙企业的经营状况和财务状况。入伙的新合伙人与原合伙人享有同等权利，承担同等责任。入伙协议另有约定的，从其约定。入伙的新合伙人对入伙前合伙企业的债务承担连带责任。

2. 退伙

退伙是指合伙人退出合伙企业，从而丧失合伙人资格。合伙人退伙，一般有以下两种原因。

（1）自愿退伙　是指合伙人基于自愿的意思表示而退伙。自愿退伙可以分为协议退伙和通知退伙两种。

（2）法定退伙　是指合伙人因出现法律规定的事由而退伙。法定退伙可以分为当然退伙和除名两类。

（八）合伙企业解散与清算

1. 合伙企业解散

根据《合伙企业法》的规定，合伙企业有下列情形之一时应当解散：①合伙协议约定的经营期限届满，合伙人不愿意继续经营的；②合伙协议约定的解散事由出现；③全体合伙人决定解散；④合伙人已不具备法定人数；⑤合伙协议约定的合伙目的已经实现或者无法实现；⑥被依法吊销营业执照；⑦出现法律、行政法规规定的合伙企业解散的其他原因。

2. 合伙企业清算

合伙企业解散的，应当进行清算。《合伙企业法》对合伙企业清算作出以下规定。

(1) 通知和公告债权人　合伙企业解散后应当进行清算，并通知和公告债权人。

(2) 确定清算人　合伙企业解散，清算人由全体合伙人担任；未能由全体合伙人担任清算人的，以全体合伙人过半数同意，可以自合伙企业解散后15日内指定一名或者数名合伙人，或者委托第三人，担任清算人。15日内未确定清算人的，合伙人或者其他利害关系人可以申请人民法院指定清算人。

(3) 财产清偿　合伙企业财产在支付清算费用后，按下列顺序清偿：①合伙企业所欠招用的职工工资和劳动保险费用；②合伙企业所欠税款；③合伙企业的债务；④返还合伙人的出资。

合伙企业财产按上述顺序清偿后仍有剩余的，按合伙协议约定的利润分配比例进行分配；合伙协议未约定利润分配比例的，由合伙人平均分配。合伙企业清算时，其全部财产不足清偿其债务的，由其合伙人以个人的财产，按照合伙协议约定的比例承担清偿责任；合伙协议未约定比例的，平均承担清偿责任。

（4）清算结束　在清算期间，如果全体合伙人以个人财产承担清偿责任后，仍不足以清偿合伙企业债务的，应当结束清算程序。对于未能清偿的债务，由原合伙人继续承担连带清偿责任。但是，如果债权人在 5 年内未向债务人提出清偿请求，则债务人的清偿责任归于消灭。

（5）注销登记　清算结束后，清算人应当编制清算报告，经全体合伙人签名、盖章后，在 15 日内向企业登记机关报送清算报告，办理合伙企业注销登记。

【工作任务 1】
（1）模拟成立一家有限责任公司，拟定公司章程。
（2）模拟成立一家合伙企业，拟定合伙协议。

单元二　物流企业法律制度及应用

一、物流企业的概述

（一）物流企业的含义及特征

1. 物流企业的含义

物流企业是指专门从事与商品流通有关的各种经营活动，依法自主经营、自负盈亏，具有法人资格的营利性经营单位。

2. 物流企业的法律特征

（1）物流企业是专门从事与物质资料流通有关的各种经营活动的组织单位。它承担着供给商（包括生产商、供应商）和消费者（包括生产消费者、生活消费者）之间的储存、运输、加工、包装、配送、信息服务等全部活动，并通过促进制造作业和营销作业来满足顾客需求。

（2）物流企业是自主经营、自负盈亏，以获取利润和创造、积累社会财富为目的的营利性组织。这决定了物流企业有着自身的利益驱动，它的一切活动以"利益最大化"为目的。因此，物流企业必须以最优的方式考虑物流供应的问题。

（3）物流企业是具备为物质资料提供物流服务能力的企业法人。物流企业具有权利能力和行为能力，依法独立享有民事权利和承担民事义务，在市场经济的运行和发展过程中平等地参与竞争。

（二）物流企业的分类

1. 根据物流企业从事物流业务范围的大小不同可分为以下两类。

（1）单一物流企业　单一物流企业是指仅从事仓储、运输、包装、装卸等一项或者几项物流服务的物流企业。例如仓储服务型物流企业、运输服务型物流企业、装卸服务性物流企业、包装服务性物流企业以及信息服务性物流企业等。

（2）综合物流企业　综合物流企业是指从事原材料、半成品从生产地到消费地之间的运输、储存、装卸、包装、流通加工、配送、信息处理等全部物流服务的物流企业。例如日本的日通企业,作为全球最大的综合物流服务公司之一,其服务范围涉及货物运输、搬家、重物托运、仓储等。

2. 根据物流企业提供服务(主要指运输)所及区域是否跨越国境可分为以下两类。

(1) 国内物流企业　国内物流企业是指在某一国家境内从事物流活动的企业。

(2) 国际物流企业　国际物流企业是指在不同国家之间从事物流服务的企业。

3. 按物流企业从事的业务性质划分

(1) 物流作业企业　物流作业企业即对外提供运输、仓储、配送、包装、装卸搬运、流通加工等服务的企业。我国现阶段的物流企业大多为物流作业企业,主要是我国较为传统的储运企业。

(2) 物流信息企业　物流信息企业即利用信息网络、电子商务等方式为其他企业提供物流信息服务的企业。此类企业包括物流信息网站,但并不仅指物流信息网站,物流信息网站最终是以物流作业活动为基础。

4. 我国现有的物流企业类型

(1) 传统的仓储企业、物资企业　这类企业主要是利用原有仓储设施进行资产重组和流程再造,向用户提供配送、流通加工等物流服务。例如,中储物流、中铁物流、港口物流等。

(2) 国有交通运输企业和货运代理企业　这类企业立足运输服务,利用信息网络技术,与其他企业合作,为用户提供配送、包装、流通加工、仓储等服务。例如,中远物流、中外运物流、中海物流、中邮物流等。

(3) 生产企业自身成立相对独立的物流机构或实体　这类企业通过成立物流作业子公司,承担母公司物资产品的运输、保管、装卸、包装等工作;或者成立物流管理子公司,承担母公司的物流管理工作。例如,青岛海尔、上海大众、一汽、二汽、中石化、中石油、中海油等。

(4) 第三方物流企业　这类企业是指为物流服务的供需双方提供全部或者部分物流功能的独立的、专业化的外部服务提供商。它不拥有商品,不参与商品买卖,专门为顾客提供以合同为约束、以结盟为基础的系列化、个性化、信息化的物流服务。由于第三方物流企业为客户提供了一种新型的物流运作模式,为供需双方提供更快捷、更安全、更廉价、更高服务水准的物流服务,因此,许多企业将物流外包给第三方物流企业,以便自己能够集中精力进行生产。

二、物流企业的市场准入和设立

(一) 一般物流企业的市场准入和设立

1. 一般物流企业的市场准入

根据我国法律,我国对内资企业从事一般的物流行业,如批发业、道路运输、货物仓储等行业的市场转入没有特殊限制。只要在设立相应企业时有与拟经营的物流业务范围相适应的固定生产经营场所,必要的生产经营条件,以及与所提供的物流服务相适应的人员、技术等,就可以到工商登记机关申请设立登记。

2. 一般物流企业的设立

(1) 有限责任公司类型的物流企业设立条件

① 股东符合法定人数，要求股东人数在五十人以下。
② 股东出资达到法定资本最低限额，最低限额为人民币三万元。
③ 股东共同制定公司章程。
④ 有公司名称，建立符合有限责任公司要求的组织机构。
⑤ 有公司住所。

(2) 股份有限公司类型的物流企业设立条件

① 发起人符合法定人数，应当有二人以上二百人以下为发起人，其中须有半数以上的发起人在中国境内有住所。
② 发起人认购和募集的股本达到法定资本最低限额，股份有限公司注册资本的最低限额为人民币五百万元。
③ 股份发行、筹办事项符合法律规定。
④ 发起人制定公司章程，采用募集方式设立的经创立大会通过。
⑤ 有公司名称，建立符合股份有限公司要求的组织机构。
⑥ 有公司住所。

(3) 合伙企业类型的物流企业设立条件

① 有两个以上合伙人，并且都是依法承担无限责任者。
② 有书面合伙协议。
③ 有各合伙人实际缴付的出资。
④ 有合伙企业的名称。
⑤ 有经营场所和从事合伙经营的必要条件。

(4) 个人独资企业类型的物流企业设立条件

① 投资人为一个自然人。
② 有合法的企业名称。
③ 有投资人申报的出资。
④ 有固定的生产经营场所和必要的生产经营条件。
⑤ 有必要的从业人员。

(二) 特殊物流企业的市场准入和设立

1. 水路运输服务企业

(1) 定义　水路运输企业是指从事水路营业性运输，具有法人资格的专业水运企业，即从事代办运输手续、代办旅客、货物中转、代办组织货源，具有法人资格的企业，但为多种运输方式服务的联运服务企业除外。下面两种企业也视同为水路运输服务企业。

① 各水路运输企业的各种营业机构，除为本企业服务外，兼为其他水运业服务的。
② 水路运输企业以外的其他企业和单位兼营代办运输手续、代办旅客、货物中转、代办组织货源的。

(2) 审批

① 要求设立水路运输企业或以运输船舶经营沿海、内河省（自治区、直辖市，下同）际运输的应申报交通部批准。其中经营长江、珠江、黑龙江水系干线运输的（专营国际旅客旅游运输的除外），申报交通部派驻水系的航务（运）管理局批准。
② 要求设立水路运输企业或以运输船舶经营省内地（市）间运输的，应申报省交通厅（局）或其授权的航运管理部门批准；经营地（市）内运输的，应申报所在地的地（市）交

通局或其授权的航运管理批准。

③ 个体（联户）船舶经营省际、省内地（市）间运输的，应申报所在地的省交通厅（局）或其授权的航运管理部门批准；经营地（市）内运输的，应申报所在地的地（市）交通局或其授权的航运管理部门批准。

④ "三资企业"要求经营我国沿海、江河、湖泊及其他通航水域内的旅客和货物运输的，应申报交通部批准。

⑤ 各部门、各单位要求设立水路运输服务企业，应申报当地县以上交通主管部门或其授权的航运管理部门批准。

(3) 设立条件

设立水路运输企业，必须具备下列条件。

① 具有与经营范围相适应的运输船舶，并持有船检部门签发的有效船舶证书，其驾驶、轮机人员应持有航政部门签发的有效职务证书。

② 在要求经营范围内有较稳定的客源和货源。

③ 经营客运航线的，应申报沿线停靠港（站、点），安排落实船舶靠泊、旅客上下所必需的安全服务设施，并取得县以上航运管理部门的书面证明。

④ 有经营管理的组织机构、场所和负责人，并订有业务章程。

⑤ 拥有与运输业务相适应的自有流动资金。

水路运输企业以外的单位和个人从事营业性运输，必须具备上述①、②、③、⑤项条件，并有确定负责人。个体（联户）船舶还必须具备船舶保险证明。

2. 航空快递服务企业

中国民用航空总局（以下简称民航总局）对航空快递业务实施行业管理，核发经营许可证。中国民用航空地区管理局（以下简称民航地区管理局）根据民航总局的授权，对所辖地区的航空快递业务实施管理和监督。

所谓"航空快递"业务，是指航空快递企业利用航空运输，收取发件人托运的快件并按照向发件人承诺的时间将其送交指定地点或者收件人，掌握运送过程的全部情况并能将即时信息提供给有关人员查询的门对门速递服务。

经营航空快递业务，应当向民航总局申请领取航空快递经营许可证，并依法办理工商登记。未取得有效的航空快递经营许可证的，不得从事航空快递业务。航空快递企业设立分支机构，也必须经民航总局批准。

经营航空快递业务的企业，应当具备的设立条件包括：符合民航总局制定的航空快递发展规划、有关规定和市场需要；具有企业法人资格；企业注册资本不少于2500万元；具有固定的独立营业场所；具有必备的地面交通运输设备、通信工具和其他业务设施；具有较健全的航空快递网络和电脑查询系统；具有与其所经营的航空快递业务相适应的专业人员；民航总局认为必要的其他条件。

申请航空快递经营许可证，申请人应当向民航总局提交下列文件包括：申请书；可行性研究报告；注册资本的资金来源证明、法定的资信证明文件；营业场所证明；地面交通运输设备、通信工具和其他业务设施证明，航空快递网络和电脑查询系统证明；业务人员的身份证明和从事航空快递业务人员的资历证明或者业务培训证明；民航总局认为必要的其他证明文件。

民航总局在收到上述申请文件后，依照设立条件进行审查。自收到申请之日起九十天内,对符合条件的,颁发航空快递经营许可证;对不符合条件的,书面通知申请人。

3. 零担货物运输企业

零担货运经营活动是指零担货物的受理、仓储、运输、中转、装卸、交付等过程。中华人民共和国交通部负责全国零担货运管理,各级地方交通主管部门负责本辖区零担货运管理,具体管理工作由各级道路运政管理机关(以下简称运管机关)负责。

零担线路运输业户首先要具备《道路货物运输业户开业技术经济条件》中规定的设施、资金、人员、组织等条件之外,还须具备下列条件:使用封闭式专用货车或封闭式专用设备,车身喷涂"零担货运"标志,车辆技术状况达到二级以上;经营省内零担货运需有5辆(25个吨位)以上零担货运车辆,跨省经营需有10辆(50个吨位)以上零担货运车辆,国际零担货运按国际双边运输协定办理;业主、驾驶员、业务人员须持有运管机关核发的《上岗证》,驾驶员应有安全行驶2年以上或安全行驶5万千米以上的驾驶经历。

4. 海运物流企业

在中国境内设立企业经营国际船舶运输业务、代理、管理业务或者中国企业法人申请经营国际船舶运输、代理、管理业务,申请人应当向交通部提出申请,报送相关材料,并应同时将申请材料抄报企业所在地的省、自治区、直辖市人民政府交通主管部门。

经营国际海运货物仓储业务,应当具备下列条件:有固定的营业场所;有与经营范围相适应的仓库设施;高级业务管理人员中至少2人具有3年以上从事相关业务的经历;法律、法规规定的其他条件。

经营国际海运集装箱站及堆场业务,应当具备下列条件:有固定的营业场所;有与经营范围相适应的车辆、装卸机械、堆场、集装箱检查设备、设施;高级业务管理人员中至少2人具有3年以上从事相关业务的经历;法律、法规规定的其他条件。

(三)外商投资物流企业的市场准入和设立

1. 外商投资物流企业的市场准入

我国法律对外资进入物流相关行业大都有一些限制性规定,在外资进入铁路业方面,合资建设项目实行建设项目法人责任制。合资公司作为项目法人,对项目的策划、资金筹措、建设实施、生产经营、债务偿还和资产保值增值全过程负责。允许外商采用中外合资开工投资经营道路旅客运输,采用中外合资、中外合作开工投资经营道路货物运输、道路货物搬运装卸、道路货物仓储和其他与道路运输相关的辅助性服务及车辆维修;采用独资形式投资经营道路货物运输、道路货物搬运装卸、道路货物仓储和其他与道路运输相关的辅助性服务及车辆维修。经国务院交通主管部门批准,外商可以投资设立中外合资经营企业或者中外合作经营企业,经营国际船舶运输、国际船舶代理、国际船舶管理、国际海运货物装卸、国际海运货物仓储、国际海运集装箱站和堆场业务;并可以投资设立外资企业经营国际海运货物仓储业务。

2. 外商投资物流企业的设立

申请设立外商投资物流企业的投资者必须具备如下条件:拟设立从事国际流通物流业务的外商投资物流企业的投资者应至少有一方具有经营国际贸易或国际货物运输或国际货物运输代理的良好业绩和运营经验,符合上述条件的投资者应为中方投资者或外方投资者中的第一大股东;拟设立从事第三方物流业务外商投资物流企业的投资者应至少有一方具有经营交通运输或物流的良好业绩和运营经验,符合上述条件的投资者应为中方投资者或外方投资者中的第一大股东。

设立的外商投资物流企业必须符合如下要求：注册资本不得低于 500 万美元；从事国际流通物流业务的外商投资物流企业中境外投资者股份比例不得超过 50%；有固定的营业场所；有从事所经营业务所必需的营业设施。

三、物流企业经营方式及法律责任

（一）物流企业经营的主要方式

承担物流服务业务的企业的经营方式通常有三种。

1. 企业独立经营型

在物流服务中，实施单一物流服务的企业几乎全部都是独立经营型企业。而实施综合物流服务的物流企业一般通过在各服务全程的两端和中间各转接点设置自己的子公司或者办事处等形式的派出机构或分支机构，作为全权代表处理揽货、交接货，订立运输合同协议等一系列事务。这种方式一般适用于货源数量较大、较为稳定的路线，设立的企业应该具有较强的实力和企业基础。

2. 企业间联营型

在涉及综合的跨地区或跨国的物流服务时，各物流企业往往采用位于服务全程两端的地区或国家几个企业进行联合经营的方式。多个企业联合经营的紧密程度由双方协议确定，可以采取互为代理、互付佣金、分享利润、分摊亏损等不同的合作形式。

3. 代理方式

代理方式也是在服务全程的两端和中间各衔接地点委托外地去或国外同业作为物流服务代理，办理或代理安排全程服务中的分运工作和交接货物工作，签发或回收联运单证，制作有关单证，处理交换信息，代收支费用，处理货运事故或纠纷等。与企业间联营不同在于物流企业向代理人支付代理费用，不存在分享利润、分摊亏损等问题。

企业间联营型和代理方式多适用于公司的经济实力不足以设立众多的办事处和分支机构，或货源不够多，不太稳定，或企业处于国际物流服务业务的初期等情况。这种方式具有投资少见效快、建立线路准备工作较少、业务扩大较快等优点。

（二）物流企业在物流活动中的法律责任

1. 物流企业在物流活动中的民事责任

物流企业的民事责任是指物流企业违反合同义务和法定义务所应承担的法律责任，它可以分为违约责任和侵权责任。违约责任是指违反物流服务合同所应承担的责任，承担责任的依据是合同；侵权责任是指在物流活动中受侵犯物流需求方的财产损害所应承担的责任，承担责任的依据是法律的规定。物流企业在其所从事的物流服务中，一般是通过签订物流服务合同进行的，因而，其承担的民事责任主要是违约责任。

物流企业民事责任的确定需要遵循我国法律的一般规定，但在具体确定民事责任时，尚需根据具体的法律关系加以判断。

（1）物流企业与物流需求者签订物流服务合同　此时，物流企业与物流需求者处于物流服务合同双方当事人的法律地位，按照合同的约定享有权利和履行义务，违反合同约定的即承担违约责任。在物流业务实践中，大多数物流服务合同实行严格责任原则，即物流企业从货物接受到货物交付给最终客户时为止，整个过程无论何时、何地，也无论货物是否处于其实际控制之下,无论是其自身过错还是分包人的过错,只要发生货物灭失或损害,均应先由物流企业依据物流服务合同对物流服务需求者承担责任。

(2) 物流企业将物流服务合同再行分包　物流企业通过与运输业、仓储业或者装卸业、加工业等公司签订运输合同、仓储合同、装卸作业合同和加工合同等方式将物流服务合同进行分包。物流企业将合同分包后,便具有了双重的法律地位。一方面,面对物流需求方,物流企业需承担所有的义务和全部法律责任,而不论损害是否由其造成;另一方面,面对实际履行某环节的专业公司,则根据具体的分包合同承担相应的义务和责任。

(3) 综合物流企业的法律责任　在综合物流服务过程中,物流企业首先要与用户方订立综合物流服务合同,然后根据这份合同承担货物全程服务的责任,将货物从接受地点运至指定交付货物的地点。服务全过程可能由它与各种受雇人、代理人、实际承运人等共同完成。为了完成全程服务任务,物流企业要与受雇人、代理人和实际承运人订立各种雇佣合同、委托合同和分运合同。在这个过程中,综合物流服务是根据综合物流服务合同进行的,该合同的一方是物流企业,无论是它自己完成全部工作,还是将部分或大部分工作通过委托合同和分运合同转交给代理人或分包人完成,物流企业都要对合同的另一方——用户方负责,履行合同的责任,对服务的全程负责。而受雇人、代理人或分包人依据雇佣合同、代理合同、分运合同对自己承担的合同规定的作为或不作为向综合物流企业负责。

在综合物流服务下的赔偿责任体现为首先是综合物流服务合同决定的综合物流企业与用户方(收货方)之间的赔偿责任;其次是由雇佣合同、代理合同和分包合同决定的综合物流企业与受雇人、代理人、分运人等之间的赔偿责任;还有在确定责任人的情况下用户方(收货方)与综合物流服务受雇人、代理人、分运人之间的赔偿责任;在涉及保险时,还存在投保人与保险人之间及保险人与实际责任人之间的赔偿关系等。

2. 物流企业在物流活动中的行政责任

物流企业的行政责任是指物流企业违反国家有关物流监管的规定所应承担的法律责任。国家对物流的监督主要体现在对物流活动主体的市场准入的要求,对主体实施物流活动的监督和管理,公平和公开竞争的物流市场环境和规则的确定等。例如,我国对某些物流活动规定了市场准入的条件,只有按照一定的程序取得经营资格的主体才能参与该物流经营活动,没有取得相应经营资格的企业和其他组织无权进行该物流经营活动,如有违反,即应当承担行政责任。此外,法律禁止物流企业之间的不正当竞争行为,物流企业一旦实施了不正当的竞争行为,也应当受到相应的处罚。

一般而言,物流企业所受到的行政处罚主要有以下几种。

(1) 停止违法经营活动。即没有取得相应资格而从事经营的物流企业,行政主管机关要求其停止经营。

(2) 没收违法所得。即从事违法经营的物流企业如有违法所得的,行政机关依法予以没收,以示惩罚。

(3) 罚款。即对违反物流法律法规的物流企业所给予的一种经济上的处罚。

(4) 撤销经营资格。即有经营资格的企业非法将依法取得的经营资格提交给他人使用的,有关部门可以依法撤销其经营资格。

(5) 吊销营业执照。物流企业如从事违法行为,工商行政管理机关可将其营业执照予以吊销。

四、物流企业的变更和解散

（一）物流企业的变更

1. 物流企业的变更的含义

物流企业的变更是指已经设立的物流企业在其存续期间，由于企业自身或者其他情况的变化，使得物流企业需要对其组织机构或其他登记事项进行改变。物流企业的变更必须依据法律规定的条件和程序进行。

2. 物流企业的变更的原因

主要包括合并与分立两种情形。物流公司合并或者分立，应当由物流公司的股东会作出决议；股份有限公司合并或者分立，必须经国务院授权的部门或者省级人民政府批准。

（1）物流企业的合并　物流企业的合并是指两个或者两个以上的物流企业依法达成合一，归并为一个物流企业或创设一个新的物流企业的法律行为。物流企业合并可以采取吸收合并和新设合并两种形式。吸收合并，是指两个或两个以上的物流企业合并后，其中有一个企业存续，其他企业解散。新设合并，是指两个或两个以上的物流企业合并设立一个新的企业，合并各方解散。

物流公司合并，应该履行以下程序：应当由合并各方签订合并协议；编制资产负债表及财产清单；作出合并决议；通知或公告债权人；进行资本合并和财产的转移；办理合并变更登记，在办理合并变更登记前，须经行政主管机关审批的，要先进行行政审批。

物流公司合并时，合并各方的债权、债务，应当由合并后存续的公司或者新设的公司承继。

（2）物流企业的分立　是指一个物流企业通过签订协议，不通过清算程序，分为两个或两个以上的公司法律行为。物流企业分立主要有派生分立和新设分立两种形式。派生分立是指一个物流企业以其部分资产设立另外一个物流企业的法律行为，原企业继续存在并设立一个以上新的企业；新设分立是指一个物流企业将其全部资产分割设立两个或两个以上物流企业的行为，原企业解散并设立两个以上新的企业。在派生分立的情况下，对原企业是减资行为，需要到工商部门办理变更登记，新企业则应办理设立登记。新设分立的情况下，原企业办理注销登记，新设企业办理设立登记。

物流公司分立，应该履行以下程序：应当由原企业签订分立协议；编制资产负债表及财产清单；作出分立决议；通知或公告债权人；进行资本和财产的转移；办理分立变更登记、设立、注销登记。在办理分立变更登记前，须经行政主管机关审批的，要先进行行政审批。

（3）注册资本的变更　物流公司需要减少注册资本时，必须编制资产负债表及财产清单。

公司应当自作出减少注册资本决议之日起十日内通知债权人，并于三十日内在报纸上至少公告三次。债权人自接到通知书之日起三十日内，未接到通知书的自第一次公告之日起九十日内，有权要求公司清偿债务或者提供相应的担保。公司减少资本后的注册资本不得低于法定的最低限额。

有限责任公司增加注册资本时，股东认缴新增资本的出资，按照公司法设立有限责任公司缴纳出资的有关规定执行。股份有限公司为增加注册资本发行新股时，股东认购新股应当按照公司法设立股份有限公司缴纳股款的有关规定执行。

（二）物流企业的解散

1. 物流企业解散的含义

物流企业的解散是指已经成立的物流企业因公司章程或法律规定的解散事由发生而导致业务活动的停止，并开始处理企业未了结事务的法律行为。物流企业解散导致的结果是物流企业的权利能力和行为能力的终止，法律主体资格的丧失。

2. 物流企业解散的原因

物流企业的解散原因分为两类：任意解散和强制解散。任意解散，即基于出资人的意志约定或决议解散；强制解散，即基于法院判决或行政主管机关决定而导致解散。

（1）任意解散的原因

① 物流企业章程规定的营业期限届满或者章程规定的其他解散事由出现。

② 股东会或者股东大会决议解散。

③ 因物流企业合并或者分立需要解散。

（2）强制解散的原因

① 命令解散。

② 法院判决解散。

③ 宣告破产。

3. 物流企业解散的程序

（1）对以公司形式设立的物流企业的清算程序

物流公司解散，应当在解散事由出现之日起十五日内成立清算组，开始清算。有限责任公司的清算组由股东组成，股份有限公司的清算组由董事或者股东大会确定的人员组成。

逾期不成立清算组进行清算的，债权人可以申请人民法院指定有关人员组成清算组进行清算。人民法院应当受理该申请，并及时组织清算组进行清算。

清算组在清算期间行使下列职权：清理公司财产，分别编制资产负债表和财产清单；通知、公告债权人；处理与清算有关的公司未了结的业务；清缴所欠税款以及清算过程中产生的税款；清理债权、债务；处理公司清偿债务后的剩余财产；代表公司参与民事诉讼活动。

清算组应当自成立之日起十日内通知债权人，并于六十日内在报纸上公告。债权人应当自接到通知书之日起三十日内，未接到通知书的自公告之日起四十五日内，向清算组申报其债权。债权人申报债权，应当说明债权的有关事项，并提供证明材料。清算组应当对债权进行登记。在申报债权期间，清算组不得对债权人进行清偿。清算组在清理公司财产、编制资产负债表和财产清单后，应当制定清算方案，并报股东会、股东大会或者人民法院确认。

公司财产在分别支付清算费用、职工的工资、社会保险费用和法定补偿金，缴纳所欠税款，清偿公司债务后的剩余财产，有限责任公司按照股东的出资比例分配，股份有限公司按照股东持有的股份比例分配。清算期间，公司存续，但不得开展与清算无关的经营活动。公司财产在未依照前款规定清偿前，不得分配给股东。

清算组在清理公司财产、编制资产负债表和财产清单后，发现公司财产不足清偿债务的，应当依法向人民法院申请宣告破产。公司经人民法院裁定宣告破产后，清算组应当将清算事务移交给人民法院。

公司清算结束后,清算组应当制作清算报告,报股东会、股东大会或者人民法院确认,并报送公司登记机关,申请注销公司登记,公告公司终止。

(2) 对以合伙形式设立的物流企业的清算程

物流合伙企业解散,清算人由全体合伙人担任;未能由全体合伙人担任清算人的,经全体合伙人过半数同意,可以自合伙企业解散后十五日内指定一名或者数名合伙人,或者委托第三人,担任清算人。十五日内未确定清算人的,合伙人或者其他利害关系人可以申请人民法院指定清算人。

清算人在清算期间执行下列事务:清理合伙企业财产,分别编制资产负债表和财产清单;处理与清算有关的合伙企业未了结的事务;清缴所欠税款;清理债权、债务;处理合伙企业清偿债务后的剩余财产;代表合伙企业参与民事诉讼活动。

合伙企业财产在支付清算费用后,按下列顺序清偿:合伙企业所欠招用的职工工资和劳动保险费用;合伙企业所欠税款;合伙企业的债务;返还合伙人的出资。合伙企业财产按上述顺序清偿后仍有剩余的,按合伙协议约定的比例进行分配。

合伙企业解散后,原合伙人对合伙企业存续期间的债务仍应承担连带责任,但债权人在五年内未向债务人提出偿债请求的,该责任消灭。

清算结束,应当编制清算报告,经全体合伙人签名、盖章后,在十五日内向企业登记机关报送清算报告,办理合伙企业注销登记。

【工作任务 2】

1. 训练目标:模拟创建一个小型物流公司

通过申请创建物流公司能力的训练,了解我国内资物流企业的市场准入条件,掌握设立通常的物流企业和特殊物流服务企业的要求。熟悉物流企业业务,认识物流企业的性质、设立条件和设立程序。

2. 训练准备

分组训练。每组10人左右,组成一个欲成立拥有10万元资金的物流公司的团队。

3. 训练办法

(1) 小团队成员召开会议,进行调查与讨论,为公司取名。

(2) 研究企业的经营项目、场地设置、设备采购等资金分布情况。

(3) 研究企业机构设置、各自分工和岗位责任规章制度等。

(4) 撰写工商注册资料:法人代表及简历、股东、公司名称、场地、经营范围、股东出资比例、公司机构设置、公司资产状况等。

4. 考核办法

每组各递交一份书面文件,制作PPT,并各派一位代表上台就公司成立细节作一介绍。教师据此考核打分。

【复习思考题】

1. 简述设立有限责任公司的条件和程序。
2. 简述设立股份有限公司的条件和程序。
3. 简述合伙企业的事务执行和债务承担。
4. 简述物流企业的设立条件。

【补充案例】
　　王某为甲物流公司设在上海港的代理人。2010年春节期间,因事务过于繁忙,王某又恰逢身体不适,遂委托赵某代理其处理日常业务。代理中因赵某业务不熟,将一批业务错发他处,造成货主37万元直接损失,给物流公司的运营声誉造成恶劣影响,导致物流公司被货主追究赔偿责任。
　　问题:本案中,物流公司的经济损失应该由谁来承担?为什么?
　　物流公司的经济损失应该由王某承担。理由是,王某为甲物流公司的代理人,没有甲物流公司的同意,王某不能将代理权转托给赵某,由于王某擅自转托行为给甲物流公司造成损失,则应有过错方即王某承担。

物流法规与实务

项目三 认知物流采购法律制度

【本章知识点简介】

买卖合同是出卖人转移标的物所有权给买受人，买受人支付价款的合同。其中交付货物并转移所有权的一方为出卖人或卖方，支付价款并取得所有权的一方为买受人或买方。当事人订立合同，采取要约、承诺方式就合同内容进行协商，达成一致意见。依法成立的合同，自成立时生效。买卖合同中卖方的主要义务包括交付标的物、转移标的物的所有权、标的物的瑕疵担保义务、标的物权利的瑕疵担保义务以及交付有关单证和资料的义务。买卖合同中买方的主要义务包括支付价款、受领标的物、及时检验卖方交付的标的物以及暂时保管并应急处置拒绝受领的标的物。一般情形下，买卖标的物的所有权自标的物交付时起转移。标的物毁损、灭失的风险，在标的物交付前由卖方承担，而交付后由买方承担，但法律另有规定或当事人另有约定的除外。

招标投标是以订立招标采购合同为目的的民事活动立合同的预备阶段。属于订立合同的预备阶段。招标的标的通常分为货物、工程和服务。我国立法将必须招标的标的限制为三类具体工程项目：①大型基础设施、公共事业等关系社会公共利益、公共安全的项目；②全部或者部分使用国有资金投资或者国家融资的项目；③使用境外贷款、援助资金的项目。招标投标活动应当遵循公开、公平、公正和诚实信用的原则。招标投标活动当事人包括招标人、招标代理机构以及投标人。招标方式主要分为公开招标和邀请招标两种。招投标程序包括招标人发布招标公告与投标邀请书、对投标人的资格审查以及编制招标文件、投标人编制投标文件、送达投标文件、开标、评标和中标。

政府采购是指各级国家机关、事业单位和团体组织，使用财政性资金采购依法制定的集中采购目录以内的或者采购限额标准以上的货物、工程和服务的行为。政府采购遵循公开透明原则、公平竞争原则、公正原则、诚实信用原则。政府采购方式可以分为招标性采购方式和非招标式采购。因为每个项目的情况都不一样，具体选择何种政府采购方式应当遵循的原则是有助于公开、有效竞争和物有所值目标的实现。政府采购应该遵循相应的法定程序。

单元一 买 卖 合 同

采购活动是人类活动的重要环节，无论是生产领域还是流通领域，都离不开采购活动。

生产领域离不开采购活动，企业就无法获得生产所需要的原材料、零部件和其他辅助材料，就无法组织生产；流通领域没有采购活动，就无货可售，流通即告终止；其他部门，如科学、教育、文化、卫生、体育及一切社会部门运行的物资支持，同样离不开采购活动，采购在整个经济和社会生活中，起着十分重要的作用。

物资采购不同于购买。购买通常是指需求的主体用自身的劳动利益，通过货币交换，获取衣、食、住、行、用等生活材料。采购是指需求的主体从众多的备选客体中，有选择地通过合同方式有偿取得所需要的物资。其包含两层：一是"采"，就是要选择；二是"购"，就是通过商品交易的手段，将选中对象的所有权，从其所有者手中转移到自己手中。

一、买卖合同概述

（一）买卖合同的概念

买卖合同是出卖人转移标的物所有权给买受人，买受人支付价款的合同。其中交付货物并转移所有权的一方为出卖人或卖方，支付价款并取得所有权的一方为买受人或买方。

（二）买卖合同的法律特征

1. 买卖合同是有偿合同

买卖合同的实质是以等价有偿方式转移标的物所有权，即卖方转移标的物所有权于买方，买方向卖方支付价款，这是买卖合同的基本特征，是其与互易、赠予等其他合同的区别所在。

2. 买卖合同是双务合同

双务合同是指当事人双方互负对待给付义务的合同，也就是说当事人一方所享有的权利是另一方所负有的义务。在买卖合同中，卖方负有转移标的物所有权的义务，买方负有支付价款的义务，双方的义务有对价关系；而买方权利又是卖方义务，买方义务又是卖方权利，双方权利义务存在对应关系，因此买卖合同属于双务合同。

3. 买卖合同是诺成合同

诺成合同是指当事人一方的意思表示一旦经对方同意即能产生法律效果的合同。买卖合同自买卖双方就标的物、价款等有关事项意思表达一致时即可成立，并不以标的物的实际交付为成立条件，因而是诺成合同。

4. 买卖合同是不要式合同

通常情况下，买卖合同的成立并不需要具备一定的形式，但法律另有规定的除外。

二、买卖合同的订立

（一）合同订立的概念

合同的订立，是指两个或两个以上的当事人，依法就合同的主要条款经过协商一致，达成协议的法律行为，订立合同的形式，是合同双方当事人之间明确相互权利义务的方式，是双方当事人意思表示一致的外在表现。

订立合同，当事人必须具备与所订立合同相适应的民事权利能力和民事行为能力。当事人也可以依法委托代理人订立合同。因此，在订立合同时，应当注意了解对方是否具有相应的民事权利能力和民事行为能力，是否受委托以及委托代理的事项、权限等。

（二）订立合同的形式

合同的形式是指合同当事人达成的协议的表现形式。《合同法》规定，当事人订立合同可以有三种形式：书面形式、口头形式和其他形式。

1. 书面形式

书面形式是指合同书、信件和数据电文（包括电报、电传、传真、电子数据交换和电子邮件）等可以有形地表现所载内容的形式。

《合同法》规定，法律、行政法规规定采用书面形式的，应当采用书面形式。当事人约定采用书面形式的，应当采用书面形式。书面形式虽没有口头形式迅速、简便，但由于有据可查，有利于保障交易安全、减少纠纷，发生纠纷时也易于分清责任。在实践中，书面形式是当事人最为普遍采用的一种合同约定形式。

2. 口头形式

口头形式的合同，是指当事人各方就合同内容达成一致的口头协议。口头合同比较简便、迅速，缺点是发生纠纷时难以取证，不易分清责任。所以对于不即时清结和较重要的合同不宜采用口头形式。

3. 其他形式

除了书面形式和口头形式，合同还可以以其他形式成立。法律没有列举具体的其他形式。一般认为，不属于上述两种形式，但根据当事人的行为或者特定情形能够推定合同成立的其他形式或者根据交易习惯所采用的其他形式，也是法律上认可的合同的其他形式。

（三）合同的主要条款

合同的内容，是指合同当事人约定享有的债权和承担的债务。合同内容通过合同条款来体现，由当事人约定，依合同种类的不同而有所不同。一般包括以下条款。

1. 当事人的名称（姓名）和住所

当事人的名称（姓名）和住所，是每一个合同必须具备的条款。当事人是合同法律关系的主体，合同中如果不写明当事人，就无法确定权利的享受者和义务的承担者，因此，订立合同，不仅要把当事都写到合同中去，而且要把各方当事人名称或者姓名和住所都记载准确、清楚。

2. 标的

标的是指合同当事人双方权利和义务所共同指向的对象。标的是合同成立的必要条件，是一切合同的必备条款。没有标的，合同关系无法建立。

合同标的的种类有物和行为两大类。所谓物，是指为人类所能控制并能满足人们一定需要、有一定经济价值的物质客体。所谓行为，是指人的活动。具体说，合同标的可分为四种。

（1）有形财产　是指具有价值和使用价值并且法律允许流通的有形物，如生产资料与生活资料、货币与有价证券等。

（2）无形财产　是指具有价值和使用价值并且法律允许流通的不以实物形态存在的智力成果，如商标、专利、著作权、技术秘密等。

（3）劳务　是指不以有形财产体现其成果的劳动与服务，如运输、保管、行纪、居间等行为。

（4）工作成果　是指在合同履行过程中产生的、体现履约行为的有形物质或者无形物，如承揽合同中承揽人完成的工作成果，建设工程合同中承包人完成的建设工程技术合同中研究开发人完成的研究开发成果等。

合同对标的的规定应当清楚明白，准确无误。对于名称、型号、规格、品种、等级、花色等都应规定得细致、准确、清楚，防止出现差错。特别对于不易确定的无形财产、劳务、工作成果等更要尽可能地描述准确、明白。

3. 数量

数量是指标的的数量，是以计量单位和数字来衡量的标的的尺度。在大多数合同中，数量是必备条款。对于有形财产，数量是对单位个数、体积、面积、长度、容积、重量等的计量；对于无形财产，数量是个数、件数、字数以及使用范围等多种量度方法；对于劳务，数量为劳动量；对于工作成果，数量是工作量及成果数量。合同的数量要准确，应选择使用双方当事人共同接受的计量单位、计量方法和计量工具。根据不同情况要求不同的精确度、允许的尾差、磅差、超欠幅度、自然耗损率等。

4. 质量

质量是指标的的具体特征，是标的的内在素质和外观形态的综合，如商品的品种、型号、规格、等级和工程项目的标准等。合同中必须对质量明确加以规定。国家有强制性标准规定的，必须按照规定的标准执行。如有多种质量标准，应尽可能约定其适用的标准。当事人可以约定质量检验的方法、质量责任的期限和条件、对质量提出异议的条件与期限等。

5. 价款或者报酬

价款或者报酬，是指一方当事人向对方当事人所付代价的货币表现。价款一般是指提供财产的当事人支付的货币，如买卖合同的货款、租赁合同的租金、借款合同中借款人向贷款人支付的本金和利息等。报酬一般是指对提供劳务或者得工作成果的当事人支付的货币，如保管合同中的保管费、仓储合同中的仓储费、运输合同中的票款或者运费等。作为主要条款，在合同中应明确规定其数额、计算标准、结算方式和程序。

6. 履行期限、地点和方式

履行的期限，是指合同中规定的一方当事人向对方当事人履行义务的时间界限。它是衡量合同能否按时履行的标准。履行地点，是指合同规定的当事人履行合同义务和对方当事人接受履行的地点。履行地点关系到履行合同的费用、风险由谁承担，有时还是确定所有权是否转移、何时转移的依据，也是发生纠纷后确定由哪一地法院管辖的依据。履行方式，是指合同当事人履行合同义务的具体做法。不同种类的合同，有着不同的履行方式。有的需要以转移一定财产的方式履行，如买卖合同；有的需要以提供某种劳务的方式履行，如运输合同；有的需要以交付一定的工作成果的方式履行，如承揽合同等。履行方式还包括价款或者报酬的支付方式、结算方式等。

7. 违约责任

违约责任，是指合同当事人一方或者双方不履行合同义务或者履行合同义务不符合约定时，按照法律或者合同的规定应当承担的法律责任。违约责任是合同具有法律约束力的重要体现，在合同中非常重要，一般有关合同的法律对于违约责任都尽量作出较为详尽的规定。但法律的规定是原则的，不可能面面俱到，照顾到各种合同的特殊情况。因此，当事人为了保证合同义务严格按照约定履行，为了及时地解决合同纠纷，可以在合同中明确规定违约责任条款，如约定定金或违约金，约定赔偿金额以及赔偿金的计算方法等。

8. 解决争议的方法

解决争议的方法是指合同当事人对合同的履行发生争议时解决的途径和方式。解决争议的方法主要有当事人协商和解、第三人调解、仲裁、诉讼。解决争议的方法的选择对于纠纷发生后当事人利益的保护是非常重要的，应慎重对待。如果意图通过诉讼解决争议，可以不进行约定。如果选择适用仲裁解决，则要经过事先或者事后约定，还要明确选择的是哪一个仲裁机构，否则将无法确定仲裁条款的效力。

（四）合同订立的方式

根据《合同法》的规定，当事人订立合同，采取要约、承诺方式。要约、承诺，其实就是合同订立的一般程序，是当事人双方或多方就合同内容进行协商，达成一致意见的过程，这一过程主要包括要约和承诺两个阶段。

1. 要约

要约是希望和他人订立合同的意思表示。这是一方当事人向对方提出签订合同的建议和要求。发出要约的当事人称为要约人，要约所指向的对方当事人则称为受要约人。要约在不同情况下还可以称之为发盘、出盘、发价、出价或报价等。

（1）要约应具备的条件　要约必须是特定人的意思表示；受要约人一般也是特定的，但在一些场合，要约人也可以向不特定人发出要约；要约的内容必须具有足以决定合同内容的主要条款，包括标的、数量、质量、价款或者报酬、履行期限、地点和方式等，对方一经接受，合同也就成立。如果要约内容含混不清，即使受要约人同意，因权利义务不清，合同也无法确立。

表明经受要约人承诺，要约人即受该意思表示约束。要约是一种法律行为，要约人受到要约的约束；当要约已送达给受要约人后，在要约的有效期限内，要约人不得擅自撤回要约或变更要约内容，也就是说，如对方接受要约，合同即告成立。

（2）要约邀请　要约邀请是希望他人向自己发出要约的意思表示。要约邀请与要约不同，实践中要注意区别。要约是以订立合同为目的的法律行为，一经发出就会产生一定的法律效果。要约邀请的目的则是让他人向自己发出要约，本身不具有法律意义，不受所发邀请的约束。要约内容要明确具体，要约邀请的内容则不受此约束。寄送的价目表、拍卖公告、招标公告、招股说明书等都是要约邀请。商业广告，视其内容确定是要约还是要约邀请，若内容行使要约规定条件的，则视为要约，否则是要约邀请。

（3）要约生效时间　要约到达受要约人时生效。采用数据电文形式订立合同，收件人指定特定系统接收电文的，该数据电文进入该特定系统的时间，视为到达时间；未指定特定系统的，该数据电文进入收件人的任何系统的首次时间，视为到达时间（这一规定也同样适用承诺到达时间）。需要注意的是，要约到达受要约人，并不是指要约一定实际送达到受要约人或者其代理人手中，要约只要送达到要约人通常的地址、住所或者能够控制的地方（如信箱等）即为送达。

（4）要约的撤回、撤销与失效

① 要约撤回，是指要约人在发出要约后，要约生效前，使要约不发生法律效力的意思表示。法律规定要约可以撤回，原因在于这时要约尚未发生法律效力，撤回要约不会对受要约人产生任何影响，也不会对交易秩序产生不良影响。由于要约要到达受要约人时即生效，因此撤回要约的通知应当在要约到达受要约人之前或者与要约同时到达受要约人。

② 要约撤销，是指要约人在要约生效后，使要约丧失法律效力的意思表示。也就是说，要约已经到达受要约人，在受要约人作出承诺之前，要约人可以撤销要约。《合同法》规定，

撤销要约的通知应当在受要约人发出承诺通知之前到达受要约人。由于撤销要约可能会给受要约人带来不利的影响，损害受要约人的利益，法律规定了两种不得撤销要约的情形：要约人确定发承诺期限或者以其他形式表明要约不可撤销；受要约人有理由认为要约是不可撤销的，并已经为履行合同作了准备工作。除这两种情况外，要约会可以撤销。

③ 要约失效，是指要约丧失法律效力，即要约人不再受其约束，受要约人也终止了承诺的权利。《合同法》规定了要约失效的情形：拒绝要约的通知到达要约人；要约人依法撤销要约；承诺期限届满，受要约人未作出承诺；受要约人对要约的内容作出实质性变更。

2. 承诺

承诺是受要约人同意要约的意思表示。承诺生效时合同成立。

（1）承诺应当具备的条件　第一，必须由受要约人作出。如由代理人作出承诺，则代理人须有合法的委托手续。第二，必须向要约人作出。第三，承诺的内容应当和要约的内容一致。第四，必须在规定的期限内作出。不符合上述条件的，不能认为承诺。

（2）承诺的方式　承诺方式是指受要约人将其承诺的意思表示传达给要约人所采用的方式。《合同法》规定，承诺应当以通知的方式作出，但根据交易习惯或者要约表明可以通过行为作出承诺的除外。

（3）承诺的期限　承诺应当在要约确定的期限内到达要约人。

（4）承诺的生效　承诺通知到达要约人时生效。承诺不需要通知的，根据交易习惯或者要约的要求作出承诺的行为时生效。采用数据电文形式订立合同的，承诺到达的时间同前面所述要约到达时间一样。

承诺也可以撤回。撤回承诺的通知应当在承诺通知到达要约人之前或者与承诺通知同时到达要约人。

受要约人超过承诺期限发出承诺的，除要约人及时通知受要约人该承诺有效的以外，为新要约。受要约人在承诺期限内发出承诺，按照通常情形能够及时到达要约人，但因其他原因承诺到达要约人时超过承诺期限的，除要约人及时通知受要约人因承诺超过期限不接受该承诺的以外，该承诺有效。受要约人对要约的内容作出实质性变更的，为新要约。有关合同标的、数量、质量、价款或者报酬、履行期限、履行地点和方式、违约责任和解决争议方法等的变更，是对要约内容的实质性变更。承诺对要约的内容作出非实质性变更的，除要约人及时表示反对或者要约表示承诺不得对要约的内容作出任何变更的以外，该承诺有效，合同的内容以承诺的内容为准。

（五）合同成立的时间、地点

合同谈判成立的过程，就是要约、新要约、更新的要约直到承诺的过程。承诺生效时合同成立。但当事人采用合同书形式订立合同的，自双方当事人签字或者盖章时合同成立。当事人采用信件、数据电文等形式订立合同的，可以在合同成立之前要求签订确认书，签订确认书时合同成立。法律、行政法规规定或者当事人约定采用书面形式订立合同，当事人未采用书面形式但一方已经履行主要义务，对方接受的，该合同成立。采用合同书形式订立合同，在签字或者盖章之前，当事人一方已经履行主要义务，对方接受的，该合同成立。

承诺生效的地点为合同成立的地点。采用数据电文形式订立合同的，收件人的主营业地为合同成立的地点；没有主营业地的，其经营居住地为合同成立的地点。当事人另有约定的，按照其约定。当事人采用合同书形式订立合同的，双方当事人签字或者盖章的地点为合同成立的地点。

三、买卖合同的效力

合同的效力是指合同是否有效。有效合同对当事人具有法律约束力,国家法律予以保护,无效合同不具有法律约束力。

(一)合同的生效

依法成立的合同,自成立时生效。法律、行政法规规定应当办理批准、登记等手续生效的,依照其规定。

当事人对合同的效力可以约定附条件。附生效条件的合同,自条件成就时生效。附解除条件的合同,自条件成就时失效。当事人为自己的利益不正当地阻止条件成就的,视为条件已成就;不正当地促成条件成就的,视为条件不成就。

当事人对合同的效力可以约定附期限。附生效期限的合同,自期限届满时生效。附终止期限的合同,自期限届满时失效。

(二)无效合同

无效合同,是指因违反法律、法规要求,国家不予承认和保护的,不发生法律效力的合同。

无效合同根据其无效程序和范围,分为部分无效合同和全部无效合同两种。部分无效的合同,是指合同的某些条款虽然违反法律规定,但并不影响其他条款法律效力的合同。无效合同自始没有法律约束力。合同部分无效,不影响其他部分效力的,其他部分仍然有效。

根据《合同法》的规定,下列合同无效。
(1) 一方以欺诈、胁迫的手段订立合同,损害国家利益。
(2) 恶意串通,损害国家、集体或者第三人利益。
(3) 以合法形式掩盖非法目的。
(4) 损害社会公共利益。
(5) 违反法律、行政法规的强制性规定。

合同无效后,因该合同取得的财产,应当予以返还;不能返还或者没有必要返还的,应当折价补偿。有过错的一方应当赔偿对方因此所受到的损失,双方都有过错的,应当各自承担相应的责任。当事人恶意串通,损害国家、集体或者第三人利益的,因此取得的财产收归国家所有或者返还集体、第三人。

《合同法》规定,合同中的下列免责条款无效:造成对方人身伤害的;因故意或者重大过失造成对方财产损失的。

(三)可撤销合同

可撤销合同,是指因合同当事人订立合同时意思表示不真实,通过有撤销权的当事人行使撤销权,可使已经生效的合同变更或归于无效的合同。

有撤销权的当事人是指有权请示人民法院或者仲裁机构变更或者撤销合同的当事人。对于因重大误解订立的合同和在订立时显失公平的合同,当事人任何一方均有权请求变更或者撤销合同,主要是误解方或受害方行使请求权;对于一方以欺诈、胁迫的手段或者乘人之危,使对方在违背真实意思的情况下订立的合同,则只有受损害方当事人才可以行使请求权。

当事人请求变更合同的,人民法院或者仲裁机构不得撤销。

撤销权的行使是有时效和限制的。有下列情形之一的，撤销权消灭：具有撤销权的当事人自知道或者应当知道撤销事由之日起一年内没有行使撤销权；具有撤销权的当事人知道撤销事由明确表示或者以自己的行为放弃撤销权。

被撤销的合同，同无效合同一样，自始没有法律约束力。对因该合同取得的财产，当事人应承担三种形式的民事责任。

① 返还财产。合同被撤销，就意味着双方当事人之间没有任何合同关系存在，那么就应该让双方当事人的财产状况恢复到如同没有订立合同时的状态，取得财产的一方应当将财产返还对方。

② 折价补偿。这是在财产不能返还或者没有必要返还的情况下对对方当事人的经济补偿办法。

③ 赔偿损失。有过错的一方应当赔偿对方因此所受到的损失，双方都有过错的，应当各自承担相应的责任。

（四）效力待定合同

对于某些方面不符合合同生效的要件，但并不属于前面所讲的无效合同或可撤销合同，法律允许根据情况予以补救的合同，称之为效力待定合同。

一般来说，一个有效的合同，应该具备三个条件：合同当事人具有相应的民事权利能力和民事行为能力，即主体合法；意思表示真实；不违反法律或者社会公共利益。三个条件缺一不可，缺少了其中一个或几个条件，就可能导致合同无效或可撤销，但法律允许在以下几种情况下可以采取补救措施，使之成为有效合同。

（1）限制民事行为能力人订立的合同，经法定代理人追认后，该合同有效。但如果是获纯利益的合同或者是与其年龄、智力、精神健康状况相适应而订立的合同，不必经法定代理人追信，合同当然有效。相对人也可以催告法定代理人在一个月内予以追认。法定代理人未作表示的，视为拒绝追认。合同被追认之前，善意相对人有撤销的权利。撤销应当以通知的方式作出。

（2）行为人没有代理权、超越代理权或者代理权终止后以被代理人名义订立的合同，未经被代理人追认，对被代理人不发生效力，由行为人承担责任。相对人可以催告被代理人在一个月内予以追认。被代理人未作表示的，视为拒绝追认。合同被追认之前，善意相对人有撤销的权利。撤销应当以通知的方式作出。行为人没有代理权、超越代理权或者代理权终止后以被代理人名义订立合同，相对人有理由相信行为人有代理权的，该代理行为有效。法人或者其他组织的法定代表人、负责人超越权限订立的合同，除相对人知道或者应当知道其超越权限的以外，该代表行为有效。

（3）无处分权的人处分他人财产，经权利人追认或者无处分权的人订立合同后取得处分权的，该合同有效。

四、买卖合同的当事人的权利义务

（一）卖方的主要义务

1. 交付标的物

标的物是指当事人双方权利义务指向的对象，及买卖合同中所指的物体或商品。交付标的物是买方的首要义务，也是买卖合同最重要的合同目的。

标的物的交付可以分为现实交付和拟制交付。现实交付是指标的物交由买方实际占有；拟制交付是指将标的物的所有权证书交给买方以替代标的物的交付，如不动产所有权的交付、仓单的交付等。卖方应当按照约定的时间、约定的地点、约定的数量、约定的包装方式交付标的物。标的物在出卖前就已经被买方占有的，合同生效时间即为交付时间。

2. 转移标的物的所有权

买方的最终目的是获得标的物的所有权，将标的物的所有权转移给买方是卖方的另一项主要义务，这也是买卖合同区别于其他涉及财产转移占有合同的本质特性之一。转移标的物的所有权，是在交付标的物的基础上，实际标的物所有权的转移，使买方获得标的物所有权。

3. 标的物的瑕疵担保义务

标的物的瑕疵担保义务是指卖方应担保交付给买方的标的物符合合同约定的或者法律确定的质量标准。即卖方要保证标的物转移给买方后，不存在品质或使用价值降低，效用减弱瑕疵。标的物欠缺约定或者法定品质的称为标的物的瑕疵。

4. 标的物权利的瑕疵担保义务

标的物权利的瑕疵担保义务是指卖方就其所转移的标的物，负有保证第三人不得向买方主张任何权利的义务。卖方交付的标的物上有权利瑕疵，不能完全转移所有权于买方的，买方有权要求减少价款或解除合同。在买方未支付价款时，有确切证据证明第三人就标的物主张权利的，买方有权终止支付相应的价款，除非卖方提供适当的担保。

5. 交付有关单证和资料的义务

卖方应当按照约定或交易习惯向买方支付提取标的物的单证及有关的其他单证和资料。

(二) 买方的主要义务

1. 支付价款

价款是买方获取标的物所有权的对价，买方应当按照合同的约定向卖方支付价款，这也是买方的主要义务。买方应当按照合同约定的时间、地点、数额、支付方式等支付价款。对于合同约定不明确的，应按照法律规定或参照交易习惯进行确定。

2. 受领标的物

买方有义务受领卖方支付的标的物及有关权利凭证。而对于卖方不按合同约定条件交付标的物的，如多交、提前交付、交付的标的物有瑕疵的，买方有权拒绝接受。

3. 及时检验卖方交付的标的物

买方受领标的物后，应在当事人约定或法定期限内依据通常程序尽快检查标的物。若发现应由卖方承担责任的事由时，则应妥善保管并及时通知卖方。

4. 暂时保管并应急处置拒绝受领的标的物

在特定情况下，买方对于卖方所交付的标的物，可以做出拒绝接受的意思表示，但也有暂时保管并应急处理该标的物的义务。买方保管并应急处理标的物的行为必须是基于善良的动机，不得扩大卖方的损失。因为买卖合同属于双务合同，买方的权利即是卖方的义务，卖方的权利即是买方的义务。

五、标的物所有权的转移和风险责任承担的相关规定

(一) 标的物所有权的转移

依据《合同法》的规定，除法律另有规定或当事人另有约定外，买卖标的物的所有权自

标的物交付时起转移。在一般情形下，交付标的物即可转移标的物的所有权。但对于法律有特别规定的动产和不动产，因其所有权的转移须办理特别的手续，卖方应依约定协助买方办理所有权转移的登记等有关的过户手续，并交付相关的产权证明给买方。另外，当事人可以在买卖合同中约定买方未履行支付价款或者其他义务的，标的物的所有权权属于卖方。

（二）风险责任承担

所谓标的物风险责任承担，是指双方在买卖过程中发生的标的物意外毁损、灭失的风险由何方当事人承担。依据《合同法》规定，标的物毁损、灭失的风险，在标的物交付前由卖方承担，而交付后由买方承担，但法律另有规定或当事人另有约定的除外。对不同的交付方式，可依照以下原则分配风险。

（1）买方自提标的物的，卖方将标的物置于约定或法定地点起，风险由买方承担。

（2）出售运输中的标的物的，自合同成立时起，风险由买方承担。

（3）对需要运输的标的物，若约定交付地或约定不明确的，自卖方将标的物交付给第一承运人起，风险由买方承担。

（4）由于买方受领延迟，则由买方自迟延时起承担标的物意外灭失风险。

（5）卖方未按照约定交付提取标的物单证以外的有关单证和资料，但已交付了标的物或提取标的物单证的，仍发生风险负担的转移。

（6）因标的物的质量不符合要求，致使不能实现合同目的的，买方可以拒绝接受标的物或者解除合同，标的物毁损、灭失的风险由卖方承担。

（7）标的物毁损、灭失的风险由买方承担的，不影响因卖方履行义务不符合约定，买方要求其承担违约责任的权利。

六、买卖合同的履行和担保

（一）买卖合同的履行

1. 买卖合同履行的概念

合同的履行，是指合同生效后，双方当事人按照合同规定的各项条款，完成各自承担的义务和实现各自享受的权利，使双方当事人的合同目的得以实现的行为。

合同的履行是《合同法》法律约束力的首要表现。当事人应当按照约定全面履行自己的义务。合同生效后，当事人不得因姓名、名称的变更或者法定代表人、负责人、承办人的变动而不履行合同义务。

2. 合同履行的原则

合同生效后，当事人就质量、价款或者报酬、履行地点等内容没有约定或者约定不明确的，可以协议补充；不能达成补充协议的，按照合同有关条款或者交易习惯确定。仍不能确定的，按下列规则确定。

（1）质量要求不明确的，按照国家标准、行业标准履行；没有国家标准、行业标准的，按照通常标准或者符合合同目的的特定标准履行。

（2）价款或者报酬不明确的，按照订立合同时履行地的市场价格履行；依法应当执行政府定价或者政府指导价的，按照规定履行。

（3）履行地点不明确，给付货币的，在接受货币一方所在地履行；交付不动产的，在不动产所在地履行；其他标的，在履行义务一方所在地履行。

(4) 履行期限不明确的，债务人可以随时履行，债权人也可以随时要求履行，但应给对方必要的准备时间。

(5) 履行方式不明确的，按照有利于实现合同目的的方式履行。

(6) 履行费用的负担不明确的，由履行义务一方负担。

执行政府定价或者政府指导价的，在合同约定的交付期限内政府价格调整时，按照交付时的价格计价。逾期交付标的物的，遇价格上涨时，按照原价格执行；价格下降时，按照新价格执行。逾期提取标的物或者逾期付款的，遇价格上涨时，按照新价格执行；价格下降时，按照原价格执行。

（二）买卖合同的担保

合同的担保，是指为保障合同债权的实现，由当事人双方依照法律规定，经过协商一致而设定的法律措施。设定担保的根本目的，是保证合同的切实履行，既保障合同债权人实现其债权，也促使合同债务人履行其债务。

担保活动应当遵循平等、自愿、公平、诚实信用的原则，以维护参加担保各方当事人的全法权益。合同的担保，一般在订立合同的同时成立，既可以是单独订立的书面合同，包括当事人之间的具有担保性质的信函、传真等，也可以是主合同中的担保条款。担保合同是主合同的从合同，主合同无效，担保合同无效。担保合同另有约定的，按照约定。担保的主要方式包括以下几种。

1. 保证

保证是指第三人为债务人的债务发行作担保，由保证人和债权人约定，当债务人不履行债务时，保证人按照约定履行债务或者承担责任的行为。

保证的方式，分为一般保证和连带责任保证两种。当事人在保证合同中约定，债务人不能履行债务时，由保证人承担保证责任的，为一般保证。一般保证的保证人在主合同纠纷未经审判或者仲裁，并就债务人财产依法强制执行仍不能履行债务前，对债权人可以拒绝承担保证责任。当事人在保证合同中约定保证人与债务人对债务承担连带责任的，为连带责任保证。连带责任保证的债务人在主合同规定的债务履行期届满没有履行债务的，债权人可以要求债务人履行债务，也可以要求保证人在其保证范围内承担保证责任。当事人对保证方式没有约定或者约定不明确的，按照连带责任保证承担保证责任。

保证人承担保证责任后，有权向债务人追偿。

2. 抵押

抵押是指债务人或者第三人不转移对其确定的财产的占有，将该财产作为债权的担保。当债务人不履行债务时，债权人有权依照法律规定，以该财产折价或者以拍卖、变卖该财产的价款优先受偿。该债务人或者第三人为抵押人，债权人为抵押权人，提供担保的财产为抵押物。

抵押人所担保的债权不得超出其抵押物的价值。财产抵押后，该财产的价值大于所担保债权的余额部分，可以再次抵押，但不是超出其余额部分。

3. 质押

质押包括动产质押和权利质押。动产质押是指债务人或者第三人将其动产移交债权人占有，将该动产作为债权的担保。当债务人不履行债务时，债权人有权依照法律规定，以该动产折价或者以拍卖、变卖该动产的价款优先受偿。该债务人或者第三人为出质人，债权人为质权人，移交的动产为质物。权利质押是指以汇票、支票、本票、债券、存款单、仓单、提单,依法可以转让的股份、股票,依法可以转让的商标专用权,专利权、著作权中的财产权,依法可以质押的其他权利等作为质权标的担保。

出质人和质权人应当以书面形式订立质押合同。

4. 留置

留置是指根据《担保法》和其他法律的规定,债权人按照合同约定占有债务人的动产,债务人不按照合同约定的期限履行债务的,债权人有权依照法律规定留置该财产,以该财产折价或者以拍卖、变卖该财产的价款优先受偿。

因保管合同、运输合同、承揽合同以及法律规定可以留置的其他合同发生的债权,债务人不履行债务的,债权人有留置权。留置担保的范围包括主债权及利息、违约金、损害赔偿金、留置物保管费用和实现留置权的费用。

债权人与债务人应当在合同中约定,债权人留置财产后,债务人应当在不少于两个月的期限内履行债务。债权人与债务人在合同中未约定的,债权人留置债务人财产后,应当确定两个月以上的期限,通知债务人在该期限内履行债务。债务人逾期仍不履行的,债权人可以与债务人协议以留置物折价,也可以依法拍卖、变卖留置物。留置物折价或者拍卖、变卖后,其价款超过债权数额的部分归债务人所有,不足部分由债务人清偿。

留置权因债权消灭,或者债务人另行提供担保并被债权人接受而消灭。

5. 定金

定金是指合同当事人约定俗成方向对方给付一定数额的货币作为债权的担保。债务人履行债务后,定金抵作价款或者收回,给付定金的一方不履行约定的债务的,无权要求返还定金;收受定金的一方不履行约定的债务的,应当双倍返还定金。

定金应当以书面形式约定。当事人在定金合同中应当约定交付定金的期限。定金合同从实际交付定金之日起生效。定金的数额由当事人约定,但不得超过主合同标的额的20%。

七、合同的变更、转让和终止

(一) 合同的变更

依法订立的合同,即具有法律约束力,受法律保证,当事人必须全面履行合同规定的义务,任何一方都不得擅自变更或者解除合同。但是,在合同的履行过程中,由于主、客观情况的变化,使原合同的履行已经不可能或者不必要时,为了减少不必要的损失,合同当事人可以依法变更合同。

合同的变更,是指合同没有履行或者没有完全履行时,当事人双方根据客观情况的变化,依照法律规定的条件和程序,对原合同进行修改或者补充。合同的变更,是在合同的主体不改变的前提下对合同内容或标的的变更,合同性质和标的性质并不改变。例如有关标的物数量的增减、质量标准的修改、履行地点的变动、标的物包装要求的改变等,都属于合同的变更。《合同法》第77条规定,当事人协商一致,可以变更合同。法律、行政法规规定变更合同应当办理批准、登记等手续的,依照其规定。合同依法变更后,当事人按照变更后的合同享受权利和承担义务。

当事人对合同变更的内容约定不明确的,推定为未变更。

(二) 合同的转让

合同的转让,是指合同当事人一方将其合同的权利和义务全部或者分部转让给第三人。

合同的转让,一般由当事人自主决定,但法律、行政法规规定转让权利或者转移义务应当办理批准、登记等手续的,依照其规定。

按照转让的权利义务不同,合同转让可分为债权让与、债务承担和合同承受三种形式。

1. 债权让与

债权让与,也就是合同权利转让,是指不改变合同的内容,由债权人将合同权利的全部或者部分转让给第三人。

2. 债务承担

债务承担,也就是合同义务的转移,是指经债权人同意,债务人将合同的义务全部或者部分转移给第三人。

3. 合同承受

合同承受,也就是合同权利义务的一并转让,是指当事人一方将自己在合同中的权利和义务一并转让给第三人。

(三) 合同的终止

合同的终止是指合同当事人双方终止合同关系,合同确立的权利、义务关系随之消灭。根据法律规定,合同的权利义务终止,可分为下列几种情形。

1. 债务已经按照约定履行

当事人双方为着一定的目的,订立了合同,合同生效后,当事人即应当按照约定履行自己的义务。如果债务人完全履行了自己的义务,债权人实现了自己的全部权利,订立合同的目的已经实现,合同确立的权利义务关系自然就消灭了,合同因此终止。

2. 合同解除

合同解除是指合同依法成立后,当具备法律规定的合同解除条件时,因当事人一方或双方的意思表示而使合同关系归于消灭的行为。

3. 债务相互抵消

当事人互负到期债务,该债务的标的物种类、品质相同的,任何一方可以将自己的债务与对方的债务抵消,但依照法律规定或者合同性质不得抵消的除外。当事人主张抵消的,应当通知对方。通知自到达对方时失效。抵消不得附条件或者附期限。当事人互负债务,标的物种类、品质不相同的,经双方协商一致,也可以抵消。

4. 债务人依法将标的物提存

提存,是指由于债权人的原因,债务人无法向其交付合同标的物而将该标的物交给提存机关,从而消灭合同的制度。

债务的履行往往需要债权人的协助,如果债权人无正当理由拒绝受领或不能受领,债权人虽应负担受领迟延的责任,但债务人的债务却不能消灭,债务人仍得随时准备履行,这对债务人是不公平的,因此法律规定在一定情形下债务人可以通过提存标的物终止合同。

根据《合同法》的规定,当有下列情形之一,难以履行债务的,债务人可以将标的物提存。

(1) 债权人无正当理由拒绝受领。

(2) 债权人下落不明。

(3) 债权人死亡未确定继承人或者丧失民事行为能力未确定监护人。

(4) 法律规定的其他情形。

标的物不适于提存或者提存费用过高的,债务人依法可以拍卖或者变卖标的物,提存所得的价款。

标的物提存后，除债权人下落不明的以外，债务人应当及时通知债权人或者债权人的继承人、监护人。标的物提存后，毁损、灭失的风险由债权人承担。提存期间，标的物的孳息（指由标的物产生的收益）归债权人所有。提存费用由债权人负担。标的物提存后，债权人可以随时领取提存物，但债权人对债务人负有到期债务的，在债权人未履行债务或者提供担保之前，提存部门根据债务人的要求应当拒绝其领取提存物。债权人领取提存物的权利，自提存之日起五年内不行使而消灭，提存物扣除提存物费用后归国家所有。

5. 债权人免除债务

债权人免除债务，即债权人自愿放弃了债权，债务人的债务即被解除。债权人免除债务人部分或者部分债务的，合同的权利义务部分或者全部终止。

6. 债权债务同归于一人

由于某种事实的发生，使一项合同中原本由一方当事人享有的债权和由另一方当事人承担的债务统归于一人时，合同的履行就失去了实际意义，合同的权利义务终止。例如，由于甲乙两企业合并，甲乙企业之间原先订立的合同中的权利义务同归于合并后的企业，债权债务关系自然终止。再如当债权人继承了债务人或者债务人继承了债权人时，债权债务也同归于一人，合同终止。因此法律规定，债权和债务同归于一人的，合同的权利义务终止，但涉及第三人利益的除外。

7. 法律规定或者当事人约定终止的其他情形。

八、违反买卖合同的法律责任

（一）违约责任的概念

违约责任，即违反合同的民事责任，是指合同当事人一方不履行合同义务或者履行合同义务不符合约定时，依照法律规定或者合同约定所承担的法律责任。当事人双方都违反合同的，应当各自承担相应的责任。

依法订立的有效合同，对当事人双方来说，都具有法律约定力。如果不履行或者履行义务不符合约定，就要承担违约责任。只有这样，才能促使当事人双方及时全面地履行合同，保护当事人的合法权益。否则，合同就可能会成为一纸空文。规定合同违约责任制度，是保证当事人履行合同义务的重要措施，有利于促进合同的履行和弥补违约造成的损失，对合同当事人和整个社会都是有益的。

一般来说，违约责任的追究，要在合同履行期限届满时才能行使，因为只有在履行期限届满时才能确定债务人是否履行了合同或履行义务是否符合约定，但在合同生效后，履行期限届满前，当事人一方明确表示或者以自己的行为表明不履行合同义务的，对方可以在履行期限届满之前要求其承担违约责任。这样可以保证当事人及时保护自己的权利，避免无谓地等待时间。

（二）承担违约责任的主要形式

根据《合同法》的规定，违约的当事人承担违约责任的主要形式有：继续履行、采取补救措施、赔偿损失、约定违约金和定金等。具体适用哪种违约责任，由当事人根据自己的要求加以选择。

1. 继续履行

订立合同的目的是为了实现合同的约定，即实际履行合同。继续履行合同，既是为了实现合同目的，又是一种违约责任。当事人一方违反合同约定，不履行或者履行不符合约定，对方当事人有权要求其继续履行，以维护自己的合法权益。

根据《合同法》的规定，当事人一方未支付价款或者报酬的，对方可以要求其支付价款或报酬。当事人一方不履行非金钱债务或者履行非金钱债务不符合约定的，对方可以要求履行，但有下列情形之一的除外：法律上或者事实上不能履行；债务的标的不适于强制履行或者履行费用过高；债权人在合理期限内未要求履行。

2. 采取补救措施

根据《合同法》的规定，质量不符合约定的，应当按照当事人的约定承担违约责任。对违约责任没有约定或者约定不明确的，当事人可以协议补充或者按照合同有关条款或者交易习惯确定，仍不能确定的，受损害方根据标的性质以及损失的大小，可以合理选择要求对方承担修理、更换、重作、退货、减少价款或者报酬等违约责任。

3. 赔偿损失

当事人一方不履行合同义务或者履行合同义务不符合约定的，在履行义务或者采取补救措施后，对方还有其他损失的，应当赔偿损失。

支付赔偿金也是承担违约责任的一种主要形式。它虽然是对违约方的一种经济制裁，但不具有惩罚性，主要目的在于弥补损失，具有补偿性质。

当事人一方不履行合同义务或者履行合同义务不符合约定，给对方造成损失的，损失赔偿额应当相当于因违约所造成的损失，包括合同履行后可以获得的利益，但不得超过违反合同一方订立合同时预见到或者应当预见到的因违反合同可能造成的损失。

当事人一方违约后，对方应当采取适当措施防止损失的扩大；没有采取适当措施致使损失扩大的，不得就扩大的损失要求赔偿。当事人因防止损失扩大而支出的合理费用，由违约方承担。

4. 支付违约金

为了保证合同的履行，保护自己的利益不受损失，合同当事人可以约定一方违约时应当根据情况向对方支付一定数额的违约金，也可以约定因违约产生的损失赔偿额的计算方法。

违约金，是指合同当事人一方由于不履行合同或者履行合同不符合约定时，按照合同的约定，向对方支付一定数额的货币。违约金是对不能履行或者不能完全履行合同行为的一种带有惩罚性质的经济补偿手段，不论违约的当事人一方是否已给对方造成损失，都应当支付。

约定的违约金低于造成的损失的，当事人可以请求人民法院或者仲裁机构予以增加；约定的违约金过分高于造成的损失的，当事人可以请求人民法院或者仲裁机构予以适当减少。当事人就迟延履行约定违约金的，违约方支付违约金后，还应当履行债务。

5. 给付或者双倍返还定金

当事人可以根据《担保法》的规定，约定一方向对方给付定金作为债权的担保。债务人履行债务后，定金应当抵作价款或者收回。给付定金的一方不履行约定的债务的，无权要求返还定金；收受定金的一方不履行约定的债务的，应当双倍返还定金。

当事人既约定违约金，又约定定金的，一方违约时，对方可以选择适用违约金或者定金条款。实践中，有些当事人在合同中既约定违约金，也约定定金，在一方违约时，对方要求违约金与定金条款并用。一般说来，选择适用违约金条款或者定金条款，就可以达到弥补因违约所受到的损失的目的。守约方可以在违约金条款和定金条款中选择对自己最有利的条款。赋予守约方选择适用权，能够起到保障其合同利益，补救其违约损失的作用。但如果允许守约方并用违约金和定金条款，其数额可能远远高于因违约所造成的损失，对补偿守约方遭受的损失既无必要，也加重了对违约方的惩罚，这与合同的公平原则相悖。因此，在当事人一方违约时，对方可以选择适用违约金条款或者定金条款，但二者不能并用。如果违约金过分高于或者低于因违约所造成的损失，前面讲过当事人可以请求人民法院或者仲裁机构予以适当减少或者增加。

（三）违约责任的免除

一般来说，在合同订立之后，如果一方当事人没有履行合同或者履行合同不符合约定，不论是自己的原因，还是第三人的原因，都应当向对方承担违约责任。但是，如果当事人一方违约是由于某些无法防止的客观原因造成的，则可以根据情况免除违约方的违约责任。根据《合同法》的规定，因不可抗力不能履行合同的，根据不可抗力的影响，部分或者全部免除责任，但法律另有规定的除外。当事人迟延履行后发生不可抗力的，不能免除责任。《合同法》所称不可抗力，是指不能预见、不能避免并不能克服的客观情况。当事人一方因不可抗力不能履行合同的，应当及时通知对方，以减轻可能给对方造成的损失，并应当在合同期限内提供证明。

【工作任务1】 熟悉合同订立的方式，掌握要约、承诺

某洗衣机厂库存500台优质名牌洗衣机。2000年7月3日洗衣机厂给天鹏商场发函询问其是否愿意以750元的价格购买，备有现货，只要数量在500台以下可保证供应，限期在7天内答复。天鹏商场恰逢本商场的洗衣机脱销，急需购进一批洗衣机，在收函的第二天即7月6日遂回电称愿意购买400台洗衣机，价格为每台740元，并要求洗衣机厂送货上门。洗衣机厂在接到天鹏商场的电文后，当天回函称愿意接受天鹏商场提出的价格条件，但因生产繁忙无法送货上门，要求天鹏商场自己支付运费，自己到洗衣机厂提货，并要求立即答复。天鹏商场接到回函后，因忙于购进其他货物，将该函搁置一边。时隔不久即2000年10月，洗衣机价格调整，上涨幅度为20%。天鹏商场组织车辆到洗衣机厂提货，要求洗衣机厂按每台740元的价格供应洗衣机400台。而此时洗衣机厂仅剩下库存100台，其他已经售完。天鹏商场为此诉诸法院，要求洗衣机厂履行合同并赔偿损失。洗衣机厂则辩称，它与天鹏商场的合同根本没有成立，因此不存在承担违约责任或履行合同问题。

[问] （1）2000年7月3日，洗衣机厂给天鹏商场发函的行为属于何种性质？

（2）2000年7月6日，天鹏商场给洗衣机厂回函的行为属于何种性质？

（3）2000年10月底，天鹏商场组织车辆到洗衣机厂提货的行为属于何种性质？

（4）洗衣机厂和天鹏商场的合同是否成立？本案如何处理？

[答案] （1）属于要约。

（2）属于新要约。

（3）属于无效的承诺。

（4）合同没有成立，法院应驳回诉讼请求。

单元二　招标投标法

一、招标投标法概述

（一）招标投标的概念及特征

1. 招标投标的概念

招标投标是以订立招标采购合同为目的的民事活动立合同的预备阶段。属于订立合同的预备阶段。

(1) 招标　是由招标人（采购方或工程为业主）发出招标通告，说明需要采购的商品或发包工程项目的具体内容，邀请投标人（卖方或工程承包商）在规定的时间和地点投标，并与所提条件对招标人最为有利的投标人订约的一种行为。

(2) 投标　是投标人（卖方或工程承包商）应招标人的邀请，根据招标人规定的条件，在规定的时间和地点向招标人递盘以争取成交的行为。

2. 招标投标的特征

(1) 公开性。

(2) 投标的一次性。

(3) 公正性。

(二) 招标的项目

1. 招标的标的

招标的标的通常分为货物、工程和服务。

2. 必须招标的项目

我国立法将必须招标的标的限制为三类具体工程项目：大型基础设施、公共事业等关系社会公共利益、公共安全的项目；全部或者部分使用国有资金投资或者国家融资的项目；使用境外贷款、援助资金的项目。根据招标投标法第 3 条规定，招标的内容涉及上述三类工程项目的各个环节，包括项目的勘察、设计、施工、监理以及与工程建设有关的重要设备、材料的采购，必须进行招标。但是，涉及国家安全、国家秘密、抢险救灾或者属于利用扶贫资金实行以工代赈、需要使用农民工等特殊情况不适宜进行招标的项目，按照国家有关规定可以不进行招标。

3. 可选择的项目

凡不属于法律明文规定必须采用招标投标方式交易的项目，当事人可自己决定是否采取招标方式。

二、招标投标活动应当遵循的原则

招标投标法第 5 条规定，招标投标活动应当遵循公开、公平、公正和诚实信用的原则。

1. 公开

是指招标投标的程序应有透明度。如招标人将招标信息公布于众，开标公开进行，中标的结果通知所有的投标人等。

2. 公平

是指招标人和投标人的权利义务是平等的。当事人双方是平等的民事法律关系主体，享受对等的权利，承担相应的义务。

3. 公正

是指所有的投标人在招标投标活动中享有平等的权利。不得对投标人实行歧视待遇。

4. 诚实信用

是民事活动的基本准则。无论是投标人和招标人都应诚实守信，以善意的方式履行其义务。特别是投标人，必须要具有相应的密质、业绩等，有符合招标文件要求的能力，不得以欺骗或虚假手段投标。

三、招标投标活动当事人

(一) 招标人

指依照招标投标法的规定提出招标项目、进行招标的法人或者其他组织。招标人不得为自然人。

招标人作为招标投标活动的当事人,应当具备进行招标的必要条件。

(1) 招标人应当有进行招标项目的相应资金或者资金来源已经落实,并应当在招标文件中如实载明。

(2) 招标人提出的招标项目按照国家有关规定需要履行项目审批手续的,应当先履行审批手续,取得批准。

(二) 招标代理机构

指依法设立、从事招标代理业务并提供相关服务的社会中介组织。从事工程建设项目招标代理业务的招标代理机构,其资格由国务院或者省一级人民政府的建设行政主管部门认定,从事其他招标代理业务的招标代理机构,其资格认定的主管部门由国务院规定。

招标人有权决定自行办理招标事宜或者委托招标代理机构代为办理;委托办理的,招标人有权自行选择招标代理机构。

(三) 投标人

指响应招标、参加投标竞争的法人或者其他组织。根据《我国招标投标法》规定,只有法人或其他组织才可以成为投标人,一般个人不能成为投标人,只有对依法招标的科研项目或其他法定项目才可允许个人投标的,投标的个人适用本法有关投标人的规定。投标人应当具备承担招标项目的能力;国家有关规定对投标人资格条件或者招标文件对投标人资格条件有规定的,投标人应当具备规定的资格条件。

四、招标投标程序

(一) 招标方式

分为公开招标和邀请招标两种。

1. 公开招标

这是招标人以招标公告的方式邀请不特定的法人或者其他组织投标。其特点是能保证其竞争的充分性,具体体现在:招标人以招标公告的方式邀请投标;邀请投标的对象为不特定的法人或者其他组织。

2. 邀请招标

这是指招标人以投标邀请书的方式邀请特定的法人或者其他组织投标。其特征如下。

(1) 招标人向 3 个以上具备承担招标项目能力、资信良好的特定法人或者其他组织发出投标邀请。

(2) 邀请投标的对象是特定的法人或者其他组织。

公开招标与邀请招标相比较,前者更有利于充分竞争的开展,因而法律对后者的使用做出限制性规定。例如,一个想采购超六星级材料的酒店,适合采取什么样的招标方式?(最好是面向国际的公开招标)。

（二）招标程序

1. 招标公告与投标邀请书

采用公开招标的应当通过国家指定的报刊、信息网络或者其他媒介发布的招标公告；采取邀请招标的，应当向3个以上具备承担招标项目能力、资信良好的特定法人或者其他组织发出投标邀请书。招标公告和招标邀请书都应当载明招标人的名称和地址、招标项目的性质、数量、实施地点和时间以及货物招标文件的办法等事项。

2. 对投标人的资格审查

招标人可以要求潜在投标人提供有关资质证明文件和业绩情况，并对其进行资格审查。

3. 编制招标文件

招标人应当根据招标项目的特点和需要编制招标文件，招标文件应当包括招标项目的技术要求、对投标人资格审查的标准、投标报价要求和评标标准等所有实质性要求和条件以及拟签订合同的主要条款。

4. 禁止规定

（1）禁止不公正的倾向性　招标文件不得要求或者表明特定的生产供应者以及含有倾向或者排斥潜在投标人的其他内容。

（2）禁止泄密　招标人不得向他人透露以获取招标文件的潜在投标人的名称、数量以及可能影响公平竞争的有关招标投标的其他情况；招标人设有标底的，标底必须保密。

（三）投标程序

1. 编制投标文件

投标文件可以看作投标人向招标人发出希望与之订立合同的要约，因此，投标人应当按照招标文件的要求编制投标文件，而且投标文件应当对招标文件提出实质性要求和条件做出响应。

2. 联合体投标

指两个以上的法人或者其他组织，共同组成一个非法人的联合体，以该联合体的名义，作为一个投标人，参加投标竞争。

招标投标法规定，联合体的各方均应当具备承担招标项目的相应能力；国家有关规定或者招标文件对招标人资格条件有规定的，联合体各方应当具备相应的资格条件。由同一专业的单位组成的联合体，按照资质等级较低的单位确定资质等级。此外，招标人不得强制投标人联合共同投标，不得限制投标人之间的竞争。投标人之间的联合投标应当是出于自愿。

五、开标、评标和中标

1. 开标

指招标人将所有的投标文件封揭晓。开标应当在标书文件确定的提交投标文件截止时间的同一时间公开进行；开标地点应当是招标文件预先确定的地点。在此之前，投标文件由招标人签收保存，不得开启。开标由招标人主持，所有投标人参加。

2. 评标

指对评标文件，按照规定的标准和方法，进行评审，选出最佳投标人。

3. 中标

中标人确定后,招标人应当向中标人发出中标通知书,并同时将中标结果通知所有未中标的投标人。自中标通知书发出之日起 30 日内应订立招标合同。

六、法律责任

招标投标法较全面地规定了招标投标活动中当事人违反法定义务时所应承担的法律责任。不仅有民事责任,还有行政责任及相应的刑事责任。

【工作任务 2】 根据采购要求,撰写招标公告

1. 实训的目的

通过撰写招标公告,了解我国物资采购方面招标投标法的相关规定,熟悉招标投标的程序,掌握通常的招标公告的撰写方法。

2. 实训内容

广西某医院对医疗设备进行竞争性谈判采购,具体如下。

项目名称为医疗设备采购,竞标编号为 KWNZA 2J2010229,竞标内容为放射治疗模拟机 1 套。竞标人要求符合《中华人民共和国政府采购法》第二十二条规定的条件,国内注册(指按国家有关规定要求注册的)生产或经营本次竞标采购货物,具备法人资格的供应商。购买竞争性谈判采购文件时间及地点为广西某医院,时间为 2010 年 5 月 21 日~27 日(正常上班时间),售价 250 元/份。竞标文件必须以密封形式于 2010 年 5 月 28 日上午 9 时整在广西某医院办公司递交,逾期不受理。同时 2010 年 5 月 28 日上午 9 时整在广西某医院办公室截标,参加竞标的法定代表人或委托代理人参加,截标后为与竞标人谈判时间,具体时间由采购代理机构另行通知。参加竞标的法定代表人或委托代理人必须持证件(法定代表人凭身份证或委托代理人凭法人授权委托书原件和身份证)依时到达指定地点等候当面谈判。

3. 实训要求

(1) 认真考虑,对照所学知识分析。
(2) 以宿舍为单位分组讨论。
(3) 撰写招标公告,联系人及电话可自拟,打印文本和制作 PPT;选代表上台汇报。
(4) 教师根据每组汇报成果评分。

单元三 政府采购法

我国政府从 1995 年开始政府采购的试点工作,政府采购在我国政治经济生活中发挥的作用越来越明显。《政府采购法》的诞生,对促进我国社会主义市场经济健康发展,规范政府采购行为,加强财政支出管理,促进廉政建设,发挥政府采购在社会经济发展中的作用,具有十分重大的现实意义和深远的历史意义。此外,继 2004 年 9 月 1 日《中央单位政府采购管理实施办法》实施以后,《政府采购货物和服务招标投标管理办法》、《政府采购信息公告管理办法》和《政府采购供应商投诉处理办法》也于 9 月 11 日全部推行。这四大管理办法既是政府采购法的重要补充,也是政府采购法实施一年多来的经验总结,必将进一步推动中国政府采购事业向着公开、公平、公正的方向发展。

一、政府采购概述

（一）政府采购的概念

《政府采购法》第二条给采购和政府采购下了定义。采购是指以合同方式有偿取得货物、工程和服务的行为，包括购买、租赁、委托、雇用等。政府采购是指各级国家机关、事业单位和团体组织，使用财政性资金采购依法制定的集中采购目录以内的或者采购限额标准以上的货物、工程和服务的行为。

其中，货物是指各种形态和种类的物品，包括原材料、燃料、设备、产品；工程是指建设工程，包括建筑物和构筑物的建设、改造、扩建、装修、拆除、修缮等；服务是指除货物和工程以外的其他政府采购对象。

（二）政府采购的特点

1. 采购资金的公共性

政府采购的资金来自财政性资金，主要包括预算内资金、预算外资金以及国内外政府性贷款、赠款等。

2. 采购主体的特定性

政府采购的主体是各级国家机关、事业单位和团体组织。因此，政府采购不同于一般的商业性采购活动。

3. 采购范围的特定性

政府采购的范围只限于集中采购目录以内的或者采购限额标准以上的货物、工程和服务。

4. 采购区域的特定性

政府采购应当采购本国的货物、工程和服务。但有下列情形之一的除外：需要采购的货物、工程和服务在中国境内无法获取或者无法以合理的商业条件获取的；为在中国境外使用而进行采购的；其他法律、行政法规另有规定的。

5. 采购程序的法定性

政府采购应当维护国家利益和社会公共利益，必须按照法定的方式进行，各种方式都有其特定的程序。

（三）政府采购的原则

1. 公开透明原则

公开透明原则是指有关采购的法律、政策、程序和采购活动都要公开。透明度高的采购方法和采购程序具有可预测性，使投标人可以计算出他们参加采购活动的代价和分风险，从而提出有竞争力的价格；公开性原则有助于防止采购机构及其上级主管做出随意或不正当的行为，从而增强投标人参与投标的信心。

2. 公平竞争原则

公平竞争是指所有参加竞争的投标人机会均等，并受到同等待遇，而且合同的授予要兼顾政府采购的社会目标的实现。政府采购的目标主要是通过促进供应商、承包商或服务提供者之间最大限度的竞争来实现的。

3. 公正原则

政府采购法中的公正原则主要是指采购人相对投标人、潜在投标人的若干供应商而言，政府采购人相对于若干相对当事人而言，应当站在中立超然的立场上，对于每一位相对人都应当一视同仁，不得因其身份不同而施行差别对待。

4. 诚实信用原则

诚实信用原则要求政府采购当事人在政府采购活动中，本着诚实、守信的态度履行各自的权利和义务，讲究信誉，兑现承诺，不得散布虚假信息，不得有欺诈、串通、隐瞒等行为，不得伪造、变造、隐匿、销毁需要依法保存的文件，不得规避法律法规，不得损害第三人利益。

二、政府采购的当事人

政府采购的当事人是指政府采购活动中享有权利和承担义务的各类主体，包括采购人、供应商和采购代理机构等。

（一）采购人

采购人是指依法进行政府采购的国家机关、事业单位和团体组织，包括各级国家权力机关、行政机关、审判机关、检察机关、政党组织、政协组织、工青妇组织以及文化教育、科研医疗、卫生体育等事业单位。

（二）供应商

供应商是指向采购人提供货物、工程或者服务的法人、其他组织或者自然人。供应商参加政府采购活动应当具备下列条件。

(1) 具有独立承担民事责任的能力。

(2) 具有良好的商业信誉和健全的财务会计制度。

(3) 具有履行合同所必需的设备和专业技术能力。

(4) 有依法缴纳税收和社会保障资金的良好记录。

(5) 参加政府采购活动前三年内，在经营活动中没有重大违法记录。

(6) 行政法规规定的其他条件。

采购人可以根据采购项目的特殊要求，规定供应商的特定条件，但不得以不合理的条件对供应商实行差别待遇或者歧视待遇。

考虑到采购中的实际情况，《政府采购法》规定了两个以上的自然人、法人或者其他组织可以组成一个联合体，以一个供应商的身份共同参加政府的采购。供应商可以联合体的形式参与政府采购，但应向采购人提交联合协议，载明联合体各方承担的工作和义务。

（三）采购代理机构

政府采购实行集中采购与分散采购相结合，集中采购的范围由省级以上人民政府公布的集中采购目录确定。集中采购机构是法定的采购代理机构，它由设区的市、自治州以上人民政府根据本级政府采购项目组织集中采购的需要设立。集中采购机构是非盈利事业法人，根据采购人的委托办理采购事宜。

三、政府采购方式

政府采购方式是政府采购主体在进行采购时所使用的方法和依据的程序。政府采购方式可以分为招标性采购方式和非招标式采购，招标性采购主要有公开招标采购和邀请招标采购，非招标性采购主要有竞争性裁判采购、单一来源采购、询价采购、征求建议采购等。其中，公开招标是政府采购的主要方式。因为每个项目的情况都不一样，具体选择何种政府采购方式应当遵循的原则是有助于公开、有效竞争和物有所值目标的实现。

（一）公开招标采购

公开招标采购是指采购人按照法定程序，以招标公告的方式，邀请不特定的供应商参加投标，采购人通过某种事先确定的标准从所有投标中评选中标供应商并与其签订政府采购合同的一种方式。这种采购方式具有通过公告进行竞争邀请、投标一次性、按事先规定的选择标准将合同授予最佳供应商、不准同供应商进行谈判等优点。但当采购环境比较复杂，采购客体价值比较小，采购情势比较急迫时，会使公开招标采购方式的使用受到限制。公开招标必须注意做到以下几点。

（1）采购货物、服务和工程的金额达到公开招标标准的，都必须采用公开招标的方式。
（2）采购人必须将采购信息以公告的形式在指定媒体上发布。
（3）必须面向一切潜在的对采购项目感兴趣的供应商，不得人为限定招标范围。
（4）所有采购活动必须按照规定并为各方所知的程序和标准公开进行。

（二）邀请招标采购

邀请招标采购也称选择性招标采购，由采购人根据供应商或承包商的资信和业绩，选择一定数目的法人或其他组织（不能少于三家），向其发出招标邀请书，邀其参加投标竞争，从中选定中标的供应商。这种采购方式具有以下特点。

（1）发布信息的方式为投标邀请书。
（2）采购人在一定范围内邀请供应商参加投标。
（3）竞争范围有限，采购人只要向三家以上供应商发出邀请标书即可。
（4）招标时间大大缩短，招标费用也相对低一些。
（5）公开程度逊色于公开招标。

这种方式时间耗费和金钱耗费较少，适于某些小型采购项目及对供应商有特殊要求的采购项目。

（三）竞争性采购谈判

竞争性谈判采购是指通过与多家供应商进行分别谈判后从中确定中标供应商并授予合同的一种采购方式。这种方式适用于紧急情况下的采购或涉及高科技应用产品和服务的采购，其重要性可以和竞争性招标方式相抗衡，是招标采购方式以外的首先采购方式。竞争性谈判采购方式具有两方面的特点：一是与多个对象谈判，具有一定的竞争性；二是分别"谈判"，可以确定采购人的特殊需要。但是，由于这种谈判方式在竞争性、透明度以及评判程序主观性等方面存在缺陷，常常出现的贿赂和利诱的危险，因此，政府采购规则对它的采用实施严格的管理。

（四）单一来源采购

单一来源采购也称为直接采购，即没有竞争的采购，是指采购标的即使达到了竞争性招标采购的金额标准，但来源渠道单一，或属专利、首次创造、合同追加、原有项目的后续扩充等特殊情况，在此情况下，只能由一家供应商供货。从竞争态势上看，单一来源采购方式处于不利地位，所以对于这种采购方式的使用，世界组织乃至各国的"规则"都规定了严格的适用条件。我国《政府采购法》规定，下列情况可以采取单一来源采购。

（1）只能从唯一供应商处采购的。

(2) 发生了不可预见的紧急情况不能从其他供应商处采购的。

(3) 必须保证原有采购项目的一致性或者服务配套的要求，需要继续从原供应商处添购，且添购资金总额不超过原合同采购金额10%的。

（五）询价采购

询价采购也称货比三家采购，是指采购单位向国内外有关供应商（通常不少于三家）发出询价单，让其报价，然后在报价的基础上进行比较并确定中标供应商的一种采购方式。适用询价采购方式的项目，主要是对现货或标准规格的产品和服务的采购，或投标文件的审查需要较长时间才能完成、供应商准备投标文件需要高额费用，以及供应商资格审查条件过于复杂的采购。询价采购可以成为报价采购、订购、议价采购等方式。这种采购方式具有两方面的特点：一是通过对多个供应商报价的比较体现授予合同的竞争性；二是使用范围单一，只适用于货物采购。

（六）征求建议采购

征求建议采购是由采购机关通过发布通知的方式与少数供应商接洽，征求各方提交建议书，并对感兴趣的供应商发出邀请建议书。当采购对象只能从有限数目的供应商处获得，或审查和评估建议书所需时间和费用与服务价值不相称，或为确保机密，或出于国家利益的考虑，采购者可直接向供应商征求建议。

四、政府采购程序

（一）一般采购程序

(1) 货物或服务项目采取邀请招标方式采购的，采购人应当从符合相应资格条件的供应商中，通过随机方式选择三家以上的供应商，并向其发出投标邀请书。

(2) 货物或服务项目实行招标方式采购的，自招标文件开始发出之日起至投标人提交投标文件截止之日止，不得少于20日。

在招标采购中，出现下列情形之一的，应予废标。

① 符合专业条件的供应商或者对招标文件做实质响应的供应商不足三家的。

② 出现影响采购公正的违法、违规行为的。

③ 投标人的报价均超过了采购预算，采购人不能支付的。

④ 因重大变故，采购任务取消的。

废标后，采购人应当将废标理由通知所有投标人。废标后，除采购任务取消情形外，应当重新组织招标；需要采取其他方式采购的，应当在采购活动开始前获得设区的市、自治州以上人民政府采购监督管理部门或者政府有关部门批准。

（二）采用竞争性谈判方式采购的程序

(1) 成立谈判小组　谈判小组由采购人的代表和有关专家共三人以上的单数组成，其中专家的人数不得少于成员总数的2/3。

(2) 制定谈判文件　谈判文件应当明确谈判程序、谈判内容、合同草案的条款以及评定成交的标准等事项。

(3) 确定邀请参加谈判的供应商名单　谈判小组从符合相应资格条件的供应商名单中确定不少于三家的供应商参加谈判，并向其提供谈判条件。

(4) 谈判　谈判小组所有成员集中与单一供应商分别进行谈判。在谈判中，谈判的任何一方不得透露与谈判有关的其他供应商的技术资料、价格和其他信息。谈判文件有实质性变动的，谈判小组应当以书面形式通知所有参加谈判的供应商。

(5) 确定成交供应商　谈判结束后，谈判小组应当要求所有参加谈判的供应商在规定时间内进行最后报价，采购人从谈判小组提出的成交候选人中根据符合采购需求、质量和服务相等且报价最低的原则确定成交供应商，并将结果通知所有参加谈判的未成交的供应商。

【工作任务3】　分析和点评某单位的政府采购管理流程

×市政府采购办公室为部分市直单位冬季取暖用煤进行采购，具体的采购程序如下。

(1) 拟定工作计划。采购办公室为本例招标拟定了"冬季取暖用煤招投标运行程序"，将整个过程分为三个阶段有计划地组织实施。

(2) 编制招标文件。采购办公室针对首批14家市直机关用煤量、用煤时间、用煤品种及各品种煤的市场价格进行了认真充分地调查。针对市场供货情况，决定采取公开与邀请招标相结合的方式及供应商资格预审的招标办法。同时根据煤的不同品种及品质和供货单位的实力，确定采用打分的评标办法。在编制标书期间，对所采购货物的质量标准，咨询了有关技术质量检查部门。在此基础上设计了与采购货物相适应，较简捷的招标文件，制定了评标办法和评标细则。

(3) 发布招标公告及招标邀请。采购办公室于9月30日在"××日报"发布了招标公告，按"招投标运行程序"向部分大型煤炭生产经营企业发出了招标邀请。

(4) 出售标书及资格预审。根据招标公告在规定的时间内，向16家供应商发售了标书并进行了资格预审，资格预审合格者发给"采购竞标证"，凭证才有资格参加投标。

(5) 开标、评标、定标。10月11日在"××市公证处"的监督下组织了开标大会，14家供应商参加了投标，2家未到。按照规定程序完成了开、评标定标过程，3家供应商中标，合计节约资金36万元。

(6) 考察及签订合同。在采购办公室的主持下中标商与用户签订了供货合同，并对中标商进行了实地考察，写出了考察报告，根据发现的问题提出了相应解决的办法和措施。

[点评]

(1) 较为详尽的工作计划，保证了在较短的时间内圆满完成此次招标任务。但按照文件要求，发出招标公告到投标截止时间不少于20天，在编制计划时应考虑这一规定。

(2) 招标文件是招标过程的法定依据，是签订经济合同，实现采购目的的基础，它的编制质量决定了招标"公开、公平、公正"原则的具体贯彻。对于煤炭这种大宗货物的采购，采购办先期对市场、供货方和用户进行详细的调查，在此基础上编制招标文件，保证了招标采购的最终质量。

(3) 采购办只是招标的组织者，在编制标书过程中，充分利用社会专业机构的技术力量，力求达到标书技术要求的准确性，这种办法是值得提倡的。该项目评标针对招标货物的具体情况，按质量、价格及其他三个条件，采用打分制，避免了最终决标的随意性。

(4) 招标信息在一定程度上得到公开，但没有按《招标投标管理暂行办法》要求在《中国财经报》或其他全国性报刊上刊登，使信息披露受到局限，造成投标商基本上是本地及周围地区单位，竞争不够充分。

(5) 本次评标组织了技术监督部门的质检、计量方面专家，主管部门、用煤单位代表7人组成评委会，符合规定人数且具有较广泛的代表性、权威性。按照"评标细则"采用打分。

(6) 本例项目招标结束后对中标单位进行了实地考察。采用实地考察的一般做法，应是有一个以上的预中标单位，通过实地考察来最终决定中标者或在资格预审过程中通过考察进行甄别，并应在评标办法中言明。本例招标是发中标通知书在前实地考察在后，程序颠倒，如考察不合格极易造成扯皮情况。

【复习思考题】

1. 简述买卖合同的概念和特征。
2. 简述买卖合同当事人的权利义务内容。
3. 简述政府采购的方式。

【补充阅读材料】

新疆某工程招投标诈骗案

只有初中文化水平的钟某某，虚拟某石油建设公司，摇身一变成了"总经理、法人代表"，之后相继设立八个分公司，不断抛出一个个工程招标诱饵。为谋利，大小投资商趋之若鹜，心甘情愿地将成千上万元的资金放心地交到骗子的公司。近日，钟某某因涉嫌合同诈骗被新疆鄯善县警方立案侦查。

工程招投标骗局缘何屡屡得手？就此，法律界人士指出，根源在于市场经济下招投标过程中一些所谓的"潜规则"在作怪，投资者应该加强对招标方的事前信用考察，规范签约和支付行为，谨防上当受骗。

谢某是"××线成品油管道工程"受骗上当者之一。为挣大钱，他在一个朋友的引荐下，认识了"很有能耐"的某君，并通过此君承包到了"××线成品油管道工程"两个标段。

"这个工程把我害惨了。"近日，谢某向记者谈起曾经承包的虚拟工程，眼泪止不住地往外涌。

谢某起初对该工程并不放心，但发包方称"工程机密，届时国家领导人将亲自参加开工剪彩仪式"。听到这番话，又见不少包工头争着投资，谢某完全相信了。2008 年 3～6 月，谢某和朋友陈某拿出所有积蓄，还借了高利贷，交上了 83 万元工程保证金，承包了两个标段的工程。

针对上述情况，某公安局局长张某接受记者采访时表示，包工头们如果具备一定的法律知识，骗子的骗术就不会轻易得逞。能说会道的钟某某是靠熟人以及巨大的利益馅饼，让贪图利益者上当受骗的。为使这一骗局不被揭穿，钟某某一次又一次地撒谎，而他名下分公司的经理们只能不断地为其圆谎，以致谎言成了"真理"，致使越来越多的投资者上当后仍然不愿相信被骗的事实。

某律师事务所律师张某分析认为，纵观以上两个案例，贪念是内因，潜规则则是诈骗屡屡得逞的沃土。虽然我国颁布了招投标法等一系列规范市场经济领域行为的法律，但是在利益面前，很多的人还是相信潜规则。潜规则大行其道的地方，无不是竞争激烈、权力集中的领域。类似诈骗案屡屡得逞，看似法律问题，根子却是潜规则的大行其道，关键是要拆掉潜规则的温床。

另一律师事务所律师康某指出，此类诈骗案件的犯罪嫌疑人主要编造两种谎言：一是

"无中生有",即编造不存在的工程项目对外发包;二是"借壳生蛋",即谎称其已经取得某工程项目的开发权或承包权,诱骗受害者签订合同,骗取工程前期费用、工程押金、质量保证金等。康某说,投标人要提高防范意识,谨慎出钱。

首先,要加强事前信用考察。投资者要尽可能地向政府相关部门了解是否有该工程项目,该工程项目的竞标、合作或承包情况,考察和判断该公司是否具有履约能力。

其次,规范签约行为和支付行为。签订合同前,应尽量通过法律顾问、律师、工商、银行等各种有效途径,摸清对方情况,核实对方提供的文件材料。

物流法规与实务

项目四　认知货物运输法律法规

【本章知识点简介】

　　运输是整个物流系统中一个极为重要的环节，在物流活动中处于中心地位，是物流的一个支柱。货物运输合同是指承运人按约定期限将货物送到约定地点交给收货人，托运人按规定或约定支付运输费的合同。按照运输工具的不同，货物运输合同可分为铁路货物运输合同、公路货物运输合同、水上货物运输合同、航空货物运输合同和多式联运货物运输合同。

　　根据《汽车货物运输规则》规定，汽车运输合同可以由从事汽车运输的经营者和发货的企业或个人直接签订，也可以由货运代办人与托运人和承运人分别签订货物运输合同。

　　铁路货物运输合同是铁路承运人根据托运人的要求，按期将托运人的货物运至目的站，交予收货人的合同。根据货物运输组织方式的不同，铁路货物运输合同可分为整车货物运输合同、零担货物运输合同和集装箱货物运输合同三种。

　　水路货物运输合同，是指承运人收取运输费用，负责将托运人托运的货物经水路由一港（站、点）运到另一港（站、点）的合同。我国国内水路货物运输中有关当事人权利、义务关系，不属于《海商法》的调整范围，主要受《合同法》和《水路货物运输规则》的调整。

　　航空货物运输合同是指航空承运人使用航空器，将托运人托运的货物运到托运人指定的地点并交付给收货人，由托运人或收货人支付货物运输费用的合同。

　　多式联运合同是指经多式联运经营人与托运人签订的，由多式联运经营人以两种或两种以上的不同运输方式将货物由接管地运至目的地，并收取合同运费的合同。

　　不同的运输合同涉及的当事人不同，在合同的订立、合同的形式、合同的条款、合同各方当事人的权利和义务等方面也不尽相同。

单元一　货物运输合同

一、货物运输合同的概念和特征

　　运输是指物品借助运力在空间内所发生的位置移动。具体地说，运输实现了物品空间位置的物理转移，实现物流的空间效用。运输是整个物流系统中一个极为重要的环节，在物流活动中处于中心地位，是物流的一个支柱。

（一）货物运输合同的概念

货物运输合同是指承运人按约定期限将货物送到约定地点交给收货人，托运人按规定或约定支付运输费的合同。

（二）货物运输合同的法律特征

（1）货物运输合同的标的是承运人的运送行为，而不是被运送的货物本身。属于提供劳务的合同，以货物交付给收货人为履行终点。

（2）货物运输合同是双务有偿合同。作为合同的双方，承运人和托运人均承担相应的义务。承运人提供运输服务是以收取相应的费用为目的的，所以，托运人在享受货物运送服务的同时有交付运输费用的义务。

（3）货物运输合同属于为第三人利益订立的合同。货物运输合同往往涉及第三人，托运人可以是收货人也可以不是收货人，在第三人是收货人的情况下，收货人虽然不是合同的订立人，但却是合同的利害关系人。在此情况下，货运合同就是属于为第三人利益的合同。

（4）货物运输合同大多是诺成合同。在具体的运输实践中，大宗型货物的长期运输合同一般在合同双方在协议上签字后即宣告成立；零担货物或者集装箱运输合同则一般为实践合同，以货物交付验收为成立要件，承运人在运单上加盖承运日期之时合同成立。

（5）货物运输合同一般是格式合同。承运人为了提高运输效率，一般先拟定好合同条款，统一印制货运单、提单等。大部分货物运输合同的主要内容及相应条款都由国家授权交通运输部门统一规定，双方当事人无权自行变更。

二、货物运输合同的种类及当事人

按照运输工具的不同，货物运输合同可分为铁路货物运输合同、公路货物运输合同、水上货物运输合同、航空货物运输合同和货物多式联运合同。

（一）铁路货物运输合同

铁路货物运输合同是铁路承运人将货物从起运地点通过铁路运输到约定地点，托运人或者收货人支付运输费用的合同。

铁路货物运输合同中的承运人是铁路运输企业。铁路运输企业主要是指国家铁路运输企业和地方铁路运输企业。铁路货物运输合同中的托运人和收货人可以是自然人、法人或其他社会组织。

（二）公路货物运输合同

公路货物运输合同是承运人通过汽车或其他交通工具经由公路将货物运输到约定地点，托运人或者收货人支付运输费用的合同。

公路货物运输合同的承运人可以使公路运输企业，也可以是从事公路货物运输的其他单位和运输个体户。托运人可以是承运人以外的其他任何单位和个人。

（三）水上货物运输合同

水上货物运输合同是承运人收取运费，负责将托运人的货物经水路或海路由一港运至另一港的合同。

水上运输的承运人必须是经营水上货物运输业务，并持有营业执照的我国远洋运输企业、沿海水运企业、内河水运企业和个体水运专业户，托运人可以是自然人、法人或者其他组织。

（四）航空货物运输合同

航空货物运输合同是承运人使用航空器，将托运人托运的货物运到指定地点并交付给收货人，托运人或收货人支付货物运输费用的合同。

航空承运人是利用民用航空器实施货物运输的公共航空运输企业，只能是取得航空运输许可证并依法办理工商登记的企业法人。托运人可以是法人、其他经济组织、个体工商户、农村承包经营户和自然人。

（五）货物多式联运合同

货物多式联运合同是指多式联运经营者以两种以上不同的运输方式，负责将货物从接收地运至目的地交付收货人，并收取全程运输费用的合同。货物多式联运合同的当事人是托运人与多式联运经营人。多式联运经营人负责履行或者组织履行多式联运合同，对全程运输享有承运人的权利，承担承运人的义务。

三、货物运输合同中主要当事人的义务

（一）托运人的主要权利和义务

1. 托运人的权利

（1）要求承运人按照合同该规定的时间、地点，把货物运输到目的地。

（2）货物托运后，托运人需要变更到货地点或收货人，或者取消托运时，有权向承运人提出变更合同的内容或解除合同的要求。但必须在货物未运到目的地之前通知承运人，并应按有关规定付给承运人所需费用。

2. 托运人的义务

（1）填写托运单。

（2）提供货物、支付费用的义务。

（3）托运人应当按照约定的方式包装货物。

（4）提交相关文件的义务。

（5）托运人托运易燃、易爆、有毒、有腐蚀性、有放射性等危险物品的，应当按照国家有关危险物品运输的规定对危险物品妥善包装，作出危险物品标志和标签，并将有关危险物品的名称、性质和防范措施的书面材料提交承运人。

（二）承运人的主要权利和义务

1. 承运人的权利

（1）向托运人、收货人收取运杂费用。如果收货人不交或不按时交纳规定的各种运杂费用，承运人对其货物由扣押权。

（2）查不到收货人或收货人拒绝提取货物，承运人应及时与托运人联系，在规定期限内负责保管并有权收取保管费用，对于超过规定期限仍无法交付的货物，承运人有权按有关规定予以处理。

2. 承运人的义务

（1）承运人应按照合同约定配备运输工具，按期将货物送达目的地；否则，应向托运人支付违约金。

（2）货物运输到达后，承运人知道收货人的，应当及时通知收货人，收货人应当及时提

货。收货人提货时应当按照约定的期限检验货物。

（3）承运人对运输过程中货物的毁损、灭失承担损害赔偿责任，但承运人能够证明货物的毁损、灭失是因不可抗力、货物本身的自然性质或者合理损耗以及托运人、收货人的过错造成的，不承担损害赔偿责任。

（4）两个或两个以上承运人以同一运输方式联运的，与托运人订立合同的承运人应当对全程运输承担责任。

（三）收货人的主要权利和义务

1. 收货人的权利

在货物运到指定地点后有以凭证领取货物的权利。必要时，收货人有权向到站、或中途货物所在站提出变更到站或变更收货人的要求，签订变更协议。

2. 收货人的义务

在接到提货通知后，按时提取货物，缴清应付费用。超过规定提货时，应向承运人交付保管费。

【工作任务1】

1. 甲公司与乙公司订立了一个买卖合同，约定由甲公司代办托运将合同标的货物以铁路运输到乙公司所在地。合同履行期限到来时，甲公司与丙运输公司订立合同，由丙公司以铁路运输的方式将货物运至乙公司所在地，并约定货到以后付运费，丙公司开始运输货物。在运输车辆快到乙公司所在地时，突然山洪暴发将车辆和货物全部冲走，幸未造成人员伤亡。

［问］ 丙公司应向谁要求支付运费？

［答案］ 无权请求谁支付运费。

2. 托运人甲某与郑州铁路分局于2002年8月31日签订运输合同一份。约定：苹果1500箱，纸箱包装，承运人运输期限6天，到达站为长沙车站，收货人为甲某本人。甲某自行装车，货物标明"鲜活易腐"，9月1日18时挂有该棚车的111次列车从郑州车站出发，甲某派押运人一名，9月3日20时111次列车到达武昌车站，该车站调度令111次列车在站停留。当时气温为37摄氏度，押运人多次请示车站挂运无效，货车停留到9月9日挂出。9月10日到达长沙车站，卸车时发现很多苹果纸箱外表有湿迹，经开箱检查，苹果有不同程度腐烂变色。经当地质检部门对苹果腐坏原因进行鉴定，结论为：腐坏系运输时间过长，气温较高，包装不合格，堆码紧密，影响通风所致。甲某将尚可食用的苹果进行处理后，要求承运方赔偿损失。

［问］ 应该哪一方承担责任？

［答案］ 双方都应承担责任，一方面承运人对损害的发生应承担赔偿责任，同时托运人甲某对损害的发生也应该承担责任，因为货物包装不合格。甲某请求赔偿的赔偿金应按货物的实际损失计算，不含可得利润。

单元二　公路货物运输法律制度

公路货物运输是指使用汽车在公路上运载货物的运输方式。它主要承担近距离、小批量的货运和水运、铁路运输难以达到地区的长途、大批量货运。

一、公路货物运输规则

目前，调整公路货物运输的法律规范有《合同法》、《汽车货物运输规则》、《集装箱汽车运输规则》、《汽车危险货物运输规则》、《汽车租赁业管理暂行规定》以及涉及国际公路货物运输的公约或规则等。

《汽车货物运输规则》是由交通部颁布的部门规章。该规章对汽车货物运输合同的订立、履行、变更、解除、货物搬运装卸与交接、运输责任的划分、运输费用以及货运事故和违约处理等做了详细的规定，明确了承运人与托运人及其他有关方的权利、义务和责任界限。

《集装箱汽车运输规则》是交通部针对采用集装箱进行汽车货物运输这一特定形式而制定的规则。该规则适用于中华人民共和国境内从事营业性集装箱汽车运输及与其相关的场站装卸、储存等业务。集装箱联运、国际集装箱多式联运中的汽车运输，除另有规定者外，均适用本规则。

《汽车危险货物运输规则》主要规定了汽车运输危险货物的托运、承运、车辆和设备、从业人员、劳动防护等基本要求。

《汽车租赁业管理暂行规定》主要调整物流企业使用他人的汽车运输时所涉及的社会关系。

涉及国际公路货物运输的公约或规则主要有《海牙规则》、《维斯比规则》、《汉堡规则》、《华沙公约》、《海牙议定书》以及《国际公路货物运输合同公约》等。

《合同法》作为一般法，关于运输和租赁行为都要受到合同法的调整。

二、公路货物运输合同

根据《汽车货物运输规则》规定，汽车运输合同可以由从事汽车运输的经营者和发货的企业或个人直接签订，也可以由货运代办人与托运人和承运人分别签订货物运输合同。公路货物运输合同是汽车承运人与托运人之间签订的明确相互权利义务关系的协议。承运人必须是经过国务院交通行政主管部门批准并持有运输经营许可证的单位或个人，国务院交通行政主管部门必须对运输工具、司机进行管理，明确职责，以确保货物运输的安全。

汽车运输合同可采用口头、书面或者其他形式。书面形式的运输合同分为定期运输合同、一次性运输合同和道路货物运单三种类型。定期运输合同是指汽车承运人与托运人签订的在规定的期间内用汽车将货物分批量地由起运地运至目的地的汽车货物运输合同。一次性运输合同是指汽车承运人与托运人之间签订的一次性将货物由起运地运至目的地的货物运输合同。运单是承运人接受托运人托运的货物，并同意将该托运货物运至目的地的作业凭据。

在定期运输合同和一次性运输合同中，既可能有单独的运输合同，也有运单，在这种情况下，运单只能作为证明运输合同成立的凭证，区分两者的意义在于当运单记载的内容与合同不一致时，如无相反证明，可视为对运输合同的实质性变更。但在每车次或短途每日多次货物运输中，运单就是运输合同。

汽车货物运输合同中双方的主要义务和责任如下。

（一）托运人的权利和义务

1. 托运人的权利

（1）要求承运人按照合同规定的时间、地点、方式把货物运输到目的地。

（2）在承运人将货物交付收货人之前，托运人可以要求承运人中止运输、返还货物、变更到达地或者将货物交给其他收货人，但应当赔偿承运人因此受到的损失。

（3）决定货物是否保险和投保，货物保险由托运人向保险公司投保，也可以委托承运人代办。选择货物保价运输时，申报的货物价值不得超过货物本身的实际价值；保价为全程保价。

（4）货物交接时，托运人对货物的重量和内容有质疑，可提出查验与复磅，查验和复磅的费用由责任方负担。

2. 托运人的义务

（1）运单内容与实物相符　托运货物的名称、性质、件数、质量、体积、包装方式应当与运单记载的内容相符。

（2）办理有关审批文件并交于承运人　货物需要具备准运证、审批或检验手续的，由托运人办理完成后交由承运人，随货同行。

（3）不得在托运物中夹带其他货物　在托运货物中，不得夹带危险货物、鲜活货物、易腐货物、易污染货物、货币、有价证券以及政府禁止或限制运输的货物。

（4）使用正确的包装方式和运输标志　货物的包装由双方约定。没有约定或约定不明确的，可以补充协议；不能达成协议的，按照通用的方式包装。没有通用方式的，应在足以保证运输、搬运、装卸作业安全和货物完好的原则下进行包装。依法应当执行特殊包装标准的，按照规定执行。

（5）特种货物应明确告知运输条件　对于冷藏保温的货物，托运人应提供货物的冷藏温度和在一定时间内保持温度的要求；鲜活货物，托运人应提供最长运输期限及途中管理、照料事宜的说明书；托运危险货物，按交通部《汽车危险货物运输规则》办理；采用集装箱运输的货物，按交通部《集装箱汽车运输规则》办理；对于大型、特型笨重物件，应提供货物性质、重量、外廓尺寸及运输要求的说明书。

（6）特殊物品随车押运　运输生物、植物、尖端精密产品、稀有珍贵物品、文物、军械弹药、有价证券、重要票证和货币等，必须派人押运。在运单上注明押运人的姓名及必要情况。押运人员须遵守运输和安全规定，并在运输过程中负责货物的照料、保管和交接。

（二）承运人的权利和义务

1. 承运人的权利

（1）向托运人、收货人收取合同规定的运杂费用。

（2）收货人不明或收货人无正当理由拒绝受领货物的，承运人应及时与托运人联系，在规定期限内负责保管并有权收取保管费用，对于超过规定期限仍无法交付的货物，承运人有权按《中华人民共和国合同法》的规定，提存货物。

（3）托运人未按合同约定的包装方式包装货物，不能保证货物运输安全，承运方有权拒绝承运。约定由承运人对货物再加外包装时，包装费用由托运人支付。

（4）货物交接时，承运人对货物的重量和内容有质疑，可提出查验与复磅，查验和复磅的费用由责任方负担。

2. 承运人的义务

（1）承运人应根据受理货物的情况和性质，合理安排运输车辆。货物装卸重量以车辆额定的吨位为限。轻泡货物以折算重量装卸。不得超过车辆的额定吨位和长、宽、高的装载规定。

(2) 承运人在受理整批或零担货物时，应根据运单记载货物名称、数量、包装方式等，在核对无误后，方可办理交接手续。如果发现与运单填写不符或可能危及运输安全的情况，不得办理交接手续。

(3) 承运人受理凭证运输或需有关审批、检验证明文件的货物后，应在有关文件上注明已托运货物的数量、运输日期、加盖承运章，并随货同行，以备查验。

(4) 承运人应与托运人约定运输路线。起运前运输路线发生变化必须通知托运人，并按最后确定的路线运输。承运人未按约定路线运输增加的运输费用，托运人或收货人可以拒绝支付增加部分的运输费用。

(5) 货物运输中，在与承运人非隶属关系的货运站场进行货物仓储、装卸作业，承运人应与站场经营人签订作业合同。

(6) 运输期限由承托双方共同约定后在运单上注明。承运人应在约定的时间内将货物运达。零担货物按批准的班期时限运达，快件货物按规定的期限运达。

(7) 整批货物运抵前，承运人应当及时通知收货人做好接货准备；零担货物运达目的地后，应在 24 小时内向收货人发出到货通知或按托运人的批示及时将货物交给收货人。

(8) 车辆装载有毒、易污染的货物卸载后，承运人应对车辆进行清洗和消毒。但因货物自身的性质，应托运人要求，需对车辆进行特殊清洗和消毒的，由托运人负责。

（三）运输合同的变更、解除

1. 合同当事人引起的合同变更或解除的情形

(1) 在承运人未将货物交付收货人之前，托运人要求承运人中止运输、返还货物、变更到达地或者将货物交付其他收货人的。

(2) 由于合同当事人一方的原因，在合同约定的期限内确实无法履行运输合同的。

(3) 合同当事人违约，使合同的履行成为不可能或不必要的。

(4) 合同双方协商变更或解除合同的。

由当事人的原因引起的合同变更或者解除，有过错的一方应当承担赔偿责任。但发生交通肇事造成货物损坏或灭失而引起的合同变更或解除，承运人应先行向托运人赔偿，再由其向肇事的责任方追偿。如果是承运人提出协商解除合同的，承运人应退还已收的运费。

2. 由不可抗力造成合同的变更或解除

所谓不可抗力是指不能预见、不可避免、不能克服的自然事件和社会事件。遇到不可抗力后，承运人应及时与托运人联系。发生货物装卸、接运和保管费用按以下规定处理。

(1) 接运时，货物装卸、接运费由托运人负担，承运人收取已完成的运输里程的运费，返还未完成运输里程的运费。

(2) 回运时，收取已完成运输里程的运费，回程运输免收。

(3) 托运人要求绕道行驶或改变到达地点时，收取实际运输里程的运费。

(4) 货物在受阻处存放，保管费用由托运人负担。

三、汽车货物运输责任的划分

（一）承运人的责任

(1) 承运人未按约定的期限将货物运达，应负违约责任；因承运人责任将货物错送或错交，应将货物无偿运到指定的地点，交给指定的收货人。

(2) 承运人未遵守承托双方商定的运输条件或特约事项，由此造成托运人的损失，应负赔偿责任。

(3) 货物在承运责任期间和站、场存放期间内发生毁损或灭失，承运人、站场经营人应负赔偿责任。在责任承担上，视委托人而有所不同。

如果是由托运人直接委托站场经营人装卸货物造成货物损坏的，由站场经营人负责赔偿；由承运人委托站场经营人组织装卸的，承运人应先向托运人赔偿，再向站场经营人追偿。

(4) 承运人的免责事由

① 不可抗力。

② 货物本身的自然性质变化或者合理损耗。

③ 包装内在缺陷，造成货物受损。

④ 包装体外表面完好而内装货物毁损或灭失。

⑤ 托运人违反国家有关法令，致使货物被有关部门查扣、弃置或作其他处理。

⑥ 押运人员责任造成的货物毁损或灭失。

⑦ 托运人或收货人过错造成的货物毁损或灭失。

(二) 托运人的责任

(1) 托运人不如实填写运单、错报、误填名称或装卸地点，造成承运人错送、装货落空以及由此引起其他损失的，应负赔偿责任。

(2) 托运人未按合同约定的时间和要求，备好货物和提供装卸条件，以及货物运达后无人收货或拒绝收货，而造成承运人车辆放空、延滞及其他损失的，托运人应负赔偿责任。

(3) 因托运人的下列过错，造成承运人、站场经营人、搬运装卸经营人的车辆、机具、设备等损坏、污染或人身伤亡以及因此而引起第三方损失的，由托运人负责赔偿：

① 在托运的货物中有故意夹带危险货物和其他易腐蚀、易污染货物以及禁、限运货物等行为。

② 错报、匿报货物的重量、规格、性质。

③ 货物包装不符合标准，包装、容器不良，而从外部无法发现。

④ 错用包装、储运图示标志。

(三) 货运代办人

货运代办人以承运人身份签署运单时，应承担承运人责任，以托运人身份托运货物时，应承担托运人的责任。

(四) 站场经营人或搬运装卸经营者

搬运装卸作业中，因搬运装卸人员过错造成货物毁损或灭失，站场经营人或搬运装卸经营者应负赔偿责任。

四、汽车货物运输费用

汽车货物运输价格按不同运输条件分别计价，其计算按《汽车运价规则》办理。

(一) 汽车货物运输中货物重量的确定

汽车货物运输计费重量单位，整批货物运输以吨为单位，尾数不足 100 千克时，四舍五入；零担货物运输以千克为单位，起码计费重量为 1 千克，尾数不足 1 千克时，四舍五入；

轻泡货物每立方米折算重量333千克。

按重量托运的货物一律按实际重量（含货物包装、衬垫及运输需要的附属物品）计算，以过磅为准。由托运人自理装车的，应装足车辆额定吨位，未装足的，按车辆额定吨位收费。统一规格的成包成件的货物，以一标准件重量计算全部货物重量。散装货物无过磅条件的，按体积和各省、自治区、直辖市统一规定重量折算标准计算。接运其他运输方式的货物，无过磅条件的，按前程运输方式运单上记载的重量计算。拼装分卸的货物按最重装载量计算。

（二）汽车货物运输计费里程的确定

汽车货物运输计费里程按下列规定确定。

(1) 货物运输计费里程以千米为单位，尾数不足1千米的，进为1千米。

(2) 计费里程以省、自治区、直辖市交通行政主管部门核定的营运里程为准，未经核定的里程，由承托双方商定。

(3) 同一运输区间有两条（含两条）以上营运路线可供行驶时，应按最短的路线计算计费里程或按承托双方商定的路线计算计费里程。拼装分卸从第一装货地点起至最后一个卸货地点止的载重里程计算计费里程。

（三）汽车货物运输的其他费用的确定

汽车货物运输的其他费用，按以下规定确定。

(1) 调车费　应托运人要求，车辆调出所在地而产生的车辆往返空驶，计收调车费。

(2) 延滞费　车辆按约定时间到达约定的装货或卸货地点，因托运人或收货人责任造成车辆和装卸延滞，计收延滞费。

(3) 装货落空损失费　因托运人要求，车辆行至约定地点而装货落空造成的车辆往返空驶，计收装货落空损失费。

(4) 排障费　运输大型特型笨重物件时，需对运输路线的桥涵、道路及其他设施进行必要的加固或改造所发生的费用，由托运人负担。

(5) 车辆处置费　因托运人的特殊要求，对车辆改装、拆卸、还原、清洗时，计收车辆处置费。

(6) 在运输过程中国家有关检疫部门对车辆的检验费以及因检验造成的车辆停运损失，由托运人负担。

(7) 装卸费　货物装卸费由托运人负担。

(8) 通行费　货物运输需支付的过渡、过路、过桥、过隧道等通行费由托运人负担，承运人代收代付。

(9) 保管费　货物运达后，明确由收货人自取的，从承运人向收货人发出提货通知书的次日（以邮戳或电话记录为准）起计，第四日开始核收货物保管费；应托运人的要求或托运人的责任造成的，需要保管的货物，计收货物保管费。货物保管费由托运人负担。

（四）汽车货物运输的运杂费的确定

汽车货物运输的运杂费按下列规定结算。

(1) 货物运杂费在货物托运、起运时一次结清，也可按合同采用预付费用的方式，随运随结或运后结清。托运人或者收货人不支付运费、保管费以及其他运输费用的，承运人对相应的运输货物享有留置权，但当事人另有约定的除外。

(2) 运费尾数以元为单位，不足一元时四舍五入。货物在运输过程中因不可抗力灭失，未收取运费的，承运人不得要求托运人支付运费；已收取运费的，托运人可以要求返还。出入境货物运输、国际联运汽车货物运输的运价，按有关规定办理。

五、货运事故与赔偿

货运事故是指货物在运输过程中发生毁损或灭失。货物运输过程中，发生交通事故造成货物毁损或灭失，承运人应先行向托运人赔偿，再由其向肇事的责任方赔偿。在事故的处理过程中，收货人不得扣留车辆，承运人不得扣留货物。由于扣留车、货造成的损失由扣留方负责赔偿。

(1) 法律、行政法规对赔偿责任限额有规定的，依照其规定执行；如尚未规定的，则按货物的实际损失赔偿。

(2) 在报价运输中货物全部灭失，按货物报价声明价格赔偿；货物部分损害或灭失的，按实际损失赔偿。

(3) 在赔偿过程中，如当事人之间有约定，按约定执行，约定不明的，可以补充协议，如无法达成补充协议，则按交付地的市场价格计算。

(4) 货物赔偿中，应加算运杂费、包装费以及已付的税收。

【工作任务2】 模拟签订货物运输合同

1. 训练目标

通过对签订公路货物运输合同能力的训练，了解货物运输业务，明确物流企业在货物运输中应承担的责任，掌握并学会签订货物运输合同，明确货物运输合同中托运人、承运人、收货人的权利和义务。

2. 训练方法

每组10人左右，分组训练。分为甲乙双方，甲方为拥有运输能力的物流企业，乙方为近日内需要长途运送货物的用户。双方根据所给资料签订合同。

甲乙双方各自坐在谈判桌对侧，乙方提出要求，甲方谈条件、应答，双方协商一致后签订货物运输合同。

3. 考核办法

请各组根据以上资料模拟签订一份货物运输合同，联系人及电话可自拟，教师据此考核打分。

单元三 铁路货物运输法律制度

在物流实践中，货物所有人或管理人经常通过与铁路承运人签订货运合同完成物流运输行为。我国调整铁路货物运输合同的国内的法律规范有《合同法》、《铁路法》、《铁路货物运输合同实施细则》以及《铁路货物运输规程》。

《铁路法》的第二章关于铁路运输营业的规定对铁路运输企业和收货人的权利义务做了一般性规定；《铁路货物运输规程》则对铁路运输当事人间的权利和义务做了具体规定，其内容包括铁路货物运输合同的签订、合同变更和合同解除、货物的托运、受理和承运、货物运到期限、收货人责任的划分、赔偿和运输费用的退补等。

一、铁路货物运输合同

铁路货物运输合同是铁路承运人根据托运人的要求,按期将托运人的货物运至目的站,交于收货人的合同。根据货物运输组织方式的不同,铁路货物运输合同可分为整车货物运输合同、零担货物运输合同和集装箱货物运输合同三种。

(一) 铁路货物运输合同当事人的义务

1. 托运人的基本义务

(1) 按照合同约定的时间和要求向承运人提供运输的货物。
(2) 对运输货物进行包装,以适应运输安全的需要。
(3) 如实申报货物的品名、重量和性质。
(4) 按规定凭证运输的货物必须出示有关证件。
(5) 向承运人交付规定的运输费用。如果是保价运输的,必须申报价格,并按保价运输支付保价费。

2. 承运人的基本义务

(1) 认真清点托运人提供的货物,在与货物运单核对无误后,即可签认。承运人一旦签认,承运手续即告完成。
(2) 提供符合运输要求的车辆以保证及时运输。
(3) 及时通知收货人到站领取货物,并将货物交付收货人。
(4) 发现多收托运费要退还托运人或收货人。

3. 收货人的基本义务

(1) 及时到车站领取货物,逾期领取要承担保管费。
(2) 补交托运人未交的运费以及运输途中发生的垫付费用。
(3) 规定由收货人组织卸车的要及时组织卸车。卸货完毕后,将货车清扫干净并关好门窗、端侧板(特种车为盖、阀)、规定需要洗刷消毒的应洗刷消毒。

(二) 铁路运单

在铁路货物运输中,大宗货物的运输,可以签订年度、半年度、季度运输合同,零担货物的运输,则以铁路的运单代替运输合同,托运人按照货物运单的要求填写,经由铁路承运人确认,并验收核对托运货物无误后,合同即告成立。由此可见,铁路运单本身就是零担货物运输的合同,作为运输合同的具体形式,运单中的承运人一方为铁路部门,托运人一方为发货人,运单规定了当事人间的权利义务关系。

二、国际铁路货物联运协定

《国际铁路货物联运协定》是参加国际货物联运协定各国铁路和发、收货人办理货物联运所必须共同遵守的基本文件,我国是该协定的成员国,因此《国际货协》自然就成为调整我国与其他参加国之间铁路货物运输方面的主要法律依据。

(一) 当事人的权利和义务

根据《国际货协》的规定,运单是国际铁路货物联运的运送合同。发货人在运单上签字,始发站在运单上加盖戳记即视为合同成立并生效。运单全程附送,最后交收货人。运单除了作为运输合同以外,还是铁路承运货物并向收货人核收运费和交货的凭证;运单副本是卖方通过有关银行向买方结汇的主要单据之一。

在进行国际铁路货物运输时，运单中的承运人一方为铁路部门，包括发站和到站的铁路局；托运人为一方为发货人，也包括收货人。双方的权利和义务如下。

1. 托运人的权利和义务

（1）托运人有如实申报的义务。

（2）托运人有交货和付费的义务。

（3）有变更合同的权利。发货人和收货人在填写变更申请书后，有权在协定允许的范围内对运输合同作必要的变更，包括变更到站和收货人。但只享有一次变更合同的权利，并且在变更合同时，不得将一批货物分开办理。

（4）有领取货物或提出索赔的权利。货物到达终点时，发货人有权凭提单领取货物。当运单项下货物的毁损导致全部或部分货物不能按原用途使用时，有权拒收货物，并按规定向承运人提出索赔。

2. 承运人的权利义务

（1）有核查运单和货物的权利。承运人有权检查发货人在运单中所记载的事项是否正确，或在配合检查和保证安全的情况下，在途检查货物。

（2）有留置货物的权利。当托运人拒绝或拖延支付运输费用时，铁路当局可以对货物行使留置权。

（3）有享受免除责任的权利。根据《国际货协》第 22 条的规定，如承运的货物由于所列原因，发生全部或部分灭失、减量或毁损时，铁路对其不负责任。

（二）运费的支付和结算

根据《国际货协》的规定，运费的支付方式有以下几种。

（1）发送国铁路的运送费用，按照发送国的国内运价计算，在始发站由发货人支付。

（2）到达国铁路的费用，按到达国铁路的国内运价计算，在终点站由收货人支付。

（3）如果始发站和到达站的终点属于两个相邻国家，无须经由第三国过境运输，而这两个国家的铁路有直通运价规程时，则按运输合同订立当天有将近的直通运价规程计算。

（4）如果货物需经第三国过境运输，过境铁路的运输费用，应按运输合同订立当天有效的《国际货协》统一运价规程的规定计算，可由始发站向发货人核收，也可以由到达站向收货人核收。但如果按《统一货价》的规定，各过境铁路的运送费用必须由发货人支付时，则这项费用不准转由收货人支付。

为了保证国际铁路运输费用的分配，《国际货协》专门规定了各国铁路之间的清算办法。其主要原则是，每一铁路在承运或交付货物时向发货人或收货人按合同规定核收运费和其他费用之后，必须向参加这次运输业务的各铁路支付其应得部分的运送费用。

（三）铁路方的责任

1. 责任的承担

《国际货协》规定，铁路从承运货物时起，至到站交付货物时止，对于货物运到逾期及因货物部分或全部灭失毁损而产生的损失承担连带责任，并对发货人在运单内所记载并添附的文件由于铁路的过失而遗失的后果和由于铁路的过失未能执行有关要求变更运输合同的申请书的后果负责。

2. 责任的限额

根据《国际货协》的规定，铁路对货物损失的赔偿金额，在任何情况下的赔偿金额，不得超过货物全部灭失时的金额。铁路对货物损失的赔偿金额，仅以相当于货物价格减损的金额予以赔偿，其他损失不予赔偿。对于逾期交货的，铁路以所收运费为基础，按逾期长短，向收货人支付规定的罚金。逾期不超过总期限的 1/10 时，支付相当于运费 6% 的罚款；逾期超过总期限的 4/10 时，支付相当于运费 30% 的罚款。

3. 责任的免除

下列情况，免除承运人的责任。

（1）铁路不能预防和不能消除的情况。

（2）因货物的特殊自然性质引起的自燃、损坏、生锈、内部腐坏及类似结果。

（3）由于发货或收货人过失或要求而不能归咎于铁路者。

（4）因发货人或收货人装、卸车原因造成。

（5）由发送铁路规章许可，使用敞车类货箱运送货物。

（6）由于发货人或收货人的货物押运人未采取保证货物完整的必要措施。

（7）由于承运时无法发现的容器或包装缺点。

（8）发货人用不正确、不确切或不完全的名称托运违禁品。

（9）发货人在托运时需按特定条件承运货物时，未按本协定规定办理。

（10）货物在规定标准内的途耗。

（四）赔偿请求和诉讼时效

《国际货协》第二十八条规定，发货人和收货人有权根据运输契约提出赔偿请求。在提出赔偿请求时，应附有相应根据并注明款额，以书面方式由发货人向发送路，或由收货人向到收货站提出。铁路自有关当事人向其提出赔偿请求之日起，必须在 180 天内审查赔偿请求，并予以答复。索赔人也可以直接向受理赔偿请求的铁路所属国家的有管辖权的法院提出诉讼。

当事人依据运输契约向铁路提出的赔偿请求和诉讼，以及铁路对发货人或收货人关于支付运送费用，罚款和赔偿损失的要求和诉讼，均应在 9 个月期间内提出；有关货物运到逾期的赔偿请求和诉讼，应在 2 个月内提出。具体诉讼时效的起算点如下。

（1）关于货物毁损或部分灭失以及运到逾期的，自货物交付之日起算。

（2）关于货物全部灭失的赔偿，自货物运到期限届满后 30 天起算。

（3）关于补充运费、杂费、罚款的要求，或关于退还此项款额的赔偿请求，或纠正错算运费的要求，应自付款之日起算；如未付款时，应自交货之日起算。

（4）关于支付变卖货物的余款的要求，自变卖货物之日起算。

（5）在其他所有情况下，自确定赔偿请求成立之日起算。时效期间已过的赔偿请求和要求，不得以诉讼形式提出。

【工作任务 3】

甲托运人将 2 万吨优质煤炭交乙铁路承运人运输 2000 千米。运输至 1000 千米时，因罕见、突发未有预报的洪水冲击铁路，使该 2 万吨煤炭灭失。承运人已经运输了 1000 千米，能否要求甲方承担 1000 千米的运费？

[答案] 货物在运输过程中因不可抗力灭失，损失由双方当事人分担，托运人承担货物的损失，承运人承担运费的损失，因此承运人不能要求甲方承担1000千米的运费。

单元四 水路货物运输法律制度

一、国内外水路运输管理制度

水运是物流运输功能实现的最基本形式之一。在我国，水上运输由内河、沿海和远洋三部分构成，所以我国调整海上货物运输和沿海、江河、湖泊货物运输适用不同的法律规范。

（一）国内水路运输方面的法律法规

在国内水运方面，《国内水路货物运输规则》是规范我国沿海、江河、湖泊以及其他通航水域中从事营业性水路货物运输合同的基本规则。《水运货规》中没有规定的，可以适用《民法通则》和《合同法》中的相关原则或有关运输合同的一般性规定。另外《水路危险货物运输规则》是专门调整水上危险品运输方面的规范。

（二）国际水路运输方面的法律法规

与国内水运法规相比，调整国际水路运输文献的法规则比较多，在我国，有《海商法》、《海事诉讼特别程序法》和《国际海运条例》等；《海商法》所指的是海上运输包括海江之间、江海之间的直达运输，而不包括我国港口之间的海上运输。

在国际上，主要有《海牙规则》、《维斯比规则》及《汉堡规则》三个国际公约，它们以承运人的责任为核心，构成了调整国际海运当事人权利义务的主要法律规范。

《海牙规则》全称为《1924年统一提单的若干法律规则的国际公约》，1924年8月25日订立于布鲁塞尔，1931年6月2日生效。《海牙规则》是海上货物运输，特别是班轮运输中的一个重要公约。

《维丝比规则》全称为《修改统一提单的若干法律规定的国际公约议定书》，于1968年2月23日在布鲁塞尔签订，于1977年6月23日生效。《维丝比规则》对《海牙规则》的适用范围、赔偿限额、集装箱和托盘运输的赔偿计算单位等方面的问题做了若干补充。

《汉堡规则》全称为《1978年联合国海上货物运输公约》，于1978年3月31日在汉堡通过，1992年11月1日生效。《汉堡规则》废除了《海牙规则》中许多片面袒护承运人利益的、不合理的免责条款，加重了承运人对货运所应承担的责任，提高了赔偿限额，延长了承运人的责任期间以及对货物提出索赔的时效。此外，针对航运、贸易方面的一些新问题也做出了相应规定。

我国不是上述公约的成员国，但1993年7月1日开始实施的《中华人民共和国海商法》关于海上货物运输的规定以《海牙规则》、《维丝比规则》为基础，适当吸收了《汉堡规则》的某些规定。因此，三个公约对全面了解国际海上货物运输法律具有重要意义。

二、水路运输方式类型及其当事人的义务和责任

（一）使用自有船舶进行运输

企业在使用自有船舶进行运输时，应承担下列义务与责任。

（1）应根据所运货物的需要，提供符合货物运输的船舶。运送冷藏货物等要根据需要配

备必要的相应设备。

(2) 使船舶处于适航状态。

(3) 合理地积载货物,保证船舶的稳定性,并做好危险货物等特殊货物的隔离工作。

(4) 根据货物的要求,妥善、谨慎地装载、搬移、积载、运输、保管、照料和卸载所运货物,保证货物运输的安全。对危险货物、活动物等特殊的货物要加以特别照料。

(5) 合理选择航行路线,应当按照约定的或者习惯的或者地理上的航线将货物运往目的地。尽量缩短运输时间,尽快运送货物,在合理的运输期限内将货物运达目的地。

(6) 货物运抵前,应当及时通知收货人做好接货准备,并及时将货物交给正确的收货人。

(二) 租用船舶进行运输

所谓租船,实际上是一种为船舶所有人提供使用机会和为各类商品安排合适的运输业务。目前主要的租船方式有航次租船、定期租船、包运租船和光船租船。

1. 定期租船合同双方的义务

(1) 承租人的义务

① 提供适当数量和质量的燃油,并支付费用。

② 应当保证船舶在约定航区内的安全港口或地点之间从事约定的运输。

③ 保证船舶用于运输约定的合法货物。

④ 按照合同约定支付租金,否则出租人有权撤船。

⑤ 按合同约定的时间和地点交还船舶。交还船舶时,船舶应当处于与出租人交船时相同的良好状态,但是船舶本身的自然磨损除外。

(2) 出租人的义务

① 按照合同约定的时间和地点交付船舶。

② 在交付船舶时,谨慎处理,使船舶适航并适于约定的用途。

③ 在租期内维持船舶处于适航状态。如果船舶不符合约定的适航状态或者其他状态,应当采取可能采取的合理措施,使之尽快恢复。对于因此而损失的时间,物流企业可以按合同约定不支付租金。

④ 为船舶配备合格的船员,并支付船员工资。

2. 光船租赁合同双方的义务

(1) 承租人的义务

① 负责船舶的保养、维修。

② 未经出租人书面同意,不得将船舶进行转租。

③ 不得因对船舶占有、使用和营运的原因使出租人的利益受到影响或者遭受损失。

④ 应当按照合同约定支付租金。

⑤ 在合同约定的地点和期限内交还船舶。还船时,船舶应处于与出租人交船时相同的良好状态,但船舶本身的自然磨损除外。

(2) 出租人的义务

① 在合同约定的港口或者地点,按照合同约定的时间,向承租人交付船舶以及船舶证书。

② 交船时,出租人应当做到谨慎处理,使船舶适航并适用于约定的用途。

③ 未经承租人事先书面同意,不得在光船租赁期间对船舶设定抵押。

三、国内水路货物运输合同

（一）水路货物运输合同的概述

1. 水路货物运输合同的概念

水路货物运输合同，是指承运人收取运输费用，负责将托运人托运的货物经水路由一港（站、点）运到另一港（站、点）的合同。我国国内水路货物运输中有关当事人权利、义务关系，不属于《海商法》的调整范围，主要受《合同法》和《水路货物运输规则》的调整。

2. 水路运输合同的特征

（1）水路货物运输合同专指在我国沿海、沿江、湖泊以及其他通航水域中一切营业性的货物运输，而不包括国际海洋货物运输。水路货物运输合同的承运人主要是沿海水运企业和内河水运企业。

（2）货物重量和体积的计算有其自己的特殊方式。整批货物的重量，由托运人确定，承运人也可以进行抽查。散装货物重量，承运人可以通过水尺计算的吨数计算重量。货物按体积计量运费的，托运人应提供重量和体积。

3. 水路货物运输合同的形式

（1）月度货物运输合同　适用于计划内大宗物资运输。在按月签订货物运输合同的情况下，也必须签发运单，作为运输合同的组成部分。

（2）运单　运单是国内水路货物运输最基本的合同形式，适用于零星货物运输和计划外货物运输。

（二）水路货物运输合同当事人的权利和义务

1. 托运人的权利和义务

（1）托运人的权利

① 散装货物，托运人确定重量有困难时，可以要求承运人提供船舶水尺计量数作为申报的重量。

② 托运人托运货物，可以办理保价运输。货物发生损坏、灭失，承运人应当按照货物的声明价值进行赔偿，但承运人证明货物的实际价值低于声明价值的，按照货物的实际价值赔偿。

③ 行使变更、中止、解除运输合同的权利。

（2）托运人的义务

① 及时办理港口、海关、检疫、公安和其他货物运输所需的各项手续，并将已办各项手续的单证送交承运人，预付运费，另有约定除外。

② 所托运货物的名称、件数、重量、体积、包装方式、识别标志，应当与运输合同的约定相符。

③ 妥善包装货物，保证货物的包装符合国家规定的包装标准。

④ 在货物外包装或表面正确制作识别标志和储运指示标志。

⑤ 托运危险货物时，应当按照有关危险货物运输的规定，妥善包装，制作危险品标志和标签，并将其正式名称和危险性质以及必要时应当采取的预防措施书面通知承运人。

⑥ 除另有约定外，运输过程中需要饲养、照料的活动物、植物，以及尖端保密物品、稀有珍贵物品和文物、有价证券、货币等，托运人需要申报并随船押运，并在运单内注明押

运人员的姓名和证件。但是，押运其他货物须经承运人同意。

⑦ 负责笨重、长大货物和舱面货物所需要的特殊加固、捆扎、烧焊、衬垫、苫盖物料和人工，卸船时要拆除和收回相关物料；需要改变船上装置的，货物卸船后应当负责恢复原状。

⑧ 托运易腐货物和活动物、植物时，应当与承运人约定运到期限和运输要求；使用冷藏船（舱）装运易腐货物的，应当在订立运输合同时确定冷藏温度。

⑨ 托运木（竹）排应当按照与承运人约定的数量、规格和技术要求进行编扎。

⑩ 承担由于下列原因发生的洗舱费用：提出变更合同约定的液体货物品种；装运特殊液体货物（如航空汽油、煤油、变压器油、植物油等）需要的特殊洗舱；装运特殊污秽油类（如煤焦油等），卸后需要的洗刷船舱。在承运人已履行船舶适货义务的情况下，因货物的性质或者携带虫害等情况，需要对船舱或者货物进行检疫、洗刷、熏蒸、消毒的，应当由托运人或者收货人负责，并承担船舶滞期费等有关费用。

2. 承运人的权利和义务

(1) 承运人的权利

① 承运人有行使拒绝运输的权利。对于托运人违反合理包装义务和危险品申报义务的，承运人可以拒绝运输。

② 承运人对危险品的特殊处理权。托运人未申报危险品或申报有误的，承运人可以随时随地处理危险货物，而不承担任何责任。

③ 承运人有对船载货物行使留置权的权利。

④ 承运人有将货物提存的权利。

⑤ 承运人有要求托运人或收货人支付运费的权利。

(2) 承运人的义务

① 使船舶处于适航状态，妥善配备船员、装备船舶和配备供应品，并使干货舱、冷藏舱、冷气舱和其他载货处所适于并能安全收受、载运和保管货物。

② 按照运输合同的约定接收货物。

③ 妥善地装载、搬移、积载、运输、保管、照料和卸载所运货物。

④ 按照约定、习惯或者地理上的航线将货物运送到约定的目的港。

在约定期间或者在没有这种约定时在合理期间内将货物安全运送到指定地点。

⑤ 货物运抵目的港后，向收货人发出到货通知，并将货物交给指定的收货人。

四、国际海上货物运输合同

(一) 国际海上货物运输合同的概念

《中华人民共和国海商法》第四十一条规定："海上货物运输合同，是指承运人收取运费，负责将托运人托运的货物经海路由一港运至另一港的合同。"国际海上货物运输合同的类型与国内水路货物运输合同虽然有相同之处，但两者适用的法律却不同，国际海上货物运输合同主要适用《中华人民共和国海商法》的有关规定。此外，对于海上货物运输合同，《海商法》没有规定的，适用《合同法》的规定。国际海上货物运输合同的特征如下。

(1) 国际海上货物运输合同的承运人享有损害赔偿责任限制和较多的法定免责事由。

(2) 国际海上货物运输合同通常为要式合同。

(二) 国际海上货物运输合同的形式

海上货物运输有两种方式,即班轮运输和租船运输,以适应不同的运输要求。班轮运输是指班轮定期行驶在规定航线和在固定港口停泊,可以承运杂货和不同货主交运的货物。租船运输又称不定期运输,是指包租整船或部分舱位进行运输。与此相适应,海上货物运输合同有以下两种形式。

1. 提单

是指用以证明海上货物运输合同和货物已经由承运人接收或者装船,以及承运人保证据以交付货物的单证。提单主要适用于班轮运输,有时在租船合同下也签发提单。在海上运输合同中,提单具有以下三种作用。

(1) 提单是合同证明。一般而言,提单本身不是海上货物运输合同,而只是海上货物运输合同的书面证明。但当提单转让给托运人以外的善意受让人或收货人时,提单就成为约束承运人和提单持有人之间的最终凭证,承运人以提单内容向第三方负责。

(2) 提单是货物收据。根据《海商法》第七十七条规定,承运人或者代其签发提单的人签发的提单,是承运已经按照提单所载状况收到货物或者货物已装船的初步证据。

(3) 提单是物权凭证。物权凭证的效力在于谁持有提单,谁就是提单上所载货物的所有权人,有权向承运人提货。提单的这一性质使得提单在一定条件下可以转让、抵押、结汇等。

2. 租船合同

船舶出租人提供船舶全部、部分舱位,装运约定的货物,从一港运至另一港,由承租人支付约定运费的合同。凡租用船舶全部、部分或指定舱位进行运输时,通常采用租船合同形式。

(三) 海上货物运输合同当事人的权利和义务

1. 承运人的权利和义务

(1) 承运人的权利

① 运费请求权。

② 留置权。

③ 享有法定的损害赔偿责任的限制或免除的权利。

(2) 承运人的基本义务

① 使船舶适航义务。

② 妥善、谨慎的管理所运货物的义务。

③ 及时开航,按预定航线航行的义务。

④ 按时交付货物的义务。

2. 托运人的权利和义务

(1) 托运人的权利

① 托运人有权利要求承运人依法提供适航船舶。

② 托运人有权利要求承运人履行管理货物的义务,妥善、谨慎地装载、搬移、积载、运输、保管、照料和卸载所运货物。

③ 托运人有权利要求承运人按规定航线航行。除法律允许的正当的、合理的绕航以外,不得绕航。

④ 托运人有权利要求承运人签发提单，并依据提单在目的港交付货物。

⑤ 托运人有权利依法追究承运人所应当承担的货物损害赔偿责任，要求承运人依法进行赔偿。

（2）托运人的义务

① 提供约定货物的义务。

② 办理有关货物运输手续。

③ 正确通知危险货物。

④ 支付运费的义务。

【工作任务 4】

2006 年 7 月 3 日、2007 年 1 月 8 日，被告通顺公司分别与长兴厂、鸿宇公司签订合作出口协议，长兴厂、鸿宇公司将其出口到欧洲的货物委托被告代理出口；2006 年 12 月 10 日至 2007 年 4 月 21 日期间，原告大海公司接受被告订舱后，在防城港分别安排了 45 个 40 HQ 高柜集装箱，装载涉案货物。原告完成货物运输后，与鸿宇公司对账确认运费，并分别于 2007 年 4 月 8 日、15 日、21 日直接向鸿宇公司收取运费共计 68 万元。2007 年 5 月 25 日，原告开出了以长兴厂为付款人的 18 万元的运费收据，但迄今长兴厂未付分文运费。

原告诉称：被告通顺公司通过第三人鸿宇公司多次向原告的代理人定舱，与原告订立运输合同，原告为被告共承运 10 票货物，合计运费 1260458.40 元。迄今，被告仅支付运费 68 万元，尚欠运费合计 580458.40 元，为此起诉，请求法院判令被告偿付运费本金及利息，并承担本案诉讼费用。原告同时列长兴厂、鸿宇公司为第三人。

海事法院认为：提单只是海上货物运输合同的证明，而不是唯一的证明，提单不等同于海上货物运输合同。根据《中华人民共和国海商法》（下称海商法）第七十三条第二款"提单缺少前款规定的一项或者几项的，不影响提单的性质"规定，法律允许托运人要求承运人在签发提单时不记载托运人或将他人记载为名义上的托运人，据此，对海上货物运输合同当事人的确定不能仅仅取决于提单的记载，提单记载的托运人可能只是形式上的海上货物运输合同当事人。《海商法》第四十二条第三项将托运人定义为：本人或者委托他人以本人名义或者委托他人为本人与承运人订立海上货物运输合同的人；本人或者委托他人以本人名义或者委托他人为本人将货物交给与海上货物运输合同有关的承运人的人。根据文义理解，故缔约人、交货人均可以成为《海商法》中所指的托运人。

本案在没有书面运输合同的情况下，只能根据当事人实际履行的事实来确定海上货物运输合同的当事人。首先，向原告订舱、交货的不是被告，而是鸿宇公司；其次，原告在完成运输任务后不是与被告结算运费，而是与鸿宇公司对账确认运费金额；第三，对账后原告分别于 2007 年 4 月 8 日、15 日、21 日直接向鸿宇公司收取运费共计 68 万元。2007 年 5 月 25 日，原告在未收到长兴厂支付运费的情况下又开出了以长兴厂为付款人的 18 万元的运费收据。上述定舱、交货、对账、收取运费的实际履行事实足以证明原告明知鸿宇公司、长兴厂系案涉货物的实际出口人，据此认定原告与鸿宇公司、长兴厂建立了事实上的海上货物运输合同关系，鸿宇公司、长兴厂系运输合同的实际托运人，被告系名义上的托运人。

装箱验证单记载的 3 份提单项下货物的所有人系长兴厂。被告代理出口收到货款后，除扣除代理费等费用外,其余货款、退税款全部付给了长兴厂。据此认定长兴厂系该3份提单项下货物的实际出口人,即实际托运人。故该3份提单项下货物的运费应由长兴厂承担。原告承运的其余7份提单项下的货物,鸿宇公司系其实际出口人,即实际托运人。该7份提单项下货物的运费应由鸿宇公司承担。按原告对外公布的费率计算,长兴厂出口的3票货物共发生的运费、拖车费、报关费、查货费合计为544228元。鸿宇公司出口的7票货物,共发生运费707301.4元,已支付68万元,尚欠27301.4元。综上所述,依照《中华人民共和国合同法》(下称合同法)第二百九十二条、《海商法》第四十二条第(三)项、第六十九条第一款之规定判决如下:第三人长兴厂支付原告运费544228元及利息;第三人鸿宇公司支付原告运费27301元及利息。

[资料来源:锦程物流网]

单元五 航空货物运输法律制度

在我国,调整航空运输的法规主要有《民用航空法》、《中国民用航空货物国内运输规则》和《中国民用航空货物国际运输规则》。《国内航空运输规则》适用于出发地、约定的经停地和目的地均在我国境内的民用航空货物运输;《国际航空运输规则》适用于依照我国法律设立的公共航空运输企业使用民用航空器运送货物而收取报酬的或者办理的免费的国际航空运输。

一、航空货物运输合同概述

(一)航空货物运输合同概念

是指航空承运人使用航空器,将托运人托运的货物运到托运人指定的地点并交付给收货人,由托运人或收货人支付货物运输费用的合同。

(二)航空货物运输合同的种类

1. 航空货运单

航空货运单是指托运人或者托运人委托承运人填制的,是托运人和承运人之间为在承运人的航线上承运货物所订立合同的依据。我国《民用航空法》规定:"航空货运单是航空货物运输合同订立和运输条件以及承运人接受货物的初步证据。航空货运单上关于货物的重量、尺寸、包装和包装件数的说明具有初步证据的效力。除经过承运人和托运人当面查对并在航空货运单上注明经过查对或者书写关于货物的外表情况的说明外,航空货运单关于货物的数量、体积和情况说明不能构成不利于承运人的证据。"

2. 包机、包舱协议

包机合同是指航空公司按照合同约定的条件把整架飞机或飞机的部分舱位租给包机人,把货物由一个或几个航空港运到指定目的地,并由包机人支付约定费用的合同。包机分为整机包机和部分包机。包机人与承运人签订包机合同后,在执行包机合同时,每架次货物包机应当填制托运书和货运单,作为包机的运输凭证。

二、航空货物运输合同当事人的权利义务

航空货物运输合同的承运人是各大航空公司,托运人与一般运输合同的托运人相同。

（一）托运人的权利和义务

1. 托运人的权利

(1) 托运人有拒付不正当费用的权利。

(2) 托运人有要求承运人中止运输、返还货物、变更到达地或将货物交给其他收货人的权利。

(3) 货物在运输过程中因不可抗力灭失，以收取运费的，托运人有要求返还的权利。

2. 托运人的义务

(1) 托运人应认真填写航空货运单，对货运单内容的真实性、准确性负责，并在货运单上签字或者盖章。

(2) 托运人要求包用飞机运输货物，应先填交包机申请书，并遵守民航主管机关有关包机运输的规定。

(3) 托运人对托运的货物，应按照国家主管部门规定的标准包装，没有统一标准的，应当根据保证运输安全的原则，按货物的性质和承载飞机等条件包装。凡不符合上述包装要求的，承运人有权拒绝承运。

(4) 托运人必须在托运的货件上标明发站、到站和托运人单位、姓名和详细地址，按照国家规定标明包装储运指示标志。

(5) 托运国家规定必须保险的货物，托运人应在托运时投保货物运输险。

(6) 托运人在托运货物时，应接受航空承运人对航空货运单进行查核，在必要时，托运人还应接受承运人开箱进行安全检查。

(7) 托运货物内不得夹带国家禁止运输、限制运输物品和危险物品。

(8) 托运在运输过程中必须有专人照料、监护的货物，应由托运人指派押运员押运。

(9) 托运人托运货物，应按照民航主管机关规定的费率缴付运费和其他费用。

（二）承运人的权利和义务

1. 承运人的权利

(1) 托运人不按约定或法定方式包装货物致使货物包装不符合规定的，承运人有拒绝运输的权利。

(2) 托运人或收货人不支付运费及其他运输费用的，承运人对相应的运输货物享有留置权。

(3) 收货不明或收货人无正当理由拒绝受领货物时，承运人有提存货物的权利。

2. 承运人的义务

(1) 承运人应按照货运单上填明的地点，按约定的期限将货物运达到货地点。

(2) 承运人应于货物运达到货地点后 24 小时内向收货人发出提货通知。收货人应及时凭提货证明到指定地点提取货物。货物从发出到货通知的次日起，免费保管 3 日。

(3) 货物从发出提货通知的次日起，经过 30 日无人提取时，承运人应及时与托运人联系征求处理意见；再经过 30 日，仍无人提取或者托运人未提出处理意见，承运人有权将该货物作为无法交付货物，按运输规则处理。

(4) 承运人应按货运单交付货物。

（三）航空货物运输合同当事人的责任

1. 承运人的责任

(1) 因发生在航空运输期间的事件，造成货物毁灭、遗失或者损坏的，承运人应当承担责任。

(2) 在货物运输中，经承运人证明，损失是由索赔人或者代行权利人的过错造成或者促成的，应当根据造成或者促成此种损失的过错程度，相应免除或者减轻承运人的责任。

(3) 货物在航空运输中因延误造成的损失，承运人应当承担责任；但是，承运人证明本人或者其受雇人、代理人为了避免损失的发生，已经采取一切必要措施或者不可能采取任何措施的，不承担责任。

如果有下列情况之一，承运人举证后可不负赔偿责任（即免责事项）。

(1) 货物本身的自然属性、质量或者缺陷。

(2) 承运人或者其受雇人、代理人以外的人负责包装货物，货物包装不良的。

(3) 战争或者武装冲突。

(4) 政府有关部门实施的与货物入境、出境或者过境有关的行为。

2. 托运人的责任

(1) 因在托运货物内夹带、匿报危险物品，错报笨重货物重量或违反包装标准和规定而造成承运人或第三人的损失，须承担赔偿责任。

(2) 因没有提供必需的资料、文件，或者提供的资料、文件不充足或者不符合规定而造成的损失。除由于承运人或者其受雇人、代理人的过错造成的外，应当对承运人承担责任。

(3) 未按时缴纳运输费用的，应承担违约责任。

【工作任务5】 单项选择题

(1) 不适合于航空运输的货物有（　　）。
A. 高附加值产品
B. 时效性物品
C. 对运价极具敏感度的物品
D. 对运价具有敏感度但能承受一定的运价的物品

(2) 航空运输方式中最快捷方式是（　　）。
A. 班机　　　　B. 集中托运　　　　C. 包机　　　　D. 航空快递

(3) 航空公司货运代理公司的主要业务是办理（　　）。
A. 部分包机　　B. 整包机　　　　C. 集中托运　　　D. 联合运输

(4) 当一笔普通航空货物计费重量很小时，航空公司规定按（　　）计收运费。
A. 特种运价　　B. 声明价值费用　　C. 起码运费　　　D. 指定运价

(5) 由航空公司签发的运单称为（　　）。
A. 航空运单　　B. 主运单　　　　C. 辅运单　　　　D. 分运单

(6) 由于航空货运单所填内容不准确、不完全，致使承运人或其他人遭受损失，（　　）负有责。
A. 托运人　　　B. 承运人　　　　C. 代理人　　　　D. 机场服务人员

［答案］ C；D；C；C；B；A

单元六　多式联运法律制度

多式联运是指把两种或两种以上的运输方式结合起来，实行多环节、多区段相互衔接的一种接力式运输方式，是一种综合的运输方式。目前调整多式联运的国内法主要有《合同法》和《海商法》中有关多式联运的规定，前者对多式联运具有普遍适用性，而后者只适用于有一种是海上运输的多式联运，故两者在适用范围上有所不同。另外1997年，中华人民共和国交通运输部和中华人民共和国铁道部联合颁布的《国际集装箱多式联运管理规则》，专门对集装箱多式联运的有关问题作出了规定。在国际上，多式联运方面的规则主要有《联合国国际货物多式联运公约》和《多式联运单证规则》。

一、多式联运合同

（一）多式联运合同的概念和特点

1. 多式联运合同的概念

多式联运合同是指经多式联运经营人与托运人签订的，由多式联运经营人以两种或两种以上的不同运输方式将货物由接管地运至目的地，并收取合同运费的合同。

2. 多式联运合同的特点

（1）多种运输只需办理一次托运手续。在整个多式联运合同的签订与履行过程中，只需托运人与多式联运经营人订立一份合同、签发一份运单，支付一次全程运费，进行一次保险，包括各种运输方式的保险。

（2）多式联运经营人具有特殊的地位。多式联运经营人是整个运输的总承运人和合同签订人，也是多式联运单据的签发人。他可将全部或部分运输委托他人（分承运人）完成，并订立分运合同，但分运合同的承运人与托运人之间不存在任何合同关系。因此对于多式联运中造成的货物损失及迟延的赔偿责任，不论其他承运人需要怎样承担责任，多式联运的经营人都需对全程运输负责，这既是一种最终意义上的责任，也是一种连带责任。

（二）多式联运单

多式联运单据是指证明多式联运合同以及证明经营人接管货物并负责按照合同条款交付货物的单据。由概念可知，多式联运单据不是多式联运合同本身，除可转让的多式联运单据以外，其只有一个初步证明货物交由多式联运人接管的效力。对于多式联运单据的管理，我国实行登记编号制度，这就限制了未经许可证的企业擅自签发多式联运单据，扰乱多式联运的市场经营秩序。

（三）多式联运中当事人的义务

1. 托运人的义务

（1）按照合同约定的货物种类、数量、时间、地点提供货物，并交付给多式联运经营人。

（2）认真填写多式联运单据的基本内容，并对其正确性负责。

（3）按照货物运输的要求妥善包装货物。

（4）按照约定支付各种运输费用。

2. 多式联运经营人的义务

（1）及时提供适合装载货物的运输工具。

（2）按照规定的运达期间，及时将货物运至目的地。

（3）在货物运输的责任期间内安全运输。

（4）在托运人或收货人按约定缴付了各项费用后，向收货人交付货物。

二、国际多式联运

国际多式联运是采用两种或两种以上不同运输方式进行联运的运输组织形式。这里所指的至少两种运输方式可以是海陆、陆空、海空等。这与一般的海海、陆陆、空空等形式的联运有着本质的区别。后者虽然也是联运，但仍是同一种运输工具之间的运输方式。众所周知，各种运输方式均有自身的优点与不足。一般来说，水路运输具有运量大，成本低的优点；公路运输则具有机动灵活，便于实现货物门到门运输的特点；铁路运输的主要优点是不受气候影响，可深入内陆和横贯内陆实现货物长距离的准时运输；而航空运输的主要优点是可实现货物的快速运输。由于国际多式联运严格规定必须采用两种或两种以上的运输方式进行联运，因此这种运输组织形式可综合利用各种运输方式的优点，充分体现社会化大生产、大交通的特点。

（一）国际多式联运的组织形式

由于国际多式联运具有其他运输组织形式无可比拟的优越性，因而这种国际运输新技术已在世界各主要国家和地区得到广泛的推广和应用。目前，有代表性的国际多式联运主要有远东/欧洲、远东/北美等海陆空联运，其组织形式包括以下几种。

1. 海陆联运

海陆联运（Combined Transport by Rail and Sea）是国际多式联运的主要组织形式，也是远东/欧洲多式联运的主要组织形式之一。目前组织和经营远东/欧洲海陆联运业务的主要有班轮公会的三联集团、北荷、冠航和丹麦的马士基等国际航运公司，以及非班轮公会的中国远洋运输公司、中国台湾长荣航运公司和德国那亚航运公司等。这种组织形式以航运公司为主体，签发联运提单，与航线两端的内陆运输部门开展联运业务，与陆桥运输展开竞争。

2. 陆桥运输

在国际多式联运中，陆桥运输（Land Bridge Service）起着非常重要的作用。它是远东/欧洲国际多式联运的主要形式之一。所谓陆桥运输，是指采用集装箱专用列车或卡车，把横贯大陆的铁路或公路作为中间"桥梁"，使大陆两端的集装箱海运航线与专用列车或卡车连接起来的一种连贯运输方式。严格地讲，陆桥运输也是一种海陆联运形式。只是因为其在国际多式联运中的独特地位，故在此将其单独作为一种运输组织形式。

3. 海空联运

海空联运又被称为空桥运输（Air Bridge Service）。在运输组织方式上，空桥运输与陆桥运输有所不同：陆桥运输在整个货运过程中使用的是同一个集装箱，不用换装，而空桥运输的货物通常要在航空港换入航空集装箱。不过两者的目标是一致的，即以低费率提供快捷、可靠的运输服务。目前，国际海空联运线主要有以下几个。

（1）远东/欧洲 目前，远东与欧洲间的航线有以温哥华、西雅图、洛杉矶为中转地的，也有以中国香港、曼谷、海参崴为中转地的。此外，还有以旧金山、新加坡为中转地的。

（2）远东/中南美 近年来，远东至中南美的海空联运发展较快，因为此处港口和内陆运输不稳定，所以对海空运输的需求很大。该联运线以迈阿密、洛杉矶、温哥华为中转地。

（3）远东/中近东、非洲、澳洲 这是以中国香港、曼谷为中转地至中近东、非洲的运输服务。在特殊情况下，还有经马赛至非洲、经曼谷至印度、经中国香港至澳洲等联运线，但这些线路货运量较小。

总的来讲，运输距离越远，采用海空联运的优越性就越大，因为同完全采用海运相比，其运输时间更短；同直接采用空运相比，其费率更低。因此，从远东出发将欧洲、中南美以及非洲作为海空联运的主要市场是合适的。

（二）国际多式联运当事人的责任

1. 物流企业作为托运人应尽到的义务和责任

（1）按照合同约定的货物种类、数量、时间、地点提供货物，并交付给多式联运经营人。

（2）认真填写多式联运单据的基本内容，并对其正确性负责。

（3）按照货物运输的要求妥善包装货物。

（4）按照约定支付各种运输费用。

2. 作为多式联运经营人应尽到的义务和责任

（1）及时提供适合装载货物的运输工具。

（2）按照规定的运达期间，及时将货物运至目的地。

（3）在货物运输的责任期间内安全运输。

（4）在托运人或收货人按约定缴付了各项费用后，向收货人交付货物。

（5）对全程运输承担责任。

【工作任务6】

1999年10月30日，原告青海省甲公司．与朝鲜乙公司签订出口9.6万米，货值为180480美元的印染布销售合同。2000年6月8日原告向被告中国丙公司出具了货物进出口委托书，内容为：发货单位青海省甲公司，收货人朝鲜乙公司，装货港天津，卸货港朝鲜新义州，货名印染布。同日，原、被告双方签订了多式联运合同。2000年6月20日，应被告要求，原告向被告出具了声明，声明内容为：指定朝鲜乙公司为唯一收货人，提单只作为议付单据。2000年6月26日，被告签发了联运提单，该提单托运人提供细目一栏中注有"仅作议付用"字样。被告将本案货物从天津港经海运至大连后转公路运至丹东，在丹东转铁路运至朝鲜新义州。2000年6月28日，将货物交付朝鲜乙公司。原告持单结汇时因单据不符被银行退回，未能得到货款。因此请求判令被告赔偿原告货款损失180480美元及利息。

根据本案中多式联运单证——提单的记载，本案的装货港为天津港，交货地点为朝鲜的新义州，本案应为国际多式联运合同纠纷。本案多式联运合同和提单背面均约定适用中华人民共和国的法律。故本案应当以中华人民共和国的法律作为调整当事人之间法律关系的准据法。本案纠纷发生在货物交付阶段，最后的运输方式是丹东至新义州的铁路运输，故应适用有关铁路运输的有关法律规定。现有铁路运输法律法规中亦无承运人有收回正本单据义务的规定。

本案双方当事人签订的多式联运合同、提单等均合法有效，货物出口委托书和青海甲公司签署的声明均可以作为合同的组成部分，其中的提单题为不可转让的单据。依据合同中关于朝鲜乙公司为收货人、"唯一收货人为朝鲜乙公司"的约定，丙公司仅负有将货物交付朝鲜乙公司的合同义务。故青海甲公司主张丙公司负有收回正本提单的义务依据不足。

丙公司提供的经铁道部有关部门出具的加盖发电专用章的电报，证明货物已经由铁路运输交付给收货人。该证据支持了丙公司的主张。因此，丙公司已经履行了运输合同约定的义务，对于青海甲公司的货款损失不应承担责任。

【复习思考题】
1. 简述货物运输合同订立各方当事人的权利义务。
2. 简述海上货物运输合同当事人的权利义务。
3. 简述海运提单的法律性质。
4. 简述国际多式联运的概念和特征。
5. 简述国际多式联运合同当事人的义务。

项目五 认知仓储法律法规

【本章知识点简介】

保管是指保管人保管寄存人交付的保管物，在一定时期内由保管人返还保管物的一种行为。仓储，是指保管人储存存货人交付的仓储物，存货人支付仓储费的一种行为。保管合同是保管人保管寄存人交付的保管物，并返还该物的合同。

仓储合同又称仓储保管合同，是指保管人储存送货人交付的仓储物，存货人支付仓储费的合同。在实践中，仓储合同一般都是采用书面形式。仓单，是指仓储保管人在收到仓储物时，向存货人签发的表示已经收到一定数量的仓储物，并以此来代表相应的财产所有权利的法律文书。仓单的内容包括存货人的名称或姓名和住所、仓储物的品种、数量、质量、包装、件数和标记、仓储物的损耗标准、储存场所、储存时期、仓储费、保险事项以及填发人、填发地和填发日期。仓单具有提取仓储物的效力、转移仓储物所有权的效力以及出质的效力。

涉外仓储业务是指在物流过程中依法接受海关的监管并利用仓库对进口货物提供仓储服务的经营活动。保税仓库是指经海关核准的专门存放保税货物的专门仓库。保税货物是指经过海关批准未办理纳税手续进境，在境内储存、加工、装配后复运出境的货物。除所存货物免交关税外，保税仓库还可能提供其他的优惠政策和便利的仓储、运输条件，以吸引外商的货物储存、从事包装等业务。出口监管仓库，是指经海关批准设立，对已办结海关出口手续的货物进行存储、保税物流配送、提供物流通性增值服务的海关专用监管仓库。

单元一 保管与保管合同

一、保管

（一）保管的概念

保管是指保管人保管寄存人交付的保管物，在一定时期内由保管人返还保管物的一种行为。在保管关系中，保管人是指保管物品的一方，也叫受寄人，保管人保管的物品称为保管物或寄存物。提供并将保管物交付保管人的一方称为寄存人或寄托人。保管关系中双方当事人是通过订立保管合同来约束当事人的权利和义务的。

(二) 保管与仓储的关系

仓储，是指保管人储存存货人交付的仓储物，存货人支付仓储费的一种行为。在仓储关系中，委托保管物品的人称存货人，交付保管的物品称为仓储物，实施保管的人称为保管人。仓储关系中双方当事人的权利和义务是通过仓储合同来约束的。

保管和仓储的基本性质都是保管人保管寄存人交付的保管物，并返还该物的行为。仓储合同源自保管合同。随着现代社会商品流转的加速发展，使得仓储业在社会分工中逐步独立出来，形成了自身的不同于传统保管合同的特征。例如，日本作为一个资源缺乏的发达国家，对仓库的建设特别重视。在日本，许多物流中的仓储主要是由独立的企业承担。日本还专门制定了《仓库法》，政府通过法律的约束对仓储业进行管理。

各国关于仓储合同的立法有所不同。如瑞士民法是将仓储合同纳入民法典的保管合同中；而在日本、德国将其纳入商法中；英美法系则制定有关单行规则。我国合同法将保管合同分为一般保管合同和仓储合同，在立法上两者并列，排除了保管合同对仓储合同的包含关系。

二、保管合同

(一) 保管合同的概念和法律特征

我国《合同法》第365条规定：保管合同是保管人保管寄存人交付的保管物，并返还该物的合同。保管合同具有以下法律特征。

(1) 保管合同一般为实践合同。即保管合同的成立，除当事人意思表示一致外，还需寄存人将保管物交付保管人。《合同法》第367条规定：保管合同自保管物交付时成立，但当事人另有约定的除外。

(2) 保管合同可以是无偿合同也可以是有偿合同，其有偿与否由双方当事人约定。《合同法》第366条规定：寄存人应当按照约定向保管人支付保管费。当事人对保管费没有约定或者约定不明确，依照本法第61条的规定仍不能确定的，保管是无偿的。

(3) 保管合同为不要式合同。当事人可以以书面方式签订，也可以以口头的方式签订，或以当事人约定的方式签订。

(4) 保管合同以物品的保管为目的。即保管人只是对保管物有保存行为，而不是管理行为。因而保管人只是应保持物的原状，不得对物做利用或改良行为。

(5) 保管合同中的保管物可以是动产也可以是不动产。《合同法》对保管合同的保管物没有明确规定。

(二) 保管人的权利与义务

1. 保管人的权利

在有偿保管合同关系中，保管人的主要权利是按照约定收取保管费用，寄存人未按照约定支付保管费用以及其他费用的，保管人对保管物享有留置权，但当事人另有约定的除外。而在无偿保管合同中，保管人基本上只承担义务，不享有权利。

2. 保管人的义务与责任

(1) 保管人应当妥善保管保管物　这是保管人的一项主要义务，具体表现如下。

① 对于无偿保管合同，保管人应当尽到与保管自己物品同样的注意；当保管为有偿保

管时，保管人应尽到善良管理人的注意。

② 保管行为必须由保管人亲自履行，不得将保管物委托第三人保管，但当事人另有约定的除外。保管合同的成立，特别是无偿保管，是基于寄存人对保管人的信赖。所以当保管人擅自将保管物转交给第三人保管时，造成保管物的损失，保管人应予以赔偿，除非保管人能证明即使不让第三人保管仍不可避免损害的发生，保管人可以不负赔偿责任。

③ 保管期间，保管人不得使用或者许可第三人使用保管物，但当事人另有约定的除外。例如，甲、乙系邻居，甲要出国很长时间，于是委托乙保管电视机。双方约定，为避免电视机长期闲置而造成损坏，乙可以对电视机适当使用。除此之外，保管人使用保管物需支付报酬，因此造成保管物的损失应负赔偿责任。

④ 保管人应依约定的方法、场所和保管物的性质保管该物品。保管人不得擅自改变保管方法和场所，如果由此造成的损失由保管人赔偿。但上述义务在紧急情况下或者为了维护寄存人利益必须改变保管方法和场所的，保管人得为之。

(2) 通知（告知）义务　在保管期间，第三人对保管物主张权利，对保管人提起诉讼或者对保管物申请扣押的，保管人应当及时通知寄存人。此外，保管物出现因自然原因或者第三人侵害可能使保管物灭失、毁损的危险情形时，保管人应及时通知寄存人。保管人未尽到通知义务，造成保管物不能归还的，应赔偿损失；但依法保全或被执行的除外。

(3) 交付保管凭证的义务　保管合同成立时，寄存人向保管人交付保管物的，保管人应当给付保管凭证，但另有交易习惯的除外。

(4) 返还保管物义务　在保管合同期限届满或终止时，保管人负有返还保管物的义务；若该保管物在保管期间产生孳息，保管人应将孳息一并返还给寄存人。孳息是由物所生的收益，民法学上有天然孳息和法定孳息之分。天然孳息是指例如母牛生的小牛、果树上结的果子等。法定孳息是指银行的利息、房屋的租金等。

(5) 损害赔偿责任　在保管期间，因保管人保管不善造成保管物损毁、灭失的，保管人应当承担损害赔偿责任；但保管是无偿的，保管人证明自己没有重大过失的，不承担损害赔偿责任。

(三) 寄存人的权利与义务

1. 寄存人的权利

在保管合同中，寄存人的主要权利为领取保管物，寄存人可以随时领取保管物。当事人对保管期间没有约定或者约定不明确的，保管人可以随时要求寄存人领取保管物；约定保管期间的，保管人无特别事由，不得要求寄存人提前领取保管物。

2. 寄存人的义务与责任

(1) 告知义务　寄存人交付的保管物有瑕疵或者按照保管物的性质需要采取特殊保管措施的，寄存人应当将有关情况告知保管人。寄存人未告知，致使保管物受损失的，保管人不承担损害赔偿责任；保管人因此受损失的，除保管人知道或者应当知道并且未采取补救措施的以外，寄存人应当承担损害赔偿责任。

寄存人寄存货币、有价证券或者其他贵重物品的，应当向保管人声明，由保管人验收或者封存。寄存人未声明的，该物品毁损、灭失后，保管人可以按照一般物品予以赔偿。

(2) 支付保管费和必要费用的义务　在有偿保管合同中，寄存人应当按照约定支付保管费给保管人。当事人对支付期限没有约定或者约定不明确的，应当在领取保管物的同时支付。如不给付报酬，保管人可对保管物行使留置权。若无另外约定，寄存人应偿付保管人为保管物支出的必要费用。

(3) 风险承担　如果保管物的损毁灭失是由不可抗力原因造成的，此风险由寄存人自己承担。但如果保管人没有经过寄存人的同意擅自将保管物交由第三人保管，后保管物因不可抗力而毁损的，保管人应对寄存人负赔偿责任。

(4) 损害赔偿责任　因保管物本身的性质或者瑕疵造成保管人损害的，寄存人应负损害赔偿责任。

【工作任务1】　结合本单元所学内容，思考仓储合同与保管合同的区别

根据我国《合同法》对保管合同和仓储合同的规定，我们可以把这两种合同的区别归纳为以下4点。

(1) 仓储合同中，保管人必须有仓库设施并具有专门从事仓储保管业务资格，仓储合同中的保管人，可以是法人或者其他非法人组织，但必须具有专门从事仓储业务或者兼营仓储业务的资格和营业许可，自然人一般不能成为仓储保管人。而保管合同没有此场地、设备、人员资格的规定。

(2) 仓储合同的保管客体为动产，即可以移动的物；而保管合同的保管对象可以是动产也可以是不动产。不动产是指性质上不能移动或虽可移动但会损害价值的物，如土地以及房屋、森林等地上附着物。

(3) 仓储合同自合同成立时生效，因此是诺成合同。诺成合同是指不依赖标的物的交付，只需当事人意思表示一致即可成立的合同；而保管合同自保管物交付时成立，因此是实践合同。实践合同是指除经当事人意思表示一致之外，还需以交付合同标的物为合同成立要件。

(4) 仓储合同的保管行为必须是要支付报酬的，所以是双务有偿合同；而保管合同可以支付报酬也可以不用支付报酬，由合同当事人自行约定，所以是双务有偿合同或单务无偿合同。

单元二　仓储与仓储合同

一、仓储

(一) 仓储的概念

"仓"也称为仓库，为存放、保管、储存物品的建筑物和场地的总称，可以是房屋建筑、大型容器、洞穴或者特定的场地等，具有存放和保护物品的功能；"储"表示将储存对象收存以备使用，具有收存、保护、管理、储藏物品、交付使用的意思，也称为储存。"仓储"则为利用仓库存放、储存未即时使用的物品的行为。简言之，仓储就是在特定的场所储存物品的行为。

仓储是社会产品出现剩余之后产品流通的产物，当产品不能被及时消耗掉，需要专门的场所存放时，就产生了静态的仓储。将物品存入仓库并对存放在仓库里的物品进行保管、控制、提供使用，便形成了动态仓储。可以说仓储是对有形物品提供存放场所，是物品存取过程和对存放物品保管、控制的过程，是人们的一种有意识的行为。仓储的性质可以归结为：

仓储是物质产品的生产过程的持续，物质的仓储也创造着产品的价值；仓储既有静态的物品储存，也包含动态的物品存取、保管、控制的过程；仓储活动发生在仓库等特定的场所；仓储的对象既可以是生产资料，也可以是生活资料，但必须是实物，且必须是动产。

（二）仓储的种类

虽然说仓储的本质都为物品的储藏和保管，但由于经营主体的不同、仓储对象的不同、经营方式的不同、仓储功能的不同，使得不同的仓储活动具有不同的特性。

1. 按仓储经营主体划分

（1）企业自营仓储　包括生产企业和流通企业的自营仓储。生产企业自营仓储是指生产企业使用自有的仓库设施对生产使用的原材料、生产的中间产品、最终产品实施储存保管的行为，其储存的对象较为单一，以满足生产为原则。流通企业自营仓储则为流通企业以其拥有的仓储设施对其经营的商品进行仓储保管的行为，仓储对象种类较多，其目的为支持销售。

企业自营的仓储行为不具有商务独立性，仅仅是为企业的产品生产或商品经营活动服务；相对来说规模小，数量众多，专用性强，而仓储专业化程度低、设施简单。企业自营仓储为自用仓储，不开展商业性仓储经营。

（2）营业仓储　是仓储经营人以其拥有的仓储设施，向社会提供商业性仓储服务的仓储行为，也称为社会仓储。仓储经营人与存货人通过订立仓储合同的方式建立仓储关系，并且依附合同约定提供服务和收取仓储费。商业营业仓储的目的是为了在仓储活动中获得经济回报，实现经营利润最大化。经营的方式包括提供货物仓储服务和提供仓储场地服务。

（3）公共仓储　是公用事业的配套服务设施，为车站、码头提供仓储配套服务。其运作的主要目的是为了保证车站、码头的货物作业和运输，具有内部服务的性质，处于从属地位。但对于存货人而言，公共仓储也适用营业仓储的关系，只是不独立订立仓储合同，而是将仓储关系列在作业合同、运输合同之中。

（4）战略储备仓储　是国家根据国防安全、社会稳定的需要，对战略物资实行储备而产生的仓储。战略储备由国家政府进行控制，通过立法、行政命令、政府采购的方式进行，由执行物资储备的政府部门或机构进行运作，也可以委托商业性的营业仓储进行。战略储备特别重视储备品的安全性，且储备时间较长。战略储备物资主要有粮食、油料、能源、有色金属、淡水等。

2. 按仓储对象划分

（1）普通物品仓储　是指不需要特殊保管条件的物品仓储。一般的生产物资、普通生活用品、普通工具等杂货类物品，不需要针对货物设置特殊的保管条件，采取无特殊装备的通用仓库或货场存放货物，符合仓储法规的一般规定。

（2）特殊物品仓储　是指在保管中有特殊要求和需要满足特殊条件的物品仓储，如危险品仓储、冷库仓储、粮食仓储、化学品仓储等。特殊物品仓储采用专用仓库，即按照物品的物理、化学、生物特性以及法规规定进行专门建设和实施管理的仓库，特殊物品仓储受到较多的监管。

3. 按仓储功能划分

（1）储存仓储　为物资较长时期存放的仓储。由于物资存放时间长，存储费用低廉就很有必要，储存仓储一般在较为偏远的地区进行。储存仓储的物资较为单一，品种少，但存量较大。由于物资存期长，储存仓储特别注重对物资的质量保管和维护。

（2）物流中心仓储　是以物流管理为目的的仓储活动，是为了实现有效的物流管理，对物流的过程、数量、方向进行控制的环节，为实现物流的时间价值的环节。一般在一定经济地区的中心、交通极为便利、储存成本较低处进行。物流中心仓储品种较少、较大批量进库、一定批量分批出库，整体上吞吐能力强，运输衔接能力要求高。

（3）配送仓储　也称为配送中心仓储，是商品在配送交付消费者之前所进行的短期仓储，是商品在销售或者供生产使用前的最后储存，并在该环节进行销售或使用的前期处理。配送仓储一般在商品的消费经济区间内进行，以便商品能迅速地送达消费和销售。配送仓储物品品种繁多、批量少，需要一定量进货、分批少量出库操作，往往需要进行拆包、分拣、组配等作业，主要目的是为了支持销售，注重对物品存量的控制。

（4）运输转换仓储　是衔接不同运输方式的仓储，在不同运输方式的相接处进行，如港口、车站库场所进行的仓储，目的是为了保证不同运输方式的高效衔接，减少运输工具的装卸和停留时间。运输转换仓储具有大进大出的特性，货物存期短，注重货物的周转作业效率和周转率，着重于动态管理。

（5）保税仓储　是指使用海关核准的保税仓库存放保税货物的仓储行为。保税货物主要是暂时进境后还需要复运出境的货物，或者海关批准暂缓纳税的进口货物。保税仓储受到海关的直接监控，虽然说货物也是由存货人委托保管，但保管人要对海关负责，入库或者出库单据均需要由海关签署。保税仓储一般在进出境口岸的港口、机场、车站或其附近进行，也可在海关认可的其他地方进行。

4. 按仓储物的处理方式划分

（1）保管式仓储　是以保管物原样保持不变的方式所进行的仓储。保管式仓储也成为纯仓储，存货人将特定的物品交由保管人进行保管，到期保管人原物交还存货人。保管物除了所发生的自然损耗和自然减量外，数量、质量、件数不发生变化。保管式仓储又分为仓储物独立保管仓储和将同类仓储物混合在一起的混藏式仓储。独立保管仓储是将同一存货人相同性质的存货集中在一起存放，不同存货人的存货严格分堆。混藏式仓储是将不同存货人的相同的货物集中存放。

（2）加工式仓储　是保管人在仓储期间根据存货人的要求对保管物进行一定加工的仓储方式。保管物在保管期间，保管人根据存货委托人的要求对保管物的外观、形状、成分构成、尺度等进行加工，使仓储物发生存货委托人所希望的变化。

（3）消费式仓储　保管人在接受保管物时，同时接受保管物的所有权，保管人在仓储期间有权对仓储物行使所有权；仓储期满，保管人将相同种类、品种和数量的替代物交还给委托人所进行的仓储，称为消费式仓储。消费式仓储特别适合于保管期较短（如农产品）、市场供应（价格）变化较大的商品的长期存放，具有一定的商品保值和增值功能，是仓储经营人利用仓储物开展经营的增值活动，成为了仓储经营的重要发展方向。

二、仓储合同

（一）仓储合同的概念和法律特征

1. 仓储合同的概念

仓储合同又称仓储保管合同，是指保管人储存送货人交付的仓储物，存货人支付仓储费的合同。存货人就是仓储服务的需求人，保管人就是仓储服务的提供者，仓储物就是存货人交由保管人进行储存的物品，仓储费是保管人向存货人提供仓储服务取得的对价。

2. 仓储合同的法律特征

(1) 仓储合同的保管方必须是仓储营业人。仓储合同的保管方必须是仓储营业人是对保管人的资格进行的限定。在仓储合同中,保管人必须是经工商行政管理机关核准,依法专门从事仓储保管业务的法人、其他组织或个人。一般保管人从事仓储经营活动应具备以下4个条件。

① 仓库的位置和设置、装卸、搬运符合行业技术规定。
② 仓库安全设施须得到公安、消防、环保等部门的批准许可。
③ 有完整的货物进库、入库、存放等管理制度。
④ 有专职的报关员。

但是,对提供不同仓储业务的保管人,所要求的仓储设备和能力是不同的,如利用自动化立体仓库从事保管服务的要求比场站中转站要高得多。

(2) 仓储合同是双务有偿合同。

(3) 仓储合同是诺成合同。

(4) 仓储合同中的货物的交付与归还以仓单为凭证。仓单是提取仓储物的凭证。它是保管人验收仓储物后向发货人签发的、标明已收到一定数量仓储物的法律文书。仓单记载的事项直接体现当事人的权利与义务,是仓储合同存在及合同内容的证明。仓单经存货人或仓单持有人背书并经保管人签字或盖章,可以转让。仓单持有人享有与存货人相同的权利。

(5) 仓储合同所保管的物品是特定物或特定化的种类物。仓储合同所保管的物品,一般情况下是作为生产资料的动产,不包括不动产和一般零星生活用品。存储期限届满,仓单持有人应当凭仓单提取仓储物。由此可以看出,仓储合同的标的物都是特定的。即使原属于种类物的标的物,通过仓单也被特定化了。因此,当仓单期限届满后,仓单持有人有权领取原物,仓储经营人不得擅自交换、动用。

(6) 仓储合同一般是格式合同。经营公共仓库的保管人为了与多数相对人订立仓储合同,通常事先拟定并印制了大部分条款,如存货单、入库单、仓单等。在实际订立仓储合同时,由双方把通过协议商定的内容填进去从而形成仓储合同,而不另行签订独立的仓储合同。

(二) 仓储合同的订立与内容

1. 仓储合同的订立

与其他合同一样,仓储合同的订立也要经过要约和承诺两个阶段。仓储合同的要约既可以由保管人根据自己的仓储能力来发出,也可以由存货人根据自己的委托存储计划发出。由于仓储合同是诺成合同,因而一方发出的要约,经双方协商,对方当事人承诺后,仓储合同即告成立。

《合同法》没有对仓储合同的形式作出明确规定,双方当事人不仅可以订立书面的仓储合同,也可以选择订立口头的或其他形式的仓储合同。但在实践中,仓储合同一般都是采用书面形式。无论当事人采用什么样的形式订立仓储合同,当事人填写的入库单、仓单、出库单等,均可以作为仓储合同的证明。如果当事人采用书面形式订立仓储合同的,通常情况下,自保管人和存货人签字或盖章时合同才成立。但如果存货人在此之前就将仓储物交付给保管人,而保管人又接受该仓储物入库存储的,仓储合同自仓储物入库时成立。

2. 仓储合同的内容

仓储合同的内容是明确保管人和存货人双方权利与义务关系的根据,通常体现在合同的条款上。一般仓储合同应当包括以下主要条款。

(1) 保管人、存货人的姓名或名称及住所。

(2) 仓储物的品名、品种、规格。

(3) 仓储物的数量、质量、包装、件数和标记。在仓储合同中，应明确规定仓储物的计量单位、数量和仓储物质量，以保证顺利履行合同。同时，双方还要对货物的包装、件数，以及包装上的货物标记作出约定，并对货物进行包装，这与货物的性质、仓库中的原有货物的性质、仓库的保管条件等有着密切关系。

(4) 仓库验收的项目、标准、方法、期限和相关资料。对仓储物的验收主要是指保管人按照约定对入库仓储物进行验收，以确定仓储物入库时的状态。仓储物验收的具体项目、标准、方法、期限等应由双方当事人根据具体情况在仓储合同中事先做出约定。保管人为顺利验收需要存货人提供货物的相关资料的，仓储合同还应就资料的种类、份数作出约定。

(5) 仓储物的储存期间、保管要求和保管条件。存储期间即仓储物在仓库的存放期间，期间届满，存货人或仓单持有人应当及时提取货物。保管要求和保管条件是针对仓储物的特性，为保持其完好所要求的具体条件、因素和标准。为便于双方权利、义务和责任的划分，应对仓储期间、保管要求和保管条件作出明确具体的约定。

(6) 仓储物进出库手续、时间、地点和运输方式。仓储物的入库，即意味着保管义务的开始，而仓储物的出库，则意味着保管人保管义务的终止。因此，仓储物进出库的时间、地点对划清双方责任非常关键。而且，仓储物的进出库有很多种不同的方式，这会影响到双方的权利与义务关系，也会影响到双方的责任划分。因此，双方当事人也应对仓储物的进出库方式、手续作出明确约定，以便于分清责任。

(7) 仓储物的损耗标准和损耗处理。仓储物在储存、运输、搬运过程中，由于自然的原因（如干燥、风化、挥发、黏结等）、货物本身的性质、度量衡的误差等原因，不可避免地要发生一定数量的减少、破损或计量误差。对此，当事人应当约定一个损耗的标准，并约定损耗发生时的处理方法。当事人对损耗标准没有约定的，应当参照国家有关主管部门规定的相应标准。

(8) 计费项目、标准和结算方式。

(9) 违约责任条款。即对当事人违反合同义务时应如何承担违约责任，承担违约责任的方式等进行的约定。违约责任的承担方式包括继续履行、支付违约金、赔偿损失等。

除此之外，双方当事人还可就变更和解除合同的条件、期限，以及争议的解决方式等作出约定。

【工作任务2】

模拟签订一份仓储合同

1. 目的

通过签订仓储合同能力的训练，了解填写仓储合同的相关内容，明确物流企业在仓储保管中应承担的责任和义务，做好仓储保管工作。假定欲保管一批具有危险性的特殊货物，学会订立仓储合同，熟悉仓单，并能区分仓储合同与保管合同的不同之处。

2. 训练准备

人员准备：每组10人组成甲乙双方，甲方为拥有仓储能力的物流企业，乙方为近日内需要储存一批具有危险性的特殊货物的用户。

3. 训练地点：多媒体教室
4. 训练办法
(1) 甲乙双方各自坐在谈判桌对侧。
(2) 乙方提出需要储存一批具有危险性的特殊货物要求。
(3) 甲方介绍自己的情况。
(4) 双方协商一致后签订货物仓储合同。
5. 考核办法

请根据以上资料，参照仓储合同示范文本，模拟签订一份货物仓储合同，联系人及电话可自拟，打印或手写均可。教师据此考核打分。

附：仓储合同示范文本

存货方（甲方）名称：_____

地址：_____ 邮编：_____ 电话：_____

法定代表人：_____ 职务：_____

保管方（乙方）名称：_____

地址：_____ 邮编：_____ 电话：_____

法定代表人：_____ 职务：_____

根据《中华人民共和国合同法》的有关规定，存货方和保管方根据委托储存计划和仓储容量，经双方协商一致，签订本合同。

第一条　储存货物的品名、品种、规格、数量、质量

1. 货物品名：
2. 品种规格：
3. 数量：
4. 质量：

第二条　货物包装

1. 存货方负责货物的包装，包装标准，按国家或专业标准规定执行。（没有以上标准的，在保证运输和储存安全的前提下，可由合同当事人议定）
2. 包装不符合国家或合同规定，造成货物损坏、变质的，由存货方负责。

第三条　保管方法（根据有关规定进行保管，或者根据双方协商的方法进行保管）

第四条　保管期限

自____年____月____日至____年____月____日止。

第五条　验收项目和验收方法

1. 存货方应当向保管方提供必要的货物验收资料，如未提供必要的货物验收资料或提供的资料不齐全、不及时，所造成的验收差错及贻误索赔期或者发生货物品种、数量、质量不符合合同规定时，保管方不承担赔偿责任。

2. 保管方应按照合同规定的包装外观、货物品种、数量和质量，对入库货物进行验收，如果发现入库货物与合同规定不符，应及时通知存货方。保管方未按规定的项目、方法和期限验收，或验收不准确而造成的实际经济损失，由保管方负责。

3. 验收期限为____天（一般来说，国内货物不超过10天，国外到货不超过30天），超过验收期限所造成的损失由保管方负责。货物验收期限，是指货物和验收资料全部送达

保管方之日起，至验收报告送出之日止。日期均以运输或邮电部门的戳记或者直接送达的签收日期为准。

第六条 入库和出库的手续

按照有关入库、出库的规定办理（如无规定，按双方协议办理）。入库和出库时，双方代表或经办人都应在场，检验后的记录要由双方代表或经办人签字。该记录视为合同的有效组成部分，当事人双方各保存一份。

第七条 损耗标准和损耗处理

按照有损耗标准和损耗处理的规定办理（如无规定，按双方协议办理）。

第八条 费用负担、结算办法

确定保管方提供仓库＿＿＿＿平方米由存货方使用，仓库租金按月包库制，每月每平方米＿＿＿＿元，合计月租金为＿＿＿＿元整。

第九条 违约责任

一、保管方的责任

1. 由于保管方的责任，造成退仓或不能入库时，应按合同规定赔偿存货方运费和支付违约金。

2. 对危险品和易腐货物，不按规程操作或没有妥善保管，造成毁损的，负责赔偿损失。

3. 货物在储存期间，由于保管不善而发生货物灭失、短少、变质、污染、损坏的、负责赔偿损失。如属包装不符合合同规定或超过有效储存期而造成货物损坏、变质的，不负赔偿责任。

4. 由保管方负责发运的货物，不能按期发货，赔偿存货方逾期交货的损失；错发到货地点，除按合同规定无偿运到规定的到货地点外，并赔偿存货方因此而造成的实际损失。

二、存货方的责任

1. 易燃、易爆、有毒等危险物品和易腐物品，必须在合同中注明，并提供必要的资料，否则造成货物毁损或人身伤亡，由存货方承担赔偿责任直至由司法机关追究刑事责任。

2. 存货方不能按期存货，应偿付保管方的损失。

3. 超议定储存量储存或逾期不提时，出缴纳保管费外，还应偿付违约金。

三、违约金和赔偿方法

1. 违反货物入库计划的执行和货物出库的规定时，当事人必须向对方交付违约金。违约金的数额，为违约所涉及的那一部分货物的 3 个月保管费（或租金）或 3 倍的劳务费。

2. 因违约使对方遭受经济损失时，如违约金不足抵偿实际损失，还应以赔偿金的形式补偿其差额部分。

3. 前述违约行为，给对方造成损失的，一律赔偿实际损失。

4. 赔偿货物的损失，一律按照进货价或国家批准调整后的价格计算；有残值的，应扣除其残值部分或残件归赔偿方，不负责赔偿实物。

第十条 不可抗力

由于不能预见并且对其发生和后果不能防止或避免的不可抗力事故，致使直接影响合同的履行或者不能按约定的条件履行的，遇有不可抗力事故的一方，应立即将事故情况电报通知对方，并应在____天内，提供事故详情及合同不能履行，或者部分不能履行，或者需要延期履行理由的有效证明文件。

第十一条　其他约定

保管方：_____　　　存货方：_____

法定代理人：_____　　　法定代表人：_____

____年____月____日　　　　　　　____年____月____日

单元三　仓　单

一、仓单的概念和性质

（一）仓单的概念

存货人与仓储保管人签订仓储合同后，仓储保管人在收到存货人交付的仓储物时，应向存货人开具仓单。所谓仓单，是指仓储保管人在收到仓储物时，向存货人签发的表示已经收到一定数量的仓储物，并以此来代表相应的财产所有权利的法律文书。

在一般仓储合同中，在合同成立后，存货人依据合同的约定将仓储物交付保管人，但仓储物的转移占有并不发生所有权的转移。因此，为了表明存货人对仓储物的所有权，仓储保管人向存货人开具仓单。凭此仓单，存货人表明自己向仓储保管人交付货物，自己是仓储物的所有人，仓储保管人必须返还仓储物。

（二）仓单的法律性质

（1）仓单是一种有价证券。

（2）仓单还具有交付指示证券的性质，即存货人对保管人予以指示，向仓单持有人支付仓储物的全部或一部分的指示证券。基于仓单的这一性质，仓单可以通过背书方式进行转移。

（3）仓单还是一种物权凭证。

（4）仓单是一种文义证券，以仓单上文字记载的内容为准。

（5）仓单是要因证券。

（6）仓单是要式证券。

（7）仓单是换取证券。即保管人按仓单持有人的要求交付了仓储物以后，可要求仓单持有人交还仓单，因此，又成为交换证券。如果仓单持有人拒绝交还仓单，保管人可拒绝交付仓储物。

二、仓单的内容和效力

（一）仓单的内容

（1）存货人的名称或姓名和住所　这是合同当事人的基本情况，存货人为法人或其他社会组织、团体的，应当写明其名称，名称应写全称。存货人为自然人的，应写明姓名。

（2）仓储物的品种、数量、质量、包装、件数和标记　这些内容经过保管人验收确定后再填写在仓单上。需要注意的是，保管人和存货人订立仓储合同时，对仓储物的上述情况的约定，不能作为填写仓单的依据。

（3）仓储物的损耗标准　一般地，仓储合同中约定有仓储物的损耗标准，仓单上所记载的损耗标准通常与该约定相同。当然，当事人也可以在仓单上对仓储合同中的约定标准进行变更。当仓储合同约定的标准与仓单上所记载的标准不一致时，一般以仓单的记载为准。

（4）储存场所　这表明仓储物所在的具体地点。仓单上应明确储存场所，一方面便于存货人或者仓单持有人能够及时、准确地在储存期限届满时提取仓储物；另一方面当发生纠纷引起诉讼时，对于确定诉讼管辖等方面也有重要作用。

（5）储存时期　在一般情况下，存货人与保管人在仓储合同中商定存储期间，仓单上的存储期间与仓储合同中的存储期间一般是相同的。

（6）仓储费　这是存货人向保管人支付的报酬。

（7）保险事项　仓储物已经办理保险的，其保险金额、期间及保险人的名称。

（8）填发人、填发地和填发日期　填发人即仓储合同的保管人，填发地一般是仓储物入库地。这是任何物权证券的基本要求，仓单也不例外。填发人也就是仓储合同的保管人，填发地一般是仓储物入库地。

（二）仓单的效力

（1）提取仓储物的效力　仓储合同是以仓储物的存储为目的，存货人将仓储物交付给仓储保管人，仓储物的所有权并没有发生转移，仍然属于存货人。仓储保管人于存货人交付仓储物时，应向存货人交付仓单。仓单持有人有权根据仓单要求仓储保管人交付仓储物。因此，仓单代表着仓储物，是提取仓储物的凭证。对于仓单持有人而言，持有仓单就可以主张权利，提取仓储物；对于仓储保管人来说，认仓单而不认人，同时收回仓单。也即仓单保管人和仓单持有人之间的法律关系，应以仓单为准。

（2）转移仓储物所有权的效力　仓单作为一种有价证券，可以自由流通，由于仓单是提取仓储物的凭证，代表着仓储物，所以，仓单的交付就意味着物品所有权的转移，与仓储物的交付发生同一效力。也即仓单的转移意味着仓单所代表的仓储物所有权的转移。理所当然，仓储物所有权随仓单的转移而转移，仓储物的风险也会随之转移。

（3）出质的效力　根据我国担保法的相关规定，仓单还具有出质的效力，即仓单持有人可在仓单上设立质权，由于是以仓单为标的所设的质押，所以它在性质上属于权利质押。仓单质押合同由出质人与质权人以书面形式订立，并自仓单移交于质权人占有时生效。仓单设质时，出质人必须在仓单上背书，注明"出质"和"设质"等字样，以此来证明该仓单适用于设质的，还是用于转移仓储物的所有权。

【工作任务3】

某水果店与某仓储公司签订了一份仓储合同，合同约定仓储公司为水果店储存水果50吨，仓储期间为1个月，仓储费为5000元，自然损耗率为4‰，水果由存货人分批提取。合同签订以后，水果店按照约定将水果交给仓储公司储存，如可过磅为50100千克。仓储公司在接受货物以后，向水果店签发了仓单。在按照双方的仓储合同填写仓单过程中，由一人读合同的条款，另一人填写。由于读合同的工作人员的发音有方言的口音，填写人将自然损耗率误写为10%，存货人也没有多看就将仓单取走。合同到期以后，存货人持仓单箱仓储公司提货，出库过磅时发现水果仅有46000千克。扣除4%的自然损耗以后还短缺2096千克，于是，水果店要求仓储公司赔偿损失。仓储公司仓单上写明的自然损耗率为10%，因此剩余46000千克并没有超出自然损耗的范围，因此不存在赔偿问题。双方争执不下，水果店向法院起诉，要求仓储公司赔偿。

原告认为，仓储合同中约定自然损耗率为4%，仓单上的10%是由于被告工作人员的笔误所致，因此被告应当按照合同的约定履行义务。被告交付过仅有46000千克，扣除自然损耗以后还短缺2096千克，根据我国《合同法》第394条的规定，仓储公司应当对此承担赔偿责任。被告认为，根据我国《合同法》第387条的规定，仓单是提取货物的凭证，因此只要我方交付的货物符合仓单的内容就已经履行了自己的合同义务，不应再承担赔偿责任。仓单上记载的自然损耗率为10%，现在实际的损耗4100千克并没有超出仓单规定的的损耗的范围，因此我方不应当承担赔偿责任。

法院审理认为，根据我国《合同法》第387条的规定，仓单是提取货物的根据，因此保管人员只要按照仓单的规定交付了货物，就不应承担赔偿责任。仓单上写明的自然损耗率为10%，因此被告交付了46000千克的水果，并没有超过规定的自然损耗率，因此不应承担赔偿责任。据此，法院判决驳回原告的起诉。

单元四　涉外仓储业务

一、涉外仓储业务

（一）涉外仓储业务概述

涉外仓储业务是指在物流过程中依法接受海关的监管并利用仓库对进口货物提供仓储服务的经营活动。涉外仓储业务是各国推动国际贸易发展和提高国际物流效益的一项重要内容。

根据我国涉外仓储实施内容不同，涉外仓储业务可分为广义的涉外仓储业务和狭义的涉外仓储业务。广义的涉外仓储业务包括保税仓储业务、涉外工业加工业务和特殊监管区业务等；狭义的涉外仓储业务仅指利用仓库提供涉外仓储业务，即我国实施的保税仓库业务和出口监管仓库业务。涉外仓储业务具有以下法律特征。

（1）涉外仓储业务发生的环节仅仅局限于货物进出口环节。如保税仓库是针对货物在入境时所提供的仓储业务；出口监管仓库是针对货物在出口时所提供的仓储业务。

（2）涉外仓储业务享有货物进出口特殊的法律待遇。保税仓库货物虽然入境，但对其暂缓实施灌水的法律保护机制。出口监管仓库货物虽然尚未装入国际货物运输工具，但该批货物的发货人或其代理人须依法办理出口退税和结汇等手续。

（3）涉外仓储业务接受海关机关的监督管理。涉外仓储业务的对象是尚未办理关税手续或者已保管但尚待装运出口的货物，为了维护国家海关秩序和国家主权，海关要对涉外仓储业各个环节进行监督管理。

（二）涉外仓储法律制度

涉外仓储法是指国家制定的规范涉外仓储业务的法律制度的总称。它是仓储业法律制度的重要组成部分。

我国的涉外仓储法律制度主要包括保税制度和出口监管仓储制度。其中，保税制度可分为保税仓库制度、涉外工业加工制度和特殊监管区域制度。我国现行的涉外仓储法律制度主要有《海关法》、2004年2月1日实施的《中华人民共和国海关对保税仓库及所存货物的管理规定》和2006年1月1日起施行的《中华人民共和国海关对出口监管仓库及所存货物的管理办法》。

二、保税仓库

(一) 保税仓库概述

1. 保税仓库的含义

保税仓库是指经海关核准的专门存放保税货物的专门仓库。保税货物是指经过海关批准未办理纳税手续进境，在境内储存、加工、装配后复运出境的货物。除所存货物免交关税外，保税仓库还可能提供其他的优惠政策和便利的仓储、运输条件，以吸引外商的货物储存、从事包装等业务。

国际上通行的保税制度是进境存入保税仓库的货物可暂时免纳进口税款，免领进口许可证或其他进口批件，并在海关规定的存储期限内复运出境或办理正式进口手续。我国已经确立了比较完善的保税制度，方便了贸易与相关的生产、加工、仓储和运输，提高了保税仓库的服务功能。

2. 保税仓库的功能

保税仓库的功能比较单一，主要是货物的保兑储存，一般不进行加工制造和其他贸易服务。除另有规定外，货物存入保税仓库，在法律上意味着全部储存期间暂缓执行该货物投入国内市场时应遵循的法律规定，即这些货物仍被看作处于境外。

如果货物从保税仓库提出而不复运处境，将被当作直接进口的货物对待。保税仓库内的货物在海关规定的存储期内未复运处境的，也需办理正式的进口手续。

3. 设立保税仓库的条件

保税仓库是经海关核准的专门存放保税货物的专门仓库。设立保税仓库应具备以下条件。

(1) 申请单位应具备一定的资格、条件。申请单位应为有独立经营能力、能承担税负的法人，或者由外经贸主管部门及其授权机关批准并享有对外贸易经营权的企业。

(2) 具有专门储存、堆放进口货物的安全设施。

(3) 设立健全的仓储管理制度和详细的仓库账册。

(4) 配备经海关培训认可的专职管理人员。

(5) 保税仓库的经营者应具备向海关缴纳税款的能力。

(二) 申请保税仓库的程序

仓库经营者向海关申请设立保税仓库应履行以下手续。

(1) 经营者应持工商行政管理部门颁发的营业执照；如果是租赁仓库，还应提供仓库经营人的营业执照。

(2) 申请人填写保税仓库申请书，包括仓库名称、地址、负责人、管理人员、储存面积、存放何种保税货物的项目。

(3) 交验外经贸主管部门批准经营有关业务的批文。
(4) 向海关提供的其他有关资料。

海关审核仓库经营人提交的有关文件并派员实地调查后，对符合要求的，批准其设立保税仓库，颁发《保税仓库登记证书》。

（三）对保税仓库的日常监管
(1) 保税仓库对所存的货物应由专人负责，并于每月的前5天内将上月转存货物的收付、存等情况列表报送当地海关核查。
(2) 保税仓库中不得对所存货物进行加工。如需改变包装，必须在海关监管下进行。
(3) 海关认为必要时，可以会同保税仓库经理人共同加锁。海关何以随时派员进入仓库检查货物的储存情况和有关账册，必要时可派员进驻监管。保税仓库经营人应当为海关提供办公场所和必要的方便条件。
(4) 保税仓库经营人应照章缴纳监管手续费。
(5) 保税仓库进口供自己使用的货架，办公用品，管理用具，运输车辆，搬运、起重和包装设备，改装用的机械等，无论是价购的或外商无价提供的，应按规定缴纳关税和产品税或工商统一税。

（四）保税仓库所存货物的进出口监管
经海关批准暂时进口或暂时出口的货物，以及特准进口的保税货物，在收货人或发货人向海关缴纳相当于税款的保证金或提供担保后，准予暂时免缴关税。海关根据货物的进口或出口情况，再决定征税或免税。因此，出入保税仓库的货物需要进行申报。

1. 保税仓库货物的入库监管
保税仓库的进口分为以下3种情况。
(1) 在保税仓库所在地海关入境　货主或其代理人应当填写进口货物报关单一式三份，加盖"保税仓库货物"印章，并注明此货物将要存入的保税仓库，向海关申报，经海关查验放行后，一份由海关留存，另两份随货交保税仓库。
保税仓库的业务人员应在货物入库后将货物与报关单进行核对，并在报关单上签收，其中一份留存，一份交回海关存查。
(2) 在非保税仓库所在地海关入境　货主在保税仓库所在地以外的其他口岸进口货物，应按海关对转关运输货物的规定办理转关运输手续。货物运抵后再按上述规定办理入库手续。
(3) 自用的生产、管理设备的进口　保税仓库经营单位进口供仓库自己使用的设备、装置和用品，如货架，搬运、起重、包装设备，运输车辆，办公用品及其他管理用具，均不属于保税货物，进口时时应按一般贸易办理进口手续并缴纳进口税款。

2. 保税货物的存储监管
(1) 存储期限　保税仓库所存货物储存期限为1年。如有特殊情况可向海关申请延期，但延期最长不得超过1年。保税货物储存期满仍未转为进口也不复运出境的，由海关将货物变卖，所得价款在扣除运输、装卸、存储等费用和税款后，尚有余款的，自货物变卖之日起1年内经收货人申请，予以发还，逾期无人申请的，上交国库。
(2) 货物的使用　保税仓库所仓储的货物，属于海关监管的保税货物，未经海关核准并按规定办理有关手续，任何人不得出售、提取、交付、调换、抵押、转让或移做他用。

(3) 货物的灭失、短少　保税仓库所采货物在储存期间发生短少，除由于不可抗力的原因造成的外，其短少部分应当由保税仓库经理人承担缴纳保税的责任，并由海关有关规定进行处理。由此产生的货物灭失、损坏的民事责任按一般仓储处理。

(4) 货物的加工　在保税仓库中不得对所仓储的货物进行加工。如需对货物进行改变包装的整理工作，应向海关申请核准，并在海关监管下进行。

(5) 货物的检查　海关可随时派员进驻保税仓库检查货物储存的情况，查阅有关仓库账册，必要时可派员驻库监管。保税仓库经营单位应给予协作配合，并提供便利。

(6) 货物的存放　保税仓库必须专库专用，保税货物不得与非保税货物混合堆放。加工贸易备料保税仓库的入库货物仅限于该加工贸易经营单位本身所需的加工生产料件，不得存放本企业从事一般贸易进口的货物，或者与加工生产无关及其他企业的货物。

3. 保税仓库货物的出库监管

(1) 原货物复运出口。存入保税仓库的货物在规定期限内复运出境时，货物所有人或其代理人应向保税仓库所在地的主管海关申报，填写出口货物报关单，并提交货物进口时经海关签章确认的进口报关单。

经主管海关核实后予以验放或按照转关运输等管理办法，将有关货物运至出境地海关验收处境。复出境手续办理后，海关在一份出口报关单上加盖印章，退还货物所有人或其代理人，作为保税仓库货物核销依据。

(2) 用于加工贸易的货物。从保税仓库提取货物用于进料加工、来料加工项目的，经营加工贸易的单位应首先按照进料加工和来料加工的程序办理审批。经营加工贸易的单位持海关核发的登记手册，向保税仓库所在地主管海关办理保税参股提货手续，填写进料加工和来料加工专用进口货物报关单。需确认其贸易性质为进料加工和来料加工时，应填补进口货物报关单和保税仓库领料核准单。

(3) 保税货物经海关核准转为国内市场销售时，由货主或其代理人向海关递交进口户无许可证、进口货物报关单和海关需要的其他单证，并缴纳关税和产品税或工商统一税后，由海关签印放行，将原进口货物报关单注销。

(4) 对从来料加工、进料加工备料保税仓库提取的货物，货主应事先持批准文件、合同等有关单证向海关办理备案登记手续，并填写来料加工、进料加工专用报关单和保税仓库领料核准单一式三份，一份由批准海关备存，一份由货主留存，一份由海关签盖放行章后交货主。仓库经理人凭海关签印的领料核准单交付有关货物，并凭此向海关办理核销手续。对提取用于来料加工、进料加工的进口货物，海关按来料加工、进料加工的规定进行管理，并按实际加工出口情况免税或补税。

三、出口监管仓库制度

(一) 出口监管仓库的概述

1. 出口监管仓库的概念

出口监管仓库，是指经海关批准设立，对已办结海关出口手续的货物进行存储、保税物流配送、提供物流通性增值服务的海关专用监管仓库。

经海关批准，出口监管仓库可以存入下列货物：一般贸易出口货物、加工贸易出口货物、从其他海关特殊监管区域、场所转入的出口货物、出口配送型仓库可以存放为拼装出口货物而进口的货物，以及为改换出口监管仓库货物包装而进口的包装物料、其他已经办结海关出口手续的货物。

2. 出口监管仓库的特征

根据《中华人民共和国海关对出口监管仓库及所存货物的管理办法》（以下简称《海关对出口监管仓库及所存货物的管理办法》）的规定，出口监管仓库具有以下特征。

（1）出口监管仓库只能存储用于出口且已办结出口海关手续的货物，其目的是方便出口货物的仓储、运输或者进行简单加工。凡是流向不明或者未办结出口海关手续的货物，都不能存放于出口监管仓库。

（2）出口监管仓库存放的货物属于海关监管货物，不具有保税性质。这不同于存入保税仓库的货物享有保税待遇。

存入出口监管仓库的出口货物，按照国家规定应当提交许可证件或者缴纳出口关税的，发货人或者其代理人应当提交许可证件或者缴纳税款。

对经批准享受入仓即予退税政策的出口监管仓库，海关在货物入仓结关后予以签发出口货物报关单证明联。对不享受入仓即予退税政策的出口监管仓库，海关在货物实际离境后签发出口货物报关单证明联。对不享受入仓即予退税政策的出口监管仓库，海关在货物实际离境后签发出口货物报关单证明联。

3. 出口监管仓库的类型

出口监管仓库分为出口配送型仓库和国内结转型仓库。出口配送型仓库是指存储以实际离境为目的的出口货物的仓库。国内接转型仓库是指存储用于国内结转的出口货物的仓库。

（二）出口监管仓库的海关监管

根据《海关对出口监管仓库及所存货物的管理办法》的规定，海关对出口监管仓库的监管主要包括出口监管仓库的设立和出口监管仓库的管理两个方面。

1. 出口监管仓库的设立

《海关对出口监管仓库及所存货物的管理办法》第9条规定了申请设立出口监管仓库的经营企业应当具备的条件："已经在工商行政管理部门注册登记，具有企业法人资格；具有进出口经营权和仓储经营权；注册资本在300万元人民币以上；具备向海关缴纳税款的能力；具有专门存储货物的场所，其中出口配送型仓库的面积不得低于5000平方米，国内结转型仓库的面积不得低于1000平方米。"

企业应当自海关出具批准文件之日起1年内向海关申请验收出口监管仓库。申请验收还应当符合以下条件。

① 符合《海关对出口监管仓库及所存货物的管理办法》第9条第五项规定的条件。

② 具有符合海关监管要求的安全隔离设施、监管设施和办理业务必需的其他设施。

③ 具有符合海关监管要求的计算机管理系统，并与海关联网。

④ 建立了出口监管仓库的章程、机构设置、仓储设施及账册管理和会计制度等仓库管理制度。

⑤ 自由仓库的，具有出口监管仓库的产权证明；租赁仓库的，具有租赁期限5年以上的租赁合同。

⑥ 消防验收合格。

企业无正当理由逾期未申请验收或者验收不合格的，该出口监管仓库的批准文件自动失效。

2. 出口监管仓库的管理

(1) 延期　出口监管仓库申请出口监管仓库货物延期的，发送人或其代理人应在货物储存期满 10 日前向海关提交书面延期申请报告及《海关出口监管仓库申请事项审批表》。

仓库主管海关应对发货人或其代理人书面延期申请报告及《海关出口监管仓库申请事项审批表》进行审核，经审核同意后予以延期，但延期不得超过 6 个月。

(2) 变更　对已存入出口监管仓库因质量等原因要求更换的货物，经仓库所在地主管海关批准，可以更换。被更换货物出仓前，更换货物应当先行入仓，并应当与原货物的商品编码、品名、规格型号、数量和价值相同。

出口监管仓库货物，因特殊原因确需退运、退仓，应当经海关批准，并按照有关规定办理相关手续。

根据《海关对出口监管仓库及所存货物管理操作规程》规定，出口监管仓库需变更仓库名称、地址、仓储面积的，仓库主管海关应收取下列资料：书面申请、可行性报告、《海关出口监管仓库注册登记证书》、《进出口货物收发货人注册登记证书》、工商营业执照和税务登记证书、出口监管仓库设立的批准文件、仓库土地使用权证明文件或租赁仓库的租赁协议（仅变更仓库地址和仓储面积提供）、仓库地理位置及平面图等有关资料（仅变更仓库地址和仓储面积提供）、仓库竣工合格证明文件和仓储设施消防验收合格证书（仅变更仓库地址和仓储面积提供）。

(3) 撤销与注销　出口监管仓库有下列行为之一的，海关注销其注册登记，并收回《出口监管仓库注册登记证书》：无正当理由连续 6 个月未开展业务的；无正当理由逾期未申请延期审查或延期审查不合格的；仓库经营企业书面申请变更出口监管仓库类型的；仓库经营企业书面申请终止出口监管仓库仓储业务的；仓库经营企业，丧失规定条件的。

(三) 出口监管仓库的货物运营监管

出口货物存入出口监管仓库时，经海关批准，出口监管仓库可以存入下列货物：①一般贸易出口货物；②加工贸易出口货物；③从其他海关特殊监管区域、场所转入的出口货物；④出口配送型仓库可以存放为拼装出口货物而进口的货物，以及为改换出口监管仓库货物包装而进口的包装物料；⑤其他已办结海关出口手续的货物。

另外，出口监管仓库不得存放下列货物：①国家禁止进出境货物；②未经批准的国家限制进出境货物；③海关规定不得存放的其他货物。

《海关对出口监管仓库及所存货物的管理办法》规定，对出口监管仓库的运营监管主要包括以下几项。

1. 出口监管仓库入库监管

出口货物存入出口监管仓库时，仓库经营企业或其代理人应向海关如实申报，并依据《中华人民共和国海关对出口监管仓库及所存货物管理操作规程》（以下简称《海关对出口监管仓库及所存货物管理操作规程》）规定交验下列单证：①注明拟存出口监管仓库名称的《出口货物报关单》；②对外签订的货物出口合同或《海关加工贸易手册》（纸质或电子数据的）；③属于许可证件管理的货物，需提交相关许可证件；④加盖出口监管仓库经营企业报关专用章的《出口监管仓库货物入仓清单》；⑤非自理报关的，应提供《代理报关委托书》；⑥海关认为需要提交的其他随附单证。

仓库主管海关对《出口监管仓库入仓清单》的内容进行审核通过后，按通关作业规范要求对上述报关单证进行审核。

《海关对出口监管仓库及所存货物的管理办法》规定，货物存储期满前，仓库经营企业应当通知发货人或者其代理人办理货物的处境或者进口手续。出口监管仓库所存货物存储期限为6个月。经主管海关同意可以延期,但延期不得超过6个月。

出口监管仓库货物超出规定的存储期限未申请延期或海关不批准延期申请的,仓库主管海关应要求企业办理超期货物的退运、补税、放弃、销毁等手续。

2. 出口监管仓库存放监管

仓库中不得对存入出口监管仓库的货物进行实质性加工。但经主管海关同意的情况下,可以在仓库内进行品质检验、分级分类、分拣分装、加刷唛码、刷贴标志、打膜、改换包装等流通性增值服务。

对于存入出口监管仓库的出口货物,按照国家规定应当提交许可证件或者缴纳出口关税的,并且发货人或者其代理人应当提交许可证件或者缴纳税款。

3. 出口监管仓库出库监管

出仓货物出口时,仓库经营企业或者其代理人应当向主管海关申报。仓库经营企业或者其代理人除按照海关规定提交有关单证外,还应当提交仓库经营企业填制的《出口监管仓库货物出仓清单》。仓库代理人应凭海关签印的出仓货物清单交付货物,在海关监管下将货物装运出口。

出仓货物出境口岸不在仓库主管海关的,经海关批准,可以在口岸所在地海关办理相关手续,也可以在主管海关办理相关手续。

【工作任务4】 了解保税仓库的作用

我国香港某贸易公司有一批韩国产的橡胶粒需卖给中山、东莞、广州、深圳等地的十几家工厂,货柜到达我国香港码头后经皇岗转关后拖至昌运保税仓拆柜入仓存放。东莞以外的工厂凭加工贸易合同手册在东莞海关办理进口转关手续提货,而东莞的工厂可凭进口集中报关清单直接报关进口,手续简单,运费低廉,既为供应商节省了仓租,又为用户提供了方便,减少现金流的压力。

【复习思考题】

1. 简述仓储合同具有法律特征。
2. 简述仓储合同与保管合同的区别。
3. 简述仓单的法律性质。
4. 简述保税仓库的作用。

【补充阅读材料】

业务模式转型下的行规与法规滞后

据仓储行业内部人士介绍,仓储一直是低利润的行业。传统的"看堆儿"模式已不能适应经济的发展,为了谋求利润点,仓储企业纷纷进行业务模式改革。

国内仓储物流行业一位专家曾在接受《法治周末》记者采访时表示,从1999年以来,仓储物流企业一直在进行业务模式改革。改革的基本思路是依托仓储传统业务,以仓储及运输设施为基础,向上下游延伸物流业务以形成增值服务。

动产质押业务是这种改革下的一种模式探索。据悉,国内仓储行业中的动产质押监管业务本是大型国有企业中储首创的模式,即借款人向银行申请贷款时,提供相应动产质押给银行作为担保，质押物由仓储公司监管，一旦借款人逾期不能偿还贷款，银行可变卖质押物偿还贷款。企业可以利用流动中的货物贷到款、银行的资金被盘活、仓储行业有了新业务，所以这种模式一经问世，便深受质权人、出质人及监管企业三方的欢迎。业内人士介绍，动产质押业务模式减轻了银行贷款的风险，但对监管一方的资质有很高的要求，像中储公司这样的大型国企，信用和管理能力都很强，所以很受各大银行的欢迎。

据统计，目前已有30多家银行、上万家物流公司、数以万计的企业开展这项业务。但是，由于行业规定和法律的滞后，这样的仓储新模式中也隐藏着巨大的风险。业内人士认为，这种业务模式存在先天不足："银行方作为质权人，本该对质物的权属问题负责。但由于这是一项新业务，银行实际上不具备审查的能力，而且也没有清晰的行业规定到底谁来做质物权属的审查。"

仓储物流专家也曾指出，其实动产质押业务目前在中国仓储业务中已经是较为普遍的业务类型了，合同文本的条款和规范已经比较完善，但在实际操作中，现行法律对这种业务尚无明确规定，还缺乏对仓储业的应有保护。因此，相关法律的制定就显得非常紧迫。物权法出台后，中储公司曾就动产质押监管业务召开专家论证会，探讨这种业务模式涉及的法律关系与物权法规定的"浮动抵押"的区别和联系，但最终并没有形成统一意见。

另据悉，作为质押监管业务的几大国有物流公司都在制定各自的监管标准，同时也呼吁国家有关部委出台相关行业标准和操作规范，呼吁最高人民法院出台相关司法解释。

项目六 认知货物配送、包装和流通加工法律法规

【本章知识点简介】

配送合同是配送人根据用户需要为用户配送商品，用户支付配送费的合同。配送合同包含买卖、仓储、运输、承揽和委托等合同的某些特点。配送合同分为配送服务合同和销售配送合同。配送合同的约定是明确配送人与用户双方权利、义务关系最主要的根据。双方当事人除就合同的一般条款进行约定外，还应就配送合同中的特别事务进行明确约定，以避免不必要的纠纷。在出现纠纷时，明确的合同约定有利于尽快确定当事人各自的责任，从而在一定程度上降低当事人的诉讼成本。

普通货物的危险性小于危险货物，所以它对包装的要求相对较低。物流企业在对普通货物进行包装时，有法律规定，或有国家强制性包装标准时，应当执行该法律规定、标准；在没有强制性规定时，应从适于仓储、运输和搬运，并适于商品的适销性的角度考虑，按照对普通货物包装的原则，妥善地进行包装。由于危险货物自身的危险性质，我国对危险货物的包装规定了特殊要求。物流企业在进行危险货物的包装时，应当严格执行我国相关的法律规定和标准。国际货物包装（主要指外包装）的目的是保护货物本身质量和数量上的完整无损，便于装卸、搬运、堆放、运输和理货，对危险货物包装还有防止其危害性的作用。

加工承揽合同是指当事人一方按他方的特别要求完成一定工作，并将工作成果交付他方，他方按照约定接受工作成果并给付酬金的合同。依合同履行的一般规则，加工承揽合同的双方当事人都应当全面履行各自的义务，在需要协助的情况下给对方必要的协助，以使合同高质、高效地得到履行。

单元一 货物配送合同

一、配送合同的概念和种类

（一）配送合同的概念

配送合同是配送人根据用户需要为用户配送商品，用户支付配送费的合同。用户是配送活动的需求者，配送人是配送活动的提供者。

作为配送活动需求者的用户,既可能是销售合同中的卖方,也可能是买方,甚至可能是与卖方和买方签订了综合物流服务合同的物流企业。这类综合物流企业与卖方和买方签订综合物流服务合同后,由于自身不拥有配送中心,需要将配送业务外包给其他具有配送中心的物流企业,因而成为配送的需求者,即用户。

作为配送活动的提供者的配送人,既可能是销售合同中的卖方,也可能是独立于买卖双方的第三方物流企业。自身不拥有配送中心的综合物流企业,虽然相对于与之签订配送合同为其提供配送服务的其他拥有配送中心的物流企业而言,是配送服务的需求者;但相对于与之签订综合物流服务合同的买方和卖方而言,为配送服务的提供者。

配送费是配送人向用户配送商品而取得的对价。根据配送的具体方式不同,配送费可能包括商品价款和配送服务费两个部分。如果配送人为用户提供的是综合型的物流服务,配送服务费也可能包括在用户支付的物流服务费中。

(二)配送合同的法律特征

1. 配送合同包含买卖、仓储、运输、承揽和委托等合同的某些特点

(1)配送合同在一定情况下包含买卖合同的某些特点,但配送合同并不是单纯的买卖合同。不可否认,在销售配送合同中,配送人有将商品所有权转移给用户的义务,而用户也的确从配送费用中支付了所购商品的价款,因此销售配送合同具有买卖合同的一些特点。但是也应当看到,在配送人出售商品的同时,还为用户提供配货、加工、送货等专门的配送服务,因此在配送人所收取的配送费用中,不仅仅包括商品的价款,而且还包括因提供配送服务而收取的配送服务费。

(2)配送合同具有仓储合同的某些特点,但配送合同不是单纯的仓储合同。从事配送业务的企业都拥有一定规模的可使用的仓库。配送合同约定配送人在接受用户的指示,将货物从工厂或中转站接受后,将货物置于配送人自己的仓库,由配送人为用户提供仓储和保管服务。因此,配送合同常具有仓储合同的特点。但是,仓储合同和保管合同的内容仅仅是配送合同中的一部分,仓储和保管的内容必须与其他合同的内容相结合,才能构成配送合同。因此,配送合同也不是单纯的仓储合同。

(3)配送合同具有货物运输合同的某些特点,但是配送合同不是单纯的货物运输合同。一般在配送合同中至少包含由配送人将货物运至用户指定地点的运输服务内容,显然,配送合同具有货物运输合同的某些特点。虽然在配送中不可避免地含有运输,但是配送是一系列的活动,运输仅仅是这一系列活动中的一个环节,而不是所有内容,即使运输在配送中占有极为重要的位置,但其仍不能涵盖配送的全过程。因此,不能简单地将配送合同定性为运输合同。

(4)配送合同具有承揽合同的某些特点,但不是单纯的承揽合同。出于增加货物的附加值等目的,配送合同中常约定由配送人在货物送达用户指定地点之前对所配送的货物按照用户的要求进行一定的加工。由此可见,配送合同具有承揽合同的某些特点,但是配送人向用户提供的这些加工服务同样只是配送合同中的一部分内容。此外,在销售配送合同中,虽然配送人按照用户的要求配齐货物并送达,但在这个配送过程中存在所有权的转移,而在承揽合同中标的物的所有权是不发生转移的。因此,配送合同并不是单纯的承揽合同。

(5)配送合同在一定情形下具有委托合同的某些特点,但配送合同不是单纯的委托合同。配送合同是以为用户处理物品配送事务为目的的合同,用户可能会在一定程度上授权配送人为其处理一定事务,如按用户要求代为进行货物采购等,在这种情形下,配送合同具有

委托合同的某些特点。但是,由于配送包括一系列的活动,因此用户并不会授权配送人处理所有的事务,配送合同也不允许配送人仅为代理事务而完全不提供配送服务。如果那样的话,用户就自己的配送活动与他人签订了委托合同,由他人代为处理配送活动,这样的合同并不符合我国所提出的配送合同的概念。因此,配送合同不是单纯的委托合同。

虽然配送合同不是上述合同中的任何一种,但是却兼备了上述合同的某些特点,并将这些合同的特点紧密地结合起来,从而形成了一个有机整体。单个的配送合同可能并不同时具备上述特点,但是配送合同中所包含的特点对它而言都是必要的,缺少任何一个环节,合同的履行就很可能出现困难,甚至可能造成使合同的目的无法实现的严重后果。

2. 配送合同是无名合同

对于配送合同,《合同法》并未予以规范,而其他法律也尚无明文规定,因此配送合同是一种无名合同。虽然无名合同没有受到法律的直接明确规范,但是当事人有权根据自己的意愿来创设任何类型的合同,因此只要配送合同符合合同生效的要求,就具有法律上的约束力。此外,虽然无名合同在法律上没有名称,但是并不意味着其在实际生活中也同样没有名称,配送合同也是如此。在将来物流立法成熟之时,配送合同可能会得到立法的认可,从无名合同转化为有名合同。

(三) 配送合同的种类

1. 配送服务合同

配送服务合同是指配送人接收用户的货物,予以保管,并按用户的要求对货物进行拣选、加工、包装、分割、配组作业后,最后在指定时间送至用户指定地点,由用户支付配送服务费的合同。

这是一种单纯的提供配送服务的合同,双方当事人仅就货物的交接、配货、运送的事项规定各自的权利和义务,不涉及货物所有权。在配送服务实施过程中,货物所有权不发生转移,自始至终均属于用户所有,只发生货物物理位置的转移和物理形态的变化。配送人不能获得商品销售的收入,仅因提供了存储、加工、运送等服务而获得服务费收益。

2. 销售配送合同

销售配送合同是指配送人在将货物所有权转移给用户的同时,为用户提供配送服务,由用户支付配送费(包括标的物的价款和配送服务费)的合同。

(1) 销售企业与买受人签订的销售配送合同。在销售配送及销售—供应一体化配送中,销售企业与买受人签订的合同就是销售配送合同。销售企业出于促销目的,在向用户出售商品的同时又向买受人承诺提供配送服务。

在这种配送中,用户就是商品购买者,销售企业为用户提供配送服务的承诺已构成销售合同的一部分,不存在独立的配送合同。双方的权利与义务主要根据销售合同约定,销售配送经营形式中通常采用这种方式;或者由双方将之作为销售合同的附属合同进行约定,销售—供应一体化配送经营形式中通常采用这种方式。这种配送,实际上就是销售商品加送货上门。

在这种配送合同中,销售企业向用户收取配送费时,可能只收取商品的价款金额,而不另收配送服务费,如为促销而进行的一次性配送服务;也可能在商品价款之外,再收取一定数额的配送服务费,如销售—供应一体化配送形式。

(2) 物流企业与用户签订的销售配送合同。这是一种商流合一的配送服务形式。在物流企业与用户签订的配送合同中,除约定物流企业的配货、送货等流通服务义务外,还约定物流企业应负责订货、购货。具体地说，就是由用户将自己需要的产品型号、种类、各种要求、规格、颜色、数量等信息提供给物流企业，由物流企业负责按此订货、购货（包括原材料、零部件等）、配货及送货。

在这种方式中，物流企业与用户签订的配送合同。除约定配送人向用户提供配送服务外，还会就特定货物的交易条件达成一致，实质是买卖合同与配送服务合同紧密结合的有机体。在这一合同中，商流与物流紧密结合。在订货、购货阶段，货物的所有权一直属于物流企业，货物的所有权何时转移至用户，由物流企业与用户在配送合同中约定。

物流企业向用户收取的配送费中，既包括了提供配送服务而应获得的配送服务费，还包括因出售商品而应收取的商品价款。

二、配送合同的主要内容

配送合同的约定是明确配送人与用户双方权利、义务关系最主要的根据。双方当事人除就合同的一般条款进行约定外，还应就配送合同中的特别事务进行明确约定，以避免不必要的纠纷。在出现纠纷时，明确的合同约定有利于尽快确定当事人各自的责任，从而在一定程度上降低当事人的诉讼成本。

1. 配送服务合同的主要内容

配送服务合同是物流和商流分离的合同，是单纯提供配送服务的合同。一般来说，配送服务合同主要有以下13项条款。

（1）配送人与用户的名称或姓名和住所。这是配送合同应具备的一般条款。双方当事人的身份、联系方式必须具体、明确，否则，合同履行的主体、对象就难以确定。

（2）服务目标条款。配送服务应实现用户特定的经营、管理和财务目标。

（3）服务区域条款。配送是在一定的经济区域内进行的物流活动，因此双方宜约定配送人向用户提供运送服务的地理范围的条款，以便配送人据此安排运力。

（4）配送服务项目条款。该条款主要是就配送人的服务项目进行明确、具体的约定，不仅包括用户需要配送人提供配送的商品品种、规格、数量等，还包括用户需要配送人提供哪些具体的配送作业，如是否需要加工、包装等。

（5）服务资格管理条款。即约定配送人为了实现配送服务的目标而应具备的设施、设备，以及相关设施、设备的管理、操作标准的条款。

（6）交货条款。该条款既适用于用户将货物交付给配送人的环节，也适用于配送人将货物配送交给用户或其指定的其他人这一环节。双方应就交货的方式、时间、地点等进行约定。

（7）检验条款。货物检验发生在两个环节：用户将货物交付给配送人时的验收；配送人向用户或用户指定的人交付货物时的验收。检验条款应规定验收时间、验收标准，以及验收时发现货物残损的处理。

（8）配送费用支付条款。该条款主要规定配送人服务报酬的计算依据、计算标准，以及配送费用的支付的时间、支付方式。

（9）合同期限条款。该条款涉及当事人的期限利益，也是确定违约与否的因素之一。

（10）合同变更与终止条款。该条款涉及当事人在合同存续期间可以变更、终止合同的条件，以及变更和终止合同的处理。

（11）违约责任条款。该条款主要是为了保证合同的履行而作出的约定。当事人可对双方违约的情形及违约的后果作出约定,以便在出现违约时,能迅速、公平地解决纠纷。

(12) 争议解决条款。当事人可以选择出现争议时的解决方式。当事人一般约定先协商解决,协商不成的,可以约定选用调解、仲裁和诉讼的方式解决。

(13) 其他特别约定。

2. 销售配送合同的主要内容

销售配送合同的有机地结合了配送服务合同与买卖合同的特点,该合同中关于配送服务部分的条款与配送服务合同基本相同,而关于转移标的物所有权部分的条款与买卖合同相似。销售配送合同主要包括以下10项条款。

(1) 当事人名称、地址,包括配送人及用户的名称(姓名)、地址(住所)。

(2) 商品名称、数量、品质条款。该项内容是对合同的标的物的确定。

(3) 加工交款。双方关于配送人对商品进行拣选、组配、包装等的约定。

(4) 送货条款。约定配送人送货的数量和批次、送货时间和地点等内容。

(5) 检验条款。

(6) 价格与报酬条款。约定配送人向用户出售商品的价格和配送服务报酬的计算。双方当事人可以将配送费用计入商品价格统一计算,也可以分别约定。在这种配送合同中,销售企业可能已将用户收取的配送费用包含在商品的价款内,也可能在商品价款之外再收取一定数额的配送服务费。

(7) 结算条款。

(8) 合同变更与终止条款。

(9) 违约责任条款。

(10) 争议解决条款。

三、配送合同中当事人的权利义务

(一) 物流企业在配送服务合同中的权利和义务

1. 物流企业在配送服务合同中的义务

(1) 妥善保管的义务 从物流企业接受货物时起至交付货物时止,货物一直处于物流企业的占有之下,对于该货物,物流企业必须妥善保管。妥善保管是指物流企业应当尽到与保管自己的物品同等的注意程度,来保管用户交托配送的货物的责任。妥善保管要求物流企业在主观上尽到相当的注意程度,客观上按照货物的性能分类采取不同的保管方法,尤其是对于危险品及易腐货物等,更应当在适合存放该货物的条件下,采用适合货物性质的方法正确保管。

(2) 按照合同约定进行供应的义务 配送的一个重要意义是提高用户的供应保证能力,用最少的成本降低供应不及时的风险,减少由此造成的生产损失或对下家承担的违约责任。因此,保障安全性和准确性是物流企业的首要义务。对此,物流企业应当做到以下两点。

① 有良好的货物分拣、管理系统,以便在用户指令下达后,在最短时间内备齐相关物品。

② 有合理的运送系统,包括车辆、运送人员、装车作业、运送路线等方面。

但是需要注意的是,在多用户配送中,物流企业应对每一个用户负责,即物流企业不得以向其他用户配送为由,来免除其对某一用户的违约责任。

(3) 按照约定理货的义务 配货是配送业务中的一个特殊环节,物流企业必须严格按照用户的要求对货物进行加工，使货物最终以用户希望的形态被送至指定地点。

物流企业的理货活动对于商品的增值功能在此得到体现。因此，经过物流企业组配的商品，应具有用户所要求的色彩、大小、形状、包装组合等外部要求，否则，因此给用户造成的损失，物流企业应当承担责任。

（4）告知义务　物流企业在履行配送合同的过程中，应将履行的情况、可能影响用户利益的事件等，及时、如实地告知用户，以便采取合理的措施防止或减少损失的发生，否则物流企业应当承担相应的责任。例如，物流企业在接受货物时，应当仔细核对货物与清单记录是否一致，检查货物是否完好，如果发现货物包装出现破损、短量、变质等情况，应及时告知用户。物流企业在合理时间内未通知用户的，视为物流企业接受的货物完好，与合同约定一致。

物流企业在理货、运送时，无论任何原因，无法按用户要求及时完成义务时，应立即通知用户，并按用户合理指示妥善处理。否则，物流企业不仅要承担其违反配送义务的违约责任，还要对由于未及时通知而造成用户的其他损失承担赔偿责任。

2. 物流企业在配送服务合同中的权利

（1）要求用户及时接收货物的权利　物流企业将货物送到用户指定地点时，有权要求用户指定相应人员及时接受货物，并与物流企业办理货物交接。用户迟延接受货物造成物流企业损失的，应当赔偿其损失。

（2）要求用户支付配送费的权利　配送费就是配送服务费。配送服务合同是有偿合同，物流企业通过提供配送服务获得收入，有权要求用户支付配送费。这一权利是物流企业的最主要权利，是物流企业订立配送合同的目的所在。

（3）要求用户按照约定提供配送货物的权利　由于配送服务合同是商务分离的合同，要求物流企业配送的原始货物（原材料等）都是由用户提供的，因此，物流企业有权要求用户按照约定提供原始货物，否则物流企业不能完成配送任务的，无须承担责任。

（4）要求用户协助的权利　物流企业如果按约定履行其义务，在很大程度上依赖于用户的协助。用户应向物流企业提供有关配送业务的单据文件，这主要包括以下几点。

① 品名、型号、数量等有关货物的资料。如果涉及危险品，用户还应当将有关危险品的正式名称和性质，以及应当采取的预防措施书面通知物流企业。用户违反此项义务造成物流企业损失的，应当承担赔偿责任。

② 配送时间、送货地址、联系电话、联系人等与货物交接有关的资料。用户还应当指派专人负责与物流企业联系，并协助配送过程中有关事宜，以便双方更好的合作。

（二）物流企业在销售配送合同中的权利和义务

1. 物流企业在销售配送合同中的义务

（1）转移货物所有权的义务　这是销售配送合同与配送服务合同的主要区别。由于销售合同的物流企业不仅提供配送服务，还进行商品销售，因此物流企业应当将己方的货物所有权转移给用户，实现货物所有权的转移。一般的货物，所有权在货物交付时即可实现转移，对于需要以交付有关单证的方式实现所有权转移的货物，物流企业还应当向用户交付相关单证（如发票、检验证书等），方为适当履行了所有权转移的义务。

（2）及时提供符合合同约定货物的义务　按照合同约定交付货物，不仅要求物流企业向用户交付货物，还要求物流企业在此之前按照用户的具体要求进行订货，并在原始货物的基础上对原始货物进行分拣、储存、加工等作业，使货物的外在形态、内在质量都能符合用户的要求。只有完成了必要的配送工作，物流企业才能将其配齐的货物及时交付用户。与一般销售合同不同的是，销售配送合同对交付货物的时间性要求较高。因此，配送人除了在配送环节安排好相应事务外，在组织货源环节上也应当充分考虑货物的时间性。物流企业未按照合同约定交付货物的，还应向用户承担替换货物、退货、减价、赔偿损失的责任。

（3）告知义务　物流企业在履行销售配送合同过程中，应将履行情况、可能影响用户利益的事件等，及时、如实地告知用户，以便采取合理措施防止或减少损失的发生，否则，物流企业应承担相应的责任。

2. 物流企业在销售配送合同中的权利

（1）要求用户及时受理货物的权利。

（2）要求用户支付配送费的权利。这是物流企业在销售配送合同中最基本的权利。物流企业在销售配送合同法律关系中有权向用户收取的配送费，包括货物的价款和配送服务费两部分。

（3）要求用户协助的权利。

【工作任务1】

甲公司为某商贸公司，乙公司为某物流配送服务公司，经过双方协商，由乙为甲向其用户配送价值为 21400 元的自行车零件 150 套，运费为 1420 元。请根据案情签订一份甲乙之间的配送合同。

单元二　货物包装法律法规

一、普通货物的包装法律制度

（一）普通货物的含义

普通货物是指除危险货物、鲜活易腐的货物以外的一切货物。

由于普通货物的危险性小于危险货物，所以它对包装的要求相对较低。物流企业在对普通货物进行包装时，有法律规定，或有国家强制性包装标准时，应当执行该法律规定、标准；在没有强制性规定时，应从适于仓储、运输和搬运，并适于商品的适销性的角度考虑，按照对普通货物包装的原则，妥善地进行包装。

（二）普通货物包装中所适用的法律规范

包装法律法规包含在与货物销售、运输、仓储有关的法律、行政法规、部门规章、国际公约中。我国对一般货物运输包装要求符合 GB 9174—88《一般货物运输包装通用技术条件》等规定，运输包装标志应符合 GB 191—2000《包装储运图标标志》、GB 6388—1986《运输包装收发货标志》、GB 5892—86《对辐射能敏感的感光材料图标标志》标准。我国对运输包装尺寸要求符合 GB/T 16471—1996《运输包装件尺寸界限》。

（三）包装条款

1. 包装条款的内容

在物流服务中，当事人之间要制定物流服务合同，其中包装条款制定要符合《合同法》

中买卖合同、运输合同和仓储合同有关包装的规定。在物流服务合同中，包装条款一般包括以下三个方面的内容。

(1) 包装的提供方　在物流服务合同中，包装条款应该载明包装由哪一方来提供。这不仅有助于明确物流企业在包装中所处的法律地位，而且有助于在由于包装的问题引起货物损坏或灭失时划分责任。

例如《海商法》第66条规定："托运人托运货物，应当妥善包装，并向承运人保证，货物装船时所提供的货物的品名、标志、包数或者件数、重量或者体积的正确性；由于包装不良或者上述资料不正确，对承运人造成损失的，托运人应当负赔偿责任。"这一条强调了托运人的包装义务，使承运人顺利、安全运抵货物有了保障。

(2) 包装材料和方式　包装材料和方式是包装的两个重要方面，它分别反映了静态的包装物和动态的包装过程。包装材料条款主要载明采用什么包装材料，如木箱装、纸箱装、铁桶装、麻袋装等，包装方式条款则主要载明怎样进行包装。

此外，可以根据需要加注尺寸、每件重量或数量、加固条件等。不同的商品，不同的运输条件都要求不同的包装。在选择包装材料时，除了要使其能满足货物的通常要求外，还应该考虑到进口国对包装材料的特殊要求。

例如，美国规定，为防止植物病虫害的传播，禁止使用稻草作为包装材料，如被海关发现，必须当场销毁，并支付由此产生的一切费用。在订立条款时，就应该充分考虑到这些方面，同时应该使用合同中规定的材料来包装。

《合同法》第131条规定："买卖合同的内容除依照本法第12条的规定以外，还可以包括包装方式、检验标准和方法、结算方式、合同使用的文字及其效力等条款。"这一条指明了合同中可以包括包装条款，具体情况要看当事人双方的约定。《合同法》第156条规定："出卖人应当按照约定的包装方式交付标的物。对包装方式没有约定或者约定不明确，依照本法第61条的规定仍不能确定的，应当按照通用的方式包装，没有通用方式的，应当采取足以保护标的物的包装方式。"这一条明确了货物的包装方式，一旦当事人之间发生争议便有法可依。

(3) 文字说明　运输包装和销售包装都会有文字说明。文字说明包括运输标志及其他文字的内容和使用的语种。在外包装上会使用运输标志，只要使用约定的标志即可。对销售包装来说，文字说明的要求较高，内容上要符合规定，语种也不能用错。例如，日本政府规定，凡销往日本的药品，必须说明成分、服用方法以及功能，否则日本海关就有权扣留，不能进口。

在语种的要求上，很多国家也有特别的规定。例如，加拿大政府规定，进口商品说明必须英法文对照，运往法国的产品的装箱单及商业发票必须用法文。文字说明会影响货物的装卸搬运，所以要求在合同条款中明确载明。

2. 订立包装条款时应注意的问题

(1) 明确包装术语　有些因理解不同容易引起争议的包装术语，如"适合海运包装"和"习惯包装"等，应避免使用，除非合同双方事先取得一致认识。尤其对特别紧密的设备包装条件，除规定包装必须符合运输要求外，还应对防震措施等条款在合同中作出具体明确的规定。

(2) 明确包装费用　包装费用一般都包括在货价内，在合同条款中不必列入，但一方要求特殊包装，则可增加包装费用，如何计费及何时收费也应在条款中列明。如果包装材料由合同的一方当事人供应，则条款中应明确包装材料到达时间，以及逾期到达时该方当事人应负的责任。运输标志如由一方当事人决定，也应规定标志到达时间（标志内容须经卖方同意）及逾期到达时该方当事人应负的责任。

（3）防止包装条款的欺诈　目前，包装是否符合"标准出口包装"的要求，国际上没有统一的标准来界定，因此，一些客户在包装条款中仅写明"标准出口包装"这一笼统的概念，借此偷工减料，以减少包装成本，同时逃避法律责任。为此，当事人订立包装条款不要过于笼统。

此外，包装一定要按照合同要求进行，否则将赔偿由此造成的损失。

（四）销售包装的基本要求

销售包装是指直接接触商品并随商品进入零售网点与消费者直接见面的包装，其包装的特点要求是外形美观，有必要的装潢，以吸引顾客的购买以及满足商店陈设的要求。

通常情况下，销售包装由商品的生产者提供，但是，如果物流合同规定由物流企业为商品提供销售包装，则物流企业需要承担商品的销售包装义务，因此，物流企业在进行销售包装时需要按照销售包装的基本要求进行操作。

在销售包装上，一般会附有装潢图画和文字说明，选择合适的装潢和说明将会促进商品的销售。销售包装主要涉及以下几个方面：图案设计、文字说明、条形码。图案是包装设计的三大要素之一，它包括商标图案、产品形象、使用场面、产地景色、象征性标志等内容。

在销售包装上应该附一定的文字说明，标明商品的品牌、名称、产地、数量、成分、用途、使用说明等。商品包装上的条形码是指按一定编码规则排列的条空符号，它用表示一定意义的字母、数字及符号组成，通过光电扫描阅读设备，它可以作为计算机数据输入的特殊代码语言。

1. 销售包装应符合《专利法》的要求

销售包装的涉及属于《专利法》规定的外观设计保护范畴，作为《保护工业产权巴黎公约》（以下简称《巴黎公约》）的一项最低要求，规定各成员国都必须对工业品外观设计加以保护。我国《专利法》对外观设计予以保护，但这种权利的取得是有条件的。世界贸易组织的《与贸易有关的知识产权协议》（以下简称 TRIPS 协议）在保护这种权利的同时也对之进行了条件限制。物流企业在包装设计时必须遵守相关法律规定。

生产者为了保护自己的商品，在商品的包装上还要标明专利号。作为物流企业，在对商品进行包装的时候，不能侵犯他人商品的专利权。再者，制作精良的包装也可以申请专利，而物流企业在包装过程中也不能侵犯他人包装专利。

根据《重话人民共和国专利法实施细则》（以下简称《专利法实施细则》）第 48 条第一项的规定，未经许可，在其制造或者销售的产品、产品的包装上标注他人的专利号的行为属于假冒他人专利的行为。第 85 条第一项、第二项规定，制造或者销售标有专利标记的非专利产品的行为，专利权被宣告无效后继续在制造或者销售的产品上标注专利标记的行为，属于以非专利产品冒充专利产品。以非专利方法冒充专利方法的行为。

2. 销售包装应符合《商标法》的要求

商标是包装的一部分。包装的商标设计中涉及的法律问题很多，如国际条约及域外法律、风俗习惯、商品装潢、地理标志、驰名商标禁用条款等。新《商标法》根据 TRIPS 协议做了较大幅度的修改，如增加了立体商标、颜色组合商标等。这些内容在物品进行包装时都值得注意。

此外，物流企业不要侵犯他人商标权。《商标法》第52条规定，有下列行为之一的，均属侵犯注册商标专用权：未经商标注册人的许可，在同一种商品或者类似商品上使用与其注册商标相同或者近似的商标的；销售侵犯注册商标专用权的商品的；伪造、擅自制造他人注册商标标识或者销售伪造、擅自制造的注册商标标识的；未经商标注册人同意，更换其注册商标并将该更换商标的商品又投入市场的；给他人的注册商标专用权造成其他损害的。

由此可见，既要防止主动侵犯他人商标权，又要防止在仓储、运输等物流过程中受人之托被动侵犯他人商标权。

3. 销售包装应符合《反不正当竞争法》的要求

商品包装与待售的商品本体一起作为用于市场交换的产物而存在，利用包装参与市场竞争，是市场竞争的一种常用手段。但在包装设计中使用虚假的文字说明，伪造或冒用优质产品的认证标志、生产许可证标志等，都将涉及《反不正当竞争法》的内容。

物流企业在包装环节不得违反《反不正当竞争法》第5条规定，即经营者不得采用下列不正当手段从事市场交易，损害竞争对手；假冒他人的注册商标；擅自使用知名商品特有名称、包装、装潢，或者使用与知名商品近似的名称、包装、装潢，造成和他人的知名商品相混淆，使购买者误认为是该知名商品；擅自使用他人的企业名称或者姓名，引入误认为是他人的商品；在商品上伪造或者冒用认证标志、名优标志等质量标志，伪造产地，对商品质量做引人误解的虚假表示。如果存在上述违法行为，则承担相应的法律责任。

4. 销售包装应符合《产品质量法》的要求

《产品质量法》不仅对产品质量提出了统一的标准，而且规范了产品的包装。《产品质量法》第14条规定，企业根据自愿原则可以向国务院产品质量监督部门认可或者其授权的部门认可的认证机构申请产品质量认证。经认证合格的，由认证机构颁发产品质量认证证书，准许企业在产品或者其包装上使用产品质量认证标志。

《产品质量法》第27条规定，产品或者其包装上的标志必须真实，并符合下列要求：有产品质量检验合格证明；有中文标明的产品名称、生产厂及厂名和地址。

根据产品的特点和使用要求，需要标明产品规格、等级、所含主要成分的名称和含量的，用中文相应予以标明；需要事先让消费者知晓的，应当在外包装上标明，或者预先向消费者提供有关资料；限期使用的产品，应当在显著位置清晰地标明生产日期和安全使用期或者失效日期；使用不当，容易造成产品本身损坏或者可能危及人身、财产安全的产品，应当有警示标志或者中文警示说明；裸装的食品和其他根据产品的特点难以附加标志的裸装产品，可以不附加产品标志。

物流企业在对产品进行包装的时候，应当参照上述规定进行。

5. 销售包装应与国际标准保持一致

我国商品包装的国际标准化与ISO的要求尚有一定差距，阻滞了我国进入国际市场的渠道，特别是在执行质量标准ISO 9000、环保标准ISO 14000、安全标准ISO 16000等方面更为明显。但我国已正式成为国际标准化组织包装技术委员会（ISO/TC 122）的成员国，为我国执行国际包装标准创造了条件。

（五）普通货物运输包装的要求

运输包装是指以强化运输、保护产品为主要目的的包装。

货物运输当事人要在符合国家法律、法规的前提下具体约定运输包装条款。其中《一般货物运输包装通用技术条件》是国家强制性标准，是技术性、操作性极强的法律规范，它对铁路、公路、水运、航空承运的一般货物运输包装规定了总体要求。

《合同法》、《海商法》等法规也分别规定，运输包装不符合该标准规定的各项技术要求，运输过程中造成货损或对其他关系方的人身、财产造成损害，均由包装责任人赔偿。因此，有必要对这些标准做以下介绍。

1. 普通货物运输包装的基本要求

《一般货物运输包装通用技术条件》对普通货物运输包装材料及强度、包装尺寸等做了具体规定。

（1）总要求

① 货物运输包装是以运输储存为主要目的的包装，必须具有保障货物安全，便于装卸储运，加速交接、点验等功能。

② 货物运输包装应符合科学、牢固、经济、美观的要求。

③ 货物运输包装应确保货物在正常的流通过程中，能抵御环境条件的影响而不发生破损、损坏等现象，保证安全、完整、迅速地将货物运至目的地。

④ 货物运输包装材料、辅助材料和容器，均应符合国内有关国家标准的规定；无标准的材料和容器须经试验验证，其性能应满足流通环境条件的要求。

⑤ 货物运输包装应由国家认可的质量检验部门进行监督检查和提出试验结果评定，并逐步推行合格证制度。

⑥ 货物运输包装应完整、成型。内装货物应均布装载、压缩体积、排摆整齐、衬垫适宜、内货固定、重心位置尽量居中靠下。

⑦ 根据货物的特性及搬运、装卸、运输、仓储等流通环境条件，选用带有防护装置的包装，如防震、防盗、防雨、防潮、防锈、防霉、防尘等防护包装。

⑧ 货物运输包装的封口必须严密牢固，对体轻、件小、容易丢失的货物应选用胶带封合、钉合或全黏合加胶带封口加固。根据货物的品名、体积、特性、重量、长度和运输方式的要求，选用钢带、塑料捆扎带或麻绳等，进行二道、三道、十字、双十字、井字、双井字等形式的困扎加固。捆扎带应搭接牢固、松紧适度、平整不扭，不得少于两道。

⑨ 各类直方体货物运输包装的底面积尺寸，应符合 GB/T 4892—2008《硬质直方体运输包装尺寸系列》的规定。

⑩ 货物运输包装必须具有标志，标志应符合内装货物性质和对运输条件的要求。运输包装标志应按照 GB 191—2000《包装储运图标标志》、GB 6388—1986《运输包装收发货标志》和 GB 5892—86《对核辐射能敏感的感光材料图标标志》的规定执行。

（2）性能试验

性能试验的目的在于模拟或重视运输包装件，在流通过程中可能遇到的各种危害及其抗御这些危害的能力。试验一般应做堆码试验的垂直冲击跌落试验两项试验。根据货物的特性、包装类型、不同运输方式及货物、流通环境条件和货主及运输部门的要求，可按 GB4857.1—84《运输包装件基本试验总则》的规定选做其他相应试验，如水平冲击试验、震动试验、喷淋试验、低气压试验、水压试验和漏洞试验等。

货物运输包装件按规定的项目试验后，运输包装不生产严重破损，内装货物不撒漏，不损坏，捆扎完好，可以确认为合格，予以承运。

（3）技术要求

根据《一般货物运输包装通用技术条件》，按运输部门的承运货物的运输包装进行分类，分为下述八类：箱类、桶类、袋类、包裹类、夹板轴盘类、筐篓类、坛类、局部包装及捆绑类。对每一类货物又进行了细分，比如箱类进一步细分为花格木箱、胶合板（纤维板、刨花板、竹胶板）箱、瓦楞纸箱、钙塑瓦楞箱，并且详细规定了限重和技术要求。

2. 普通货物运输包装标识的规定

在运输包装中，包装标识非常重要，也最早实现了标准化。运输包装标识是用图形或文字在运输货物包装上制作的记号、代号及其他指示和说明事项等的总称。在货物的运输包装上将标志分为三类：收发标志、储运图示标志、危险货物标志。

包装标识应符合 GB 6388—1986《运输包装收发货标志》、GB 191—2000《包装储运图标标志》和 GB 5892—86《对辐射能敏感的感光材料图标标志》的规定制作。其中，《包装储运图标标志》采用国际标准 ISO 780—1997《包装储运图标标志》而规定，尽可能做到与国际标准一致，以尽快适应国际贸易的需要。它主要包括标志图形、颜色、尺寸以及标志的使用方法。该标准自实施之日起，代替 GB 191—1990《包装储运图标标志》。相对于 GB 191—1990，该标准依据新的国际标准，将标志由原来的 12 个增加到 17 个，考虑到标准使用的方便性，将个别标志的使用方法在标准中加以说明。

标志应正确、清晰、齐全、牢固；旧标志应抹除；标志一般应印刷，也允许拴挂或粘贴；标志不得有褪色、脱落或喷刷在残留标记上。

二、危险货物的包装法律制度

（一）危险货物的含义

危险货物是指具有爆炸、易燃、毒害、腐蚀、放射性等性质，在运输、装卸和保管储存过程中容易造成人身伤亡或财产损毁而需要特别防护的货物。

由于危险货物自身的危险性质，我国对危险货物的包装规定了特殊要求。物流企业在进行危险货物的包装时，应当严格执行我国相关的法律规定和标准。对危险货物运输包装应符合国家强制性标准 GB 12463—1990《危险货物运输包装通用技术标准》，危险货物运输包装标志应符合 GB 190—1985《危险货物包装标志》。危险货物包装性能试验采用 GB 4857.8—84《运输包装件基本试验》，以避免危险货物在储存、运输、装卸搬运中出现重大事故。

《合同法》第 307 条规定："托运人托运易燃、易爆、有毒、有腐蚀性、有放射性等危险物品的，应当按照国家有关危险物品运输的规定对危险物品妥善包装，做出危险物标志和标签，并将有关危险物品的名称、性质和防范措施的书面材料提交承运人。托运人违反前款规定的，承运人可以拒绝运输，也可以采取相应措施以避免损失的发生，因此产生的费用由托运人承担。"

（二）危险货物运输包装的要求

《危险货物运输包装通用技术条件》是国家强制性标准，它规定了危险货物运输包装的分级、基本要求、性能试验和检验方法等，也规定了包装容器的类型和标记代号。该标准适用于盛装危险货物的运输包装，是运输、生产和检验部门对危险货物运输包装质量进行性能试验和检验的重要依据。

1. 对危险货物运输包装的强度、材料等的要求

根据 GB 12463—1990《危险货物运输包装通用技术标准》的规定，危险货物运输包装的强度及采用的材质应满足以下基本要求。

（1）危险货物运输包装应结构合理，材质具有一定强度，防护性能良好。

（2）包装的材质、形式、规格、方法和单件质量（重量），应与所装危险货物的性质和用途相适应，并便于装卸、运输和储存。

（3）包装应该质量良好，其构造和封闭形式能够承受正常运输条件下的各种作业风险，不因温度、湿度、压力的变化而发生任何泄漏，包装表面应该清洁，不允许黏附有害的危险物质。

（4）包装与内包装直接接触部分必要时应该有内涂层或进行防护处理。

（5）包装材质不得与内包装物发生化学反应而形成危险产物或导致削弱包装强度，内容器应该固定。如果属于易碎的，应用与内装物性质相适应的衬垫材料或吸附材料衬垫夯实；盛装液体的容器，应能经受在正常运输条件下产生的内部压力。灌装时必须留有足够的膨胀余地，除另有规定外，应该保证在55℃时，内装物不会完全充满容器。

（6）包装封口应该根据内包装物性质采用严密封口、液密封口或气密封口。

（7）盛装需浸湿或加有稳定剂的物质时，其容器缝补形式应能有效地保证内装液体、水溶剂或稳定剂的百分比在储运期间保持在规定范围内。

（8）有降压装置的包装，排气孔设计和安装应能防止内装物泄漏和外界杂质的混入，排出的气体量不得造成危险和污染环境。复合包装内容器和外包装应紧密贴合，外包装不得有擦伤内容器的突出物。

（9）无论是新型包装、重复使用的包装，还是修理过的包装，均应符合危险货物运输包装性能测试的要求。

2. 包装容器

GB 12463—1990《危险货物运输包装通用技术标准》详细介绍了对钢（铁）桶、铝桶、钢罐、胶合板桶、木琵琶桶、硬质纤维板桶、硬纸板桶、塑料桶、塑料罐、天然木箱、胶合板箱、再生木板箱、硬纸板箱、瓦楞纸箱、钙塑板箱、钢箱、纺织品编织袋、塑料编织袋、塑料袋、纸袋、瓶、坛、筐、篓这些包装容器的制作标准和最大容积、最大净重的要求。

3. 防护材料

防护材料包括用于支撑、加固、衬垫、缓冲和吸附等的材料。危险货物包装所采用的防护材料及防护方式，应与内装物性能相适应，应符合运输包装件总体性能的要求，能经受运输途中的冲击与震动，当内容器被破坏和内装物流出时也能保证外包装安全无损。

4. 危险货物包装标志

根据 GB 12463—1990《危险货物运输包装通用技术标准》规定，危险货物运输包装可根据要求采用规定的标志代号，共21种标志图形，19个标志名称，如表6-1所示，其图形分别标示了九类危险货物的主要特征。

表6-1 危险货物图形标志和名称

标志号	标志名称	标志图形	对应的危险货物类项号
标志1	爆炸品	（符号：黑色；底色：橙红色）	1.1 1.2 1.3

续表

标志号	标志名称	标志图形	对应的危险货物类项号
标志 2	爆炸品	1.4 爆炸品 1 （符号：黑色；底色：橙红色）	1.4
标志 3	爆炸品	1.5 爆炸品 1 （符号：黑色；底色：橙红色）	1.5
标志 4	易燃气体	易燃气体 2 （符号：黑色或白色；底色：正红色）	2.1
标志 5	不燃气体	不燃气体 2 （符号：黑色或白色；底色：绿色）	2.2
标志 6	有毒气体	有毒气体 2 （符号：黑色；底色：白色）	2.3
标志 7	易燃液体	易燃液体 3 （符号：黑色或白色；底色：正红色）	3

续表

标志号	标志名称	标志图形	对应的危险货物类项号
标志8	易燃固体	(符号:黑色;底色:白色红条)	4.1
标志9	自燃物品	(符号:黑色;底色:上白下红)	4.2
标志10	遇湿易燃物品	(符号:黑色或白色;底色:蓝色)	4.3
标志11	氧化剂	(符号:黑色;底色:柠檬黄色)	5.1
标志12	有机过氧化物	(符号:黑色;底色:柠檬黄色)	5.2
标志13	剧毒品	(符号:黑色;底色:白色)	6.1

续表

标志号	标志名称	标志图形	对应的危险货物类项号
标志 14	有毒品	有毒品 6 (符号：黑色；底色：白色)	6.1
标志 15	有害品 （远离食品）	有害品 (远离食品) 6 (符号：黑色；底色：白色)	6.1
标志 16	感染性物品	感染性物品 6 (符号：黑色；底色：白色)	6.2
标志 17	一级 放射性物品	一级放射性物品 Ⅰ 7 (符号：黑色；底色：白色，附一条红竖条)	7
标志 18	二级 放射性物品	二级放射性物品 Ⅱ 7 (符号：黑色；底色：上黄下白，附二条红竖条)	7
标志 19	三级 放射性物品	三级放射性物品 Ⅲ 7 (符号：黑色；底色：上黄下白，附三条红竖条)	7

续表

标志号	标志名称	标志图形	对应的危险货物类项号
标志 20	腐蚀品	(符号:上黑下白;底色:上白黑下)	8
标志 21	杂类	(符号:黑色;底色:白色)	9

三、国际物流中的包装法律制度

(一) 国际物流中包装的特点

国际物流是国内物流的延伸和发展,同样包括运输、包装、流通加工等若干子系统。国际货物包装(主要指外包装)的目的是保护货物本身质量和数量上的完整无损,便于装卸、搬运、堆放、运输和理货,对危险货物包装还有防止其危害性的作用。

国际物流中的包装具有以下特点。

1. 对包装强度的要求较高

国际物流的过程与国内物流相比时间长、工序多,因此在国际物流中,一种运输方式往往难以完成物流的全过程,经常采取多种运输方式联运,这就增加了装卸搬运的次数及存储的时间。在这种情况下,只有增加包装的强度,才能达到保护商品的作用。

2. 标准化要求较高

要使国际物流畅通,统一标准非常重要。目前,欧美基本实现了物流工具、设施的统一标准,大大降低了物流费用,降低了转运的难度。为了提高国际物流的效率,国际物流过程中对包装的标准化程度越来越高,以便于商品顺利地流通。

3. 物流环境存在差异

不同国家的物流适用不同的法律使国际物流的复杂性远高于一国的国内物流,甚至会阻断国际物流;不同国家的不同经济和科技发展水平会造成国际物流处于不同科技条件的支撑,致使国际物流全系统水平的下降;不同国家的风俗人文也使国际物流收到很大局限。正是由于物流环境的差异迫使国际物流需要在不同法律、人文、习俗、语言、科技、设施的环境下运行,因此增加了物流的难度,也加大了国际物流中与包装有关的法律使用的复杂性。

4. 包装产品信息化

目前、数字化、网络化、信息化成为物流发展的一大主题,物流与电子商务结合更快地促使了包装信息化的进程。物流信息存储的数字化、电子订货系统（EOS）、电子数据交换（EDI）等技术的广泛应用，均需要产品包装走向信息化，如将自动识别系统、条形码技术适当地应用于包装上。物流的自动化需要在包装上有明确的标识及可以识读的信息码才能实现。

5. 包装走向环保型

绿色环保型物流是当今经济可持续发展的一个重要组成部分，注重生态环境，减少物流对环境造成的危害，成为物流发展的另一大主题。采用绿色环保包装材料，提高包装材料利用率，设计折叠式包装以减少空载率，建立包装的回收利用制度，将成为物流包装的发展方向。

（二）国际物流中包装所适用的法律

1. 国际物流中包装的法律

国际物流是一项跨行业、跨部门、跨越国界的系统工程，涉及的环节非常多。其中，包装应该遵守包装环节所涉及的相关国家的法律规定。在世界范围内已存在不少与包装有关的法律、法规、标准、国际公约和国际惯例，同时也有不少有关包装的试验、材料、尺寸和搬运设备的标准。

2. 包装环保法律

产品包装是物流活动的重要环节，包装材料对环境的污染不容忽视。随着人们对环保、安全、健康意识的日益增强，许多国家通过制定一系列政策法规限制或鼓励包装的使用和处理，以减少产品包装对环境的影响。具体包括以下几项。

（1）以立法的形式禁止使用某些包装材料，如某些国家规定禁止使用含有铅、汞、锡等成分的包装材料和没有达到规定的在循环比例的包装材料。

（2）建立存储返还制度。许多国家规定饮料一律使用可重复利用的包装材料，消费者在购买时向商店交付一定保证金，返还容器时再由商店退还保证金，有些国家还将这种制度扩大到洗涤剂和油漆的生产和销售上。

（3）制定再循环或再利用法律，如日本的《再利用法》、《新废弃物处理法》，欧洲各国的《包装废弃物令》等。

（4）税收优惠或处罚。对生产和使用包装材料的厂商根据其产品包装的原材料或使用的包装中是否全部或部分使用可再循环的包装材料，给予免税、低税优惠或征收较高的税赋，以鼓励使用可再回收的资源。

我国对"绿色"包装的法律调控体现在《中华人民共和国环境保护法》、《中华人民共和国固体废弃物污染环境防治法》、《中华人民共和国水污染防治法》、《中华人民共和国大气污染防治法》四部专项法和八部资源法的规定中，其中30多项环保法规明文规定了包装废弃物的管理条款。

3. 国际物流中的包装标准

为降低运输费用，提高物流效率，随着物流标准化的加强，集装箱、托盘的规格尺寸走向标准化。目前，国际标准化组织（ISO）侧重物流基础模数系统的标准化工作，包括包装、单元货物、装卸设备、托盘、仓储装置、运输装备等，以考虑各方面尺寸分配的协调性。

所指定的物流基础标准主要有 ISO 3394《硬直方体运输包装尺寸》、ISO 3676《包装——单元货物尺寸》、ISO 1894《系列Ⅰ通用集装箱——最小内部尺寸》、ISO 1496《一般运输货运集装箱》,ISO/R 198《货物联运双面平托盘》等 30 多项标准。

我国在 2001 年 4 月也正式发布了《物流术语》国家标准（GB/T 18354—2001）。有关包装标准有《货物类型、包装类型和包装材料类型代码》等。

（三）《国际海运危险货物规则》对于危险货物包装的基本要求

随着工业的发展及贸易全球化，通过海上运输的危险货物品种和数量也随之大幅度增长。为了有效防止事故发生，保护海上环境，各国政府普遍开始重视对海上运输危险货物的安全管理，通过法律要求经营、运输危险货物的各方承担不同的义务。

由于各种规章和习惯做法在运作机制、货物识别和标志上各不相同，术语也不一致，对包装和积载的规定也因国而异，因而给所有直接从事危险货物运输的人员在各方面造成困难。为了加强对海上运输危险货物进行国际管理，国际海事组织制定了一个统一的《国际海运危险货物规则》，很多国家通过本国立法将该规则的要求付诸实施。

目前世界上已有 50 几个国家在海上运输危险货物方面执行《国际海运危险货物规则》，成了强制性的规范，我国从 1982 年 10 月开始实施《国际海运危险货物规则》。

《国际海运危险货物规则》对危险物品包装做了以下规定。

1. 包装的材质、种类应与所装危险货物的性质相适应

包装应该具备一定的强度，以保证在正常的海运条件下，包装内的物质不会泄漏和收到污染。对包装的要求应与危险度成正比，包装的强度与危险的货物单件包装重量成正比，包装的强度还应与运输的长度成正比。包装的设计应考虑到在运输过程中温度、湿度的变化。包装应该保证在环境发生变化的情况下，包装不发生损坏。

2. 包装的封口应该符合所装危险货物的性质

封口应该由所装的危险货物的性质来决定。封口可以分为气密封口、液密封口。在通常情况下，危险物质的包装封口应该严密，特别是易挥发、腐蚀性强的气体。但是，有些物质由于湿度上升或其他原因，会由于气体散发易使容器内的压力逐渐加大，导致封口不能密封。

3. 内外包装之间应该有合适的衬垫

内包装与外包装之间应该采取适当的减震衬垫材料。衬垫不能削弱外包装的强度，而且衬垫的材料还必须与所装的危险货物的性能相适应，以避免危险的发生。

4. 包装应该能经受一定范围内温度和湿度的变化

在物流过程中，包装除应该具有一定的防潮衬垫外，本身还要具有一定的防水、抗水性能。

5. 包装的重量、规格和形式应便于装卸、运输和储存

根据《国际海上危险货物运输规则》的规定，包装最大容量为 450 升，最大净重为 400 千克。同样，包装的外形尺寸与船舱的容积、载重量、装卸机具应该相适应，以方便装卸、积载、搬运和储存。

【工作任务 2】 根据所提供的包装案例，发现问题、解决问题

案情：被告委托原告运输一批化工产品（三甲基氯硅烷）从上海港运至埃及亚历山大港。货物为 160 桶三甲基氯硅烷，按每箱 80 桶分装两个 20 英尺的集装箱，集装箱号分别为 ECMU1135796，ECMU1306815，托运人装箱、堆存和计数，签发日期为 2005 年 6 月 27 日。

货物运抵目的港后，被告因故要求将货物运回。原告为此又出具了编号为 EG1016027 的提单，载明托运人为 CMACGMEGYPT，收货人为被告，签发日期为 2005 年 10 月 13 日。货物回运途中，编号为 ECMU1135796 的集装箱被发现泄漏。之后，该集装箱在马来西亚巴生港被卸下。经当地检验机构 ITS 检验服务有限公司检验，该集装箱内部及外部表面状况良好，但地板有被液体、化学物质污染的痕迹；又经拆箱检验，80 桶货物被堆载为每排四个桶并列且有两层高，桶底凹陷，液体从桶的顶部衔接口处漏出。

ITS 公司出具了检验报告，检验结论为"桶的质量和货物本身重量的压力应当是引起泄漏的原因"。经巴生港港监决定，该箱货物最终于 2005 年 12 月 9 日被销毁。原告支付因处理危险货物集装箱的接地系统安装工程费用 725.60 马来西亚林吉特（以下简称 RM）、运输费 210RM、消防设备和消防人员成本费 53070RM、集装箱清理费 48RM、集装箱作业费 9000RM、货物销毁费用 53188.40RM、熏蒸消毒费 90RM。原告代理人汽船保险管理服务有限公司代理原告支付检验费 5797.93 美元。

［问］（1）试分析本案双方当事人的权利义务关系。
（2）本案被告是否应当承担赔偿责任？

［答案］ 三甲基氯硅烷为《国际海运危险货物规则》中列名的第三类危险货物，联合国编号为 1298。危险货物的包装极其重要，包装不善将产生极其严重的后果。因此《海商法》在第 66 条规定了托运人的妥善包装义务之外，第 68 条又专门对危险货物的包装做了规定。本案中，承运人提供了船舶和集装箱，这是托运人的妥善包装义务。

货物泄漏无论是由于容器质量不合格、箱内积载不当还是两者结合所引起，被告均已构成违约，应当对此承担违约责任，赔偿原告由此遭受的损失。据此，依照《海商法》第 66 条、第 68 条，《合同法》第 107 条、第 113 条第一款的规定，被告向原告赔偿由此给承运人造成的损失。

单元三　加工承揽合同

在流通加工环节中，物流企业可能通过加工承揽合同履行其物流服务合同的加工义务，即物流企业通过与承揽人签订分合同的形式将其加工义务分包出去。对此，物流企业通常处在加工承揽合同中的定作人的地位。因此，作为定作人，物流企业应当了解与其有关的加工承揽合同的法律适用，合同的订立、内容，以及相应的权利和义务。

一、加工承揽合同的概念和种类

（一）加工承揽合同的概念

加工承揽合同是指当事人一方按他方的特别要求完成一定工作，并将工作成果交付他方，他方按照约定接受工作成果并给付酬金的合同。提出工作要求，按约定接受工作成果并给付酬金的一方是定作人；按指定完成工作成果，收取酬金的一方是承揽人。

加工承揽合同的承揽人可以是一人，也可以是数人。在承揽人为数人，数个承揽人即为共同承揽人，如无相反约定，共同承揽人对定做人负连带清偿责任。

（二）加工承揽合同的种类

加工承揽合同是完成工作交付成果合同的总称，此类合同在社会生活中使用范围极广。

加工承揽合同主要包括以下几种。

1. 加工合同

加工合同是指承揽人按照定作人的具体要求，使用自己的设备、技术和劳动对定作人提供的原材料或半成品进行加工，并将成果交给定作人，由定作人支付价款的合同。该合同的特点是由定作方提供大部分或全部的原材料，承揽方只提供辅助材料，并且仅收取加工费用。这种合同是物流中常见的合同。

2. 定作合同

定作合同是由承揽人根据定作人特别要求，利用自己的设备、技术、材料和劳动力，为定作方制作成品，由定作方支付报酬的合同。例如，运输企业为运输某些特殊商品而向承揽人定作专门的包装物。在定作合同中，原材料全部由承揽方提供，定作方支付相应的价款。定作合同的价款包括加工费和原材料费用。

3. 修理合同

修理合同是指承揽人为定作人修理功能不良或缺失或外观被损害的物品，使其恢复原状，由定作人支付报酬的加工承揽合同。在修理合同中，定作方可以提供原材料，也可以不提供原材料。在不提供原材料的情况下，定作人所支付的价款主要是原材料的价值。修理合同在物流过程中也很常见。由于物流过程中产品和包装的破损不可避免，所以物流合同履行的好坏将影响物流的效率。

4. 其他加工承揽合同

其他加工承揽合同主要有承揽人为定作人的房屋进行修缮，为定作人打印、复印稿件材料，翻译外文资料，进行物品性能测试、检验和工作成果的鉴定。

二、加工承揽合同的主要内容

合同的内容是双方当事人协商一致的、约定双方当事人具有权利和义务的条款。合同内容既是检验合同合法性和有效性的凭证，又是当事人享受权利和承担义务的依据。加工承揽合同包括以下具体内容。

1. 当事人条款

当事人是民事法律关系的主体，反映在合同中即当事人条款。在合同内容中，当事人条款是首要内容，不可或缺。加工承揽合同的当事人就是定作人和承揽人，也可以是自然人、法人或其他组织。对于定作人，法律一般没有限定其资格。但对于承揽人，就应当具备完成承揽工作所必需的设备、技术和能力。

2. 加工承揽合同的标的条款

承揽合同的标的是定作人和加工承揽人权利与义务指向的对象，即定作物，是加工承揽合同必须具备的条款。承揽标的是将承揽合同特定化的重要因素，在合同中应当将加工定作的物品名称、项目、质量等要素规定明确、具体，不能含糊、混淆不清，否则将导致合同履行的困难。承揽合同的标的应该具有合法性，标的不合法将导致合同无效。

3. 承揽标的数量条款

数量是以数字和计量单位来衡量定作物的尺寸。根据标的物的不同，有不同的计算数量的方法。数量包括两个方面：数字和计量单位。在合同数量条款中的数字应当清楚明确，数量的多少直接关系到双方当事人的权利与义务，也与价款和酬金有密切的关系。在计量单位的使用上，应当采用国家法定的计量单位，如米、立方米、千克等。

4. 承揽标的质量条款

质量是定作物适合一定用途、满足一定需要的特征,不仅包括特定物本身的物理、化学和工艺性能等特性,还包括形状、外观、手感及色彩等,主要是对承揽标的品质的要求。承揽合同中的标的的质量通常由定作人提出要求。因此,加工承揽合同中的质量条款不仅包括标的物的技术标准、标号、代号等,还包括对标的物的形状、外观、手感及色彩的具体要求,必要时还应附有图纸。

5. 报酬条款

报酬是指定作人对承揽人所完成的工作应支付的酬金。承揽人订立合同、完成承揽工作的直接目的就是为了取得报酬,因此报酬条款也是加工承揽合同的重要内容之一。报酬条款应该在合同中明确约定,包括报酬的金额、货币种类、支付期限和支付方式等。在原材料由承揽方提供的情况下,报酬条款还应明确原材料的价款、支付方式、支付期限等。

6. 材料提供条款

承揽合同中的原材料既可以由承揽人提供,也可以由定作人提供。原材料的提供不仅会影响到价金的确定,而且原材料的质量将会直接影响定作物的质量,因而影响合同是否得到完全履行。流通加工是在流通的全过程中对货物进行加工,加工的对象是货物,所以物流企业在进行流通加工的情况下,原材料通常是由物流需求方提供。但是在一定的情况下,如将货物进行分包装,包装物有可能由物流企业提供。

7. 承揽履行条款

履行条款包括履行期限、履行地点、履行方式3部分。

(1) 履行期限　履行期限是合同当事人履行合同义务的期限。承揽合同的履行期限包括提供原材料、技术资料、图纸,以及支付定金、预付款的义务的期限。

(2) 履行地点　履行地点是指履行合同义务和接受对方履行合同成果的地点。履行地点直接关系到履行合同的时间和费用。

(3) 履行方式　履行方式是指承揽人完成工作的方式。履行方式最主要的一个方面就是确定承揽工作是否交由第三人完成,即承揽工作是由承揽人独立完成或两个以上承揽人共同承担完成或承揽人可将一定工作交由第三人完成。此外,履行方式条款还应包括履行工作采用何种工作手段和工艺方法,以及工作成果的交付方式等。例如,是一次性交清还是分期分批履行,定作物是定作人自己提取还是由承揽人送货等。

8. 验收标准和方法条款

验收标准和验收方法是指定作人对承揽方所完成的工作成果进行验收所采用的标准和方法。验收标准用于确定承揽方预交的工作成果是否达到定作方所规定的质量要求和技术标准。验收方法是进行验收的具体做法。由于验收标准和验收方法关系到工作成果的实用性、安全性和风险责任的转移等,因此在加工承揽合同中,这一条款应当规定得具体、明确。

9. 样品条款

凭样品确定定作物的质量是加工承揽合同中一种常见的现象。在这种情况下,定作人完成的工作成果的质量应该达到样品的水平。样品可以由定作方提供,也可以由承揽方提供。提供的样品应封存,由双方当场确认并签字,以作为成果完成后的检验依据。

10. 保密条款

由于加工承揽合同的特殊性,定作方有时会向承揽人提供一定的技术资料和图纸,可能涉及定作人不愿被他人所知的商业秘密和技术秘密。因此,在合同中规定保密条款是十分必要的。保密条款应当对保密的范围、程度、期限、违反的责任进行详细约定。

11. 违约责任

违约责任是绝大多数合同的主要内容之一，加工承揽合同自然也应当在合同内容约定违约责任的承担，明确责任承担的情况、责任承担的方式、计算方法和数额等，以便在发生纠纷时以此作为解决纠纷的依据。

三、加工承揽合同中当事人的权利与义务

依合同履行的一般规则，加工承揽合同的双方当事人都应当全面履行各自的义务，在需要协助的情况下给对方必要的协助，以使合同高质、高效地得到履行。具体来说，承揽人应当全面按照合同中定做人提出的特定要求进行承揽工作，并最终交付符合要求的工作成果。在履行合同的过程中，很重要的一点就是承揽人要亲自履行合同义务。当然，在双方约定在第三方作出一定工作等条件下，承揽人可以将一定的工作交由第三人辅助完成，但该工作仅限于辅助工作，其质量问题的责任仍然由承揽人承担。对于定做人，应按时、按约支付报酬。此外，协助承揽人的承揽工作也是定做人履行合同的一个重要方面。承揽人应当按照合同约定，及时、准确地提供承揽工作所需的原材料、图纸及技术资料等。定做人在行使其监督检验权时也不得妨碍承揽人正常工作。加工承揽合同当事人具体的权利和义务如下。

（一）承揽人的权利与义务

1. 承揽人的主要权利

（1）承揽人的收益权　按照合同的约定，承揽人有权要求定做人支付报酬和有关原材料的费用。在定做人没有按照约定支付报酬和费用时，承揽人可以对其定做物和原材料行使留置权。留置经过一定的时间（一般不少于两个月）后，定做人仍未支付报酬和费用的，承揽人有权将定做物或原材料变卖或拍卖，以所得价款优先清偿其报酬和费用。另外，当定做人无正当理由拒绝受领定做物或无法交付定做物时，承揽人有权将定做物交给提存机关提存，以免除自己的交付义务。

（2）承揽人的留置权　这是指承揽人享有的依法留置定做物，作为取得工作报酬的担保权利。承揽人的这一权利，是法律对承揽人所付出劳动的一种特别保护。加工承揽合同中，定做人往往是在承揽人交付工作成果时支付报酬，如果定做人取得定做物的时候仍不支付报酬及相关费用，承揽人所付出的劳动仅能为自己带来对定做人的债权。相对于定做人的其他债权人，承揽人没有任何优势可言。这种处境对于已付出了大量劳动的承揽人而言，是不公平的，为了体现对承揽人所付出劳动的尊重，法律规定了承揽人的留置权。承揽人依法留置定做物，在一定意义上促进了定做人支付合同约定的报酬及相关费用。如果定做人收到通知后，逾期不履行其义务，承揽人可将该留置物折价或拍卖、变卖所得的价款优先受偿，这在很大程度上保护了承揽人的利益。

承揽人依法享有留置权的前提是定做人不支付合同约定的报酬或其他相关费用。承揽人行使留置权的目的是促使定做人按约定支付上述款项。因此，只要定做人支付了相关的款项或提供了其他适当的担保，承揽人就应交付被其留置的定做物。至于用于留置的财产，应当是承揽人基于加工承揽合同而合法占有的属于定做人的工作成果、材料及其他财产。所留置的定做物的价值，应尽可能与定做人所应支付的报酬及其他费用的金额相近。当所谓留置的定做物或其他财产为可分物时，留置物的价值应当相当于债务的金额。此外，承揽人的留置权是一种法定担保物权，但当事人也可以在合同中约定加以排除。

2. 承揽人的主要义务

(1) 按加工承揽合同约定完成承揽工作的义务 这是承揽人最基本的义务,对此承揽人应当恪守信用,严格按照加工承揽合同约定的有关流通加工的标的、规格、形状、质量等完成工作,以满足委托方的要求,非经定做人的同意不得擅自变更。在工作过程中,若发现定做人提供的图纸和技术要求不合理,应及时通知定做人变更,而不能擅自修改。因定做人怠于答复等原因造成承揽人损失的,定做人应当赔偿损失。在未交付前,承揽人应当妥善保管完成的工作成果,以及定做人提供的材料,因保管不善造成毁损、灭失的,承揽人应当承担赔偿责任。这一义务主要包括以下3个方面内容。

① 应当在合同规定的时间开始工作,并在合同规定的期限内完成工作。

② 应当按照物流委托人的要求按质、按量地完成工作。

③ 应当以自己的设备、技术劳力完成工作或主要工作。

(2) 亲自完成主要工作的义务 由于承揽合同往往是基于定做人对承揽人在技术、经验、实力等方面的信任而产生,因此,除非当事人另有约定,承揽人应当以自己的设备、技术和劳力完成主要工作。承揽人将其承揽的主要工作交由第三人完成的,应当就该第三人完成的工作成果向定做人负责、未经定做人同意的,定做人也可以解除合同。

承揽工作分为主要工作和辅助工作。对于辅助工作,承揽人可以未经定做人的同意将其交由第三人完成。承揽人将其承揽的辅助工作交由第三人完成的,应当就该第三人完成的工作成果向定做人负责。若定做人不愿意承揽人将辅助工作交由第三人完成的,必须在合同中明确加以约定。

(3) 对定做人提供的材料进行检验、保管和诚信使用的义务 承揽人的保管义务是针对材料由物流委托方提供的情况下。在原材料由物流委托方提供时,承揽人应当及时对原材料进行检验,并在发现不符合约定的情形下及时通知物流委托方。

(4) 提供原材料并接受检查、监督及诚信义务 根据合同的约定流通加工的原材料由承揽人提供的,承揽人应当按照约定选用材料。承揽人在工作期间,应当接受定做人必要的监督检查,但是定做人不得因监督检查妨碍承揽人的正常工作。

(5) 对流通加工中涉及的商业秘密负有保密义务 承揽人应按照物流需求方的要求,保守秘密,未经物流需求方的同意,不得保留复制品和技术资料,否则定做人有权要求赔偿损失,并且销毁有关资料或文件。承揽人的保密义务是一种随附义务,基于诚信原则产生。

(6) 瑕疵保护义务 承揽人应当保证加工物在品质、效用等方面符合物流服务合同的约定,否则就要承担瑕疵担保责任。根据《合同法》第262条的规定,承揽人对定做物有下次担保义务,承揽人所完成的工作成果应当符合质量要求。如果承揽人所提供的定做物不符合合同约定的质量标准和要求,或者使定做物的价值减少,或者不符合通常效用,承揽人应负瑕疵担保责任。

(7) 共同承揽人义务 为了增强承揽能力,常出现两个以上承揽人共同与定做人签订承揽合同的情况。加工承揽合同中,当承揽人为两人以上时,通常称为共同承揽人。根据《合同法》第267条规定:共同承揽人对定做人承担连带责任,但当事人另有约定的除外。

(二) 定做人的权利与义务

1. 定做人的权利

定做人的权利是与承揽人的义务相对的,即前述承揽人的义务,从另外一个方面来说就是定做人的权利。这些权利主要为按合同约定受领工作成果的权利、对原材料及交付的工作成果按约定验收的权利、对承揽人进行必要的监督的权利等。

(1) 对材料的验收权　在加工承揽合同中，双方当事人可以自由决定材料由定做人提供或由承揽人提供。无论哪方提供材料，材料的品种、质量等因素都将直接影响承揽工作成果的最终质量，因此，任何一方所提供的材料都应当符合合同要求并满足定做物质量的需要。在承揽人提供材料的情况下，定做物一般自始至终在承揽人的占有之下，如果不允许定做人进行验收仅凭承揽人的诚心进行承揽工作，一旦承揽人提供的材料不符合合同的要求，定做人将无从知晓，定做物的质量也无从得到保证，定做人处于十分不利的地位。基于此原因，应当赋予定做人对材料的验收权。根据《合同法》第 55 条规定：承揽人提供材料的，承揽人应当按照约定选用材料，并接受定做人检验。如果定做人对承揽人选用的材料质量提出异议，承揽人应当给以调换。承揽人因原材料的缺陷导致工作成果有瑕疵的，承揽人应当承担违约责任。

(2) 监督检查权　按照加工承揽合同所应完成的工作成果，应当是按照定做人的要求专门加工制作的。一旦最终的定做物不符合定做人在合同中所提出的特定要求，该定做物很可能也将因过于个性化难以转让给其他人。因此，为保证定做物在加工、制作的各个阶段都符合合同的要求，能最终满足定做人的特殊要求，应当规定定做人有权监督检验承揽人的工作是否按照特定的要求进行。对于定做人的监督检查，承揽人有义务配合，给定做人以合理的机会行使权利。但是定做人监督检查权利的行使应当以不妨碍承揽人的正常工作为限。对此《合同法》第 260 条规定：承揽人在工作期间，应当接受定做人必要的监督检查。定做人不得因监督检查妨碍承揽人的正常工作。这里的监督检查权是对承揽人的承揽工作的监督检查，不包括对承揽人提供材料的验收。定做人在监督检查中发现承揽工作有问题的，应当及时提出，并要求承揽人改正、变更工作要求。

(3) 中途变更要求的权利　在加工承揽合同中，承揽人应按照定做人的要求完成工作，这是加工承揽合同订立的基础之一，定做人的要求体现在承揽工作的整个过程中。由于种种原因，定做人可能会对最初在合同中所约定的要求觉得不满意、不合适。在这种情况下，应当允许定做人对其提出的要求进行变更，但定做人应承担这种变更带来的不利后果。《合同法》第 258 条规定：定做人中途变更承揽工作的要求，造成承揽人损失的，应当赔偿损失。

(4) 定做人有单方解除权　一般合同生效后，双方当事人任何一方都不得任意解除。但加工承揽合同具有按定做人要求进行承揽工作的特殊性，在合同成立后如定做人因种种原因不再需要承揽人完成该项工作时，允许定做人单方解除合同应当是最佳选择。因为，此时如果定做人迫于合同的约束力而继续该合同，将会造成人力、物力的更大损耗。法律因此赋予了定做人单方解除权。《合同法》第 268 条规定：定做人可以随时解除承揽合同，造成承揽人损失的，应当赔偿损失。

2. 定做人的主要义务

(1) 及时接受工作成果的义务　定做人应按约定的方式、时间、地点及时验收工作成果。定做人在验收时发现工作成果有缺陷的，可以拒绝受领；但定做人如果迟延接受和无故拒绝加工物的，应承担违约责任。定做人无正当理由拒绝接受的，承揽人可以向提存机关将定做物提存，视为完成工作成果。

(2) 按合同约定的法律规定支付报酬与材料费的义务　合同对报酬支付有约定的，定做人应当按照约定的期限和方式支付报酬。对报酬的支付期限没有约定或约定不明确的，双方可以协议补充，定做人按此补充协议支付报酬，不能达成补充协议的，按照合同有关条款或交易习惯确定；仍不能确定的，定做人应当在承揽加工人交付工作成果时支付。工作成果部分交付的，定做人应当按照合同的约定支付报酬。对支付方式未作约定或约定不明确时，定做人应当在接受工作成果时，以货币为支付方式。定做人逾期支付报酬和原材料费用的，承揽人有权要求其支付迟延交付款项在迟延期间的利息损失。

(3) 按合同的约定提供原材料、设计图纸、技术资料等的义务　在定做人有特殊要求或者承揽工作有一定复杂程度的情况下，合同往往约定由定做人提供相关原材料、设计图纸、技术资料等。此时，定做人应当按照合同约定的质量、数量、规格、种类提供原材料。这里的材料，不仅包括钢材、木材、砂石等生产材料，还包括加工承揽合同涉及的技术资料，如技术标准、技术要求等。定做人若未按约定提供的，承揽人有权解除合同，并要求赔偿损失。

(4) 协助承揽人完成加工的义务　因承揽工作的性质，承揽人在工作期间需要定做人协助的，定做人应进行协助的义务。多数流通加工工作需要定做人的协助，只是根据具体合同的要求所需要的协作程度不同。这里的协作不仅包括技术上的，如及时提供技术资料、有关图纸，而且还包括物质上的，如提供场地、水、电等。定做人不履行协助义务致使承揽工作不能完成的，承揽人可以催告定做人在合理期限内履行义务，并可以顺延履行期限；定做人逾期不履行的，承揽人可以解除合同，并有权要求定做人赔偿损失。

(三) 物流企业在流通加工中涉及的责任

1. 物流企业作为承揽人的责任

(1) 违约责任　物流企业承揽人根据物流服务合同的要求进行流通加工，物流服务合同规定了物流企业承揽人应当履行的义务，当违反了合同的约定时，就应当承担违约责任。承担的违约责任应该根据物流服务合同的具体内容确定。

(2) 产品责任　若加工物本身的缺陷给物流需求方或第三人的人身、财产造成损失的，物流企业承揽人应当承担产品责任。根据我国民法通则和产品责任法的有关规定，这种产品责任是一种侵权责任。

2. 物流企业作为定做人的责任

(1) 提供的原材料不符合合同的要求　物流企业没有能在合同的约定时间内提供原材料及技术资料。或者提供的原材料、技术应用不符合合同的规定，应当承担违约责任，并且承担由此给加工承揽方带来的损失。

(2) 领取或逾期领取定做物　加工承揽方按照合同的约定完成定做物后，物流企业应该在合同约定的时间内领取加工物，如果无故推迟领取，应当承担违约责任，并且承担由此给加工承揽方造成的额外费用和其他损失。

(3) 中途变更加工要求　在加工承揽合同的履行过程中，物流企业单方面地改变合同的内容，变更表的内容，增加定做物的数量、质量、规格、设计等，同样是一种违约行为，对此应该承担违约责任，并对由此给加工承揽方所带来的其他损失赔偿责任。

【工作任务 3】　根据以下案例签订一份加工承揽合同。

张某打算委托上海某家具厂加工生产柚木家具共 X 套。双方经过前期的谈判确定了以下事宜：每套家具的单价为 a 元，合同总价为 A 元。双方还约定，家具厂先生产一套样品，样品按照家具厂提供的家具尺寸、结构、工艺等要求并经双方协定修改来生产，家具样品应该在 2012 年 5 月 10 日前向张某交付,并由张某验收后下达样品确认书,家具厂根据样品确认书的标准进行生产。双方还约定,签订合同时,张某支付给家具厂预付款 B 元,用于样品生产。家具样品完成主体框架后,申请人支付样品剩余货款 C 元。家具样品确认书下达后三个工作日内,张某支付货款 D 元,余款在被申请人完成家具生产后,送货的前一天支付。另外,双方约定如有一方违约,另一方可以提出解约,终止合同,违约方应当赔偿对方的损失。在没有造成损失的情况下,违约方应支付合同金额 20% 的违约金。

【复习思考题】

一、简答题

1. 简述物流企业在配送服务合同中的权利和义务。
2. 简述物流企业在销售配送合同中的权利和义务。
3. 简述国际物流中包装所适用的法律。
4. 简述《国际海运危险货物规则》中对于危险货物包装的基本要求。
5. 简述加工承揽合同的主要内容。
6. 简述加工承揽合同当事人的义务。

二、案例分析

1. 甲公司为某商贸公司,乙公司为某物流配送服务公司。2006 年 7 月 15 日,乙为甲配送自行车零件 100 套,价值 21000 元,双方签订配送合同后,甲办理了托运单,缴纳了托运费 1200 元。2006 年 7 月 25 日,乙用自有车队开始运输,汽车刚刚驶离甲出 5 千米时突然起火,并将大部分自行车零件烧毁。甲遂向某区人民法院起诉,要求乙赔偿损失,并退回运费。

[问] 乙公司是否应赔偿甲公司的经济损失?为什么?

2. 一批空运货物中有一包是易碎货(盘子、茶杯等)。发货人在托运单中写明了货物性质,但在填写的航空运单中却没标明易碎货物的性质,货到目的地,卸货人员不知道该批货物性质。交货时发现这批货物严重受损,收货人要求承运人赔偿。

[问] 承运人是否应当承担赔偿责任?为什么?

3. 长江物流服务公司为武汉佳佳制衣厂的服装出口提供长期国际综合物流服务,即由长江公司进行服装包装,安排国际联运及到货配送。2000 年 6 月,长江公司对包括佳佳制衣厂等在内的 6 家货方提供服务,而将其同船承运,其中,提单号为 wH2000601～wH2000609 的货物为佳佳服装。当载货船驶离上海港后不久与他船相撞,载货船受创严重,船舶进水,致使提单号为 wH2000601～wH2000609 的货物遭水浸。经查,货物受损原因为船舶进水,船上集装箱封闭不严,致使货物遭水浸。

[问] 佳佳制衣厂的货物损失应该由谁来承担?为什么?

项目七 认知货物搬运与装卸法律制度

【本章知识点简介】

港口货物作业合同是指港口经营人在港口对水路运输货物进行装卸、驳运、储存、装拆集装箱等作业,作业委托人支付作业费用的合同。当物流企业不亲自对货物实施装卸搬运作业时,即需要与专业的装卸公司就某一港口的货物装卸搬运签订作业合同,该合同即属于港口货物作业合同。根据《港口货物作业规则》的规定,港口货物作业合同的主要内容有以下几点:作业委托人、港口经营人和货物接收人名称;作业项目;货物名称、件数、重量、体积(长、宽、高);作业费用及其结算方式;货物交接的地点和时间;包装方式及识别标志;船名、航次;起运港(站、点)和到达港(站、点);违约责任;解决争议的方法。港口货物作业合同可以采用口头形式、书面形式或其他方式。虽然《港口货物作业规则》规定可以采用口头的方式订立合同,但是,由于口头合同在操作上的不便,在实践中应该尽量避免,以防止遭受不必要的损失或者产生不必要的纠纷。物流企业在港口装卸搬运作业中存在相应的权利和义务。集装箱码头搬运装卸作业是指集装箱船舶装卸时及集装箱船舶装卸作业前所进行的一系列作业,主要包括集装箱装卸船作业、堆场作业、货运站作业。集装箱装卸船作业是指将集装箱装上卸下船舶的作业;堆场作业是指对集装箱在场内进行搬运装卸等的作业;货运站作业是指集中、分散集装箱的业务。

物流企业在铁路、公路搬运装卸中的权利义务和委托他人进行铁路、公路搬运装卸作业时有着不同的权利和义务。

单元一 港口搬运装卸作业的法律制度

一、港口搬运装卸法律法规的概述

我国物流方面的立法还处于起步阶段,专门的关于装卸搬运作业的法律法规目前尚未存在,但由于装卸搬运与运输、仓储、配送活动紧密相关,因此要受到制约。与这些相关活动的法律法规和装卸搬运内容有关的条款约束,如《中华人民共和国法通则》、《中华人民共和国合同法》、《中华人民共和国海商法》、《中华人民共和国劳动法》和《港口货物运输规则》等有关内容制约。至于国际公约和国际惯例,则主要有《联合国国际贸易运输港站经营人赔偿责任公约》、《国际海协劳工组织集装规则》和《国际铁路货物联运协定》等。

二、一般货物的港口作业合同

(一) 港口货物作业合同的概念

港口货物作业合同是指港口经营人在港口对水路运输货物进行装卸、驳运、储存、装拆集装箱等作业，作业委托人支付作业费用的合同。当物流企业不亲自对货物实施装卸搬运作业时，即需要与专业的装卸公司就某一港口的货物装卸搬运签订作业合同，该合同即属于港口货物作业合同。

港口经营人，是指与作业委托人订立作业合同的人；作业委托人，是指与港口经营人订立作业合同的人；货物接收人，是指作业合同中，由作业委托人指定的从港口经营人处接收货物的人。

(二) 港口货物作业合同的性质

1. 双务合同

港口货物作业合同双方当事人均享有权利并附有义务。例如，作业委托人负有支付费用的义务，享有收取完好货物，并当作业人造成货物损害时，进行索赔的权利。作业人享有收取费用的权利，负有搬运装卸货物的义务。

2. 有偿合同

作业方收取费用的权利，需以将货物完好地搬运装卸至运输工具上为代价。作业委托方完好地收取货物的权利以支付费用为代价。

3. 不要式合同

港口货物作业合同可以采用口头形式、书面形式或其他方式。虽然《港口货物作业规则》规定可以采用口头的方式订立合同，但是由于口头合同在操作性上的不便，在实践中应尽量避免使用，以防止遭受不必要的损失或者产生不必要的纠纷。

4. 无名合同

根据法律是否规定一定名称和相应的规范，可将合同分为有名合同和无名合同。有名合同，又称典型合同，是法律规定了一定名称和调整规范的合同，如运输合同、仓储合同、买卖合同等，在我国《合同法》中均有明确规定。无名合同则是指法律未确定特定名称和特定规范的合同。从上面的分析不难看出，在我国目前的法律规定中，港口货物作业合同不属于任何一种有名合同。

(三) 港口货物作业合同的主要内容和形式

1. 港口货物作业合同的主要内容

根据《港口货物作业规则》的规定，港口货物作业合同的主要内容有以下几点：作业委托人、港口经营人和货物接收人名称；作业项目；货物名称、件数、重量、体积（长、宽、高）；作业费用及其结算方式；货物交接的地点和时间；包装方式及识别标志；船名、航次；起运港（站、点）和到达港（站、点）；违约责任；解决争议的方法。

以上的合同条款并不是每个作业合同都必须订立的条款。根据合同的规定，除合同成立所必需的条款外，缺少其他的条款并不会影响合同的效力。

2. 港口货物作业合同的形式

港口货物作业合同可以采用口头形式、书面形式或其他方式。虽然《港口货物作业规则》规定可以采用口头的方式订立合同,但是,由于口头合同在操作上的不便,在实践中应该尽量避免,以防止遭受不必要的损失或者产生不必要的纠纷。

(四)物流企业在港口装卸搬运作业中的权利和义务

1. 自行进行港口作业的物流企业应承担的权利和义务

(1)按照作业合同的约定,根据作业货物的性质和状况,配备适合的机械、设备、工具、库场,并使之处于良好的状态。

(2)在单元滚装装卸作业中,物流企业应当提供适合滚装运输单元候船待运的停泊场所、上下船舶和进出港的专用通道;保证作业场所的有关标志齐全、清晰,照明良好;配备符合规范的运输司乘人员及旅客的候船场所。旅客与运输单元上下船和进出港的通道应当分开。

(3)按照合同的要求进行装卸搬运作业。

2. 物流企业委托他人进行港口装卸搬运作业时应承担的权利和义务

(1)及时办理港口装卸搬运作业所需的各种手续,因办理各项手续和有关单证不及时、不完备或者不正确,造成港口经营人工作时间延误或者其他损失的,物流企业应当承担赔偿责任。

(2)对有特殊装卸搬运要求的货物,应当与港口经营人约定货物装卸搬运的特殊方式和条件。

(3)以件为单位进行装卸搬运的货物,港口经营人验收货物时,发现货物的实际重量或者体积与物流企业申报的重量或者体积不符时,物流企业应当按照实际重量或者体积支付费用并向港口经营人支付超重等费用。

(4)对危险货物的装卸搬运作业,物流企业应当按照有关危险货物运输的规定妥善包装,制作危险品标志和标签,并将其正式名称和危害性质以及必要时应采取的预防措施书面通知港口经营人。

(5)物流企业未按照上述规定通知港口经营人或者通知有误的,港口经营人可以在任何时间、任何地点根据情况需要停止装卸搬运作业、销毁货物或者使之不能为害,而不承担赔偿责任。物流企业对港口经营人经营此类货物所受到的损失,应当承担赔偿责任。港口经营人知道危险货物的性质并且已同意作业的,仍然可以在该项货物对港口设施、人员或者其他货物构成实际危险时,停止作业、销毁货物或者使之不能为害,而不承担赔偿责任。

(6)作业合同约定港口经营人从第三方接收货物进行装卸搬运作业的,物流企业应当保证第三方按照作业合同的约定交付货物。

三、集装箱货物的装卸作业

集装箱码头搬运装卸作业是指集装箱船舶装卸时及集装箱船舶装卸作业前所进行的一系列作业,主要包括集装箱装卸船作业、堆场作业、货运站作业。集装箱装卸船作业是指将集装箱装上卸下船舶的作业;堆场作业是指对集装箱在场内进行搬运装卸等的作业;货运站作业是指集中、分散集装箱的业务。

(一)物流企业在集装箱搬运装卸中的义务

与普通港口搬运装卸作业相比较,物流企业在集装箱码头搬运装卸作业中有一些特殊的义务。

1. 自行进行集装箱码头搬运装卸作业的物流企业所承担的义务

(1) 应使装卸机械及工具、集装箱场站设施处于良好的技术状况,确保集装箱装卸、运输和堆场安全。

(2) 物流企业在装卸过程中应做到:稳起稳落、定位放箱,不得拖拉、甩关、碰撞;起吊集装箱要使用吊具,使用吊钩起吊时,必须四角同起吊,每条吊索与箱顶的水平夹角应大于45度;随时关好箱门。

(3) 物流企业进行集装箱货物有碍装卸运输作业安全时,应采取必要的处置措施。

2. 委托他人进行集装箱码头搬运装卸作业的物流所承担的义务

(1) 物流企业委托他人进行港口集装箱搬运装卸作业应填制港口集装箱作业委托单。

(2) 物流企业委托他人进行港口集装箱搬运装卸作业过程中应保证货物的品名、性质、数量、重量、体积、包装、规格与委托作业单记载相符。委托作业的集装箱货物必须符合集装箱装卸运输的要求,其标志应当明显清楚。由于申报不实给港口经营人造成损失的,物流企业应当负责赔偿。

(二) 物流企业在货物的装卸作业中的义务

集装箱货物的装卸作业是指按照一定的工艺要求,将货物装上、卸下集装箱的作业。在集装箱码头的搬运作业过程中,有很大一部分业务中都会涉及对货物的拼箱和装箱,所以集装箱货物的装卸作业是集装箱码头搬运装卸作业的重要组成部分。集装箱中的货物由装箱到拆箱,要经过运输过程。在这个过程中会产生振荡、颠簸摇晃。因此,虽然集装箱是坚固的,但内部的货物却可能由于以上的原因而损坏。因此,集装箱中货物的正确积载就十分重要,对此,物流企业应继续承担相应的义务,以保证货物安全。

1. 装载货物的集装箱应具备的条件
(1) 集装箱应符合国际标准化组织的标准。
(2) 集装箱四柱、六面、八角完好无损。
(3) 集装箱内部清洁、干燥、无味、无尘。
(4) 集装箱各焊接部位牢固。
(5) 集装箱不漏水、不漏光。

2. 在货物进行装箱之前应该做的检查
(1) 外部检查。对集装箱进行六面查看,外部是否有损伤、变形、破口等异常现象,如果发现这些现象,应该及时进行维修。
(2) 内部检查。对集装箱的内侧进行查看,查看是否漏水、漏光,是否有污点、水迹等。
(3) 箱门检查,箱门是否完好,是否能够270度开启。
(4) 查看集装箱是否清洁。
(5) 查看集装箱的附属件,检查附属件是否齐备,是否处于正常工作状态中。

3. 对集装箱货物进行积载时,一般应该满足的要求
(1) 集装箱内所载的货物不能超过集装箱所能承受的最大重量。
(2) 根据货物的性质、体积、质量、包装强度的不同安排积载。
(3) 集装箱内应当均匀分布重量,并根据货物包装的强度决定堆码的层数。
(4) 注意不同货物的物理及化学性能,避免发生污染和串味。

四、港口与船方之间的货物交接关系

(一) 关于港航货物交接的适用原则

除另有约定外，港口经营人与船方在水路运输货物港口装卸作业过程中的交接，也适用由货物的接收一方当事人向交付货物的另一方签发收据的基本原则。

(二) 关于船方的配给载义务

船方应向港口经营人提供配、积载图，港口经营人应按照配、积载图进行作业。船方可以在现场对配积载提出具体要求。

在运输关系中，船舶的配积载是承运人的一项法定义务。因为适当的配积载不仅可以更好地保持运输货物的良好状况，而且它与船舶的航行安全直接相关。船舶配积载的操作过程是：首先由承运人向港口经营人提供运输货物的相关材料及船舶的计划积载图，以便港口经营人安排货物进港的时间、库场货位等，然后港口经营人根据货物进港及验收的实际情况对计划积载图进行调整，取得船方同意后，按调整的积载图进行装船作业。由于作业过程中经常会出现一些事先无法预料的情况，所以现场作业时，积载图还会发生一些变动。此时，港口经营人应按照船方的指示进行作业。尽管配积载的实际工作是由船方与起运港的港口经营人共同协作完成的，但是，对船舶配积载享有决定权的是船方，负有配积载义务的也是船方。当作业货物因配积载原因产生货损时，船方应当承担相应的法律责任。

(三) 船方提供船舶预确报的义务

船方应向港口经营人预报和确保船舶到港日期，提供船舶规范以及货物装卸的有关资料，使船舶处于适合装卸作业的状态，办妥有关手续。这一规定使港口经营人可以更好安排作业，使港口生产活动有组织地进行。

(四) 港航交接的方式

国际运输中船方通过办理货机构与港口经营人进行货物交接。

(五) 港航交接的地点

《港口货物作业规则》规定，水路运输货物，港口经营人与船方在船边进行交接。这符合国际运输中的惯例。当然，港航之间在船边进行交接的原则并不排斥双方可以根据实际需要约定其他的货物交接地点，如在港区库场进行计数交接。

(六) 港航货物交接清单的使用

《港口货物作业规则》要求，船方和港口经营人交接国内水路运输货物时，应编制货物交接清单。因为无论船方作为作业委托人还是作业合同关系中的第三方，港航之间的货物交接不会因合同关系而转移，这是一种实际情况。编制港航交接清单就是双方对交接的货物（特别是整船交接的货物）的状况进行记载。至于国际运输，因为通过外轮理货交接，所以以外轮理货机构出具的理货清单作为交接依据。

【工作任务1】 分析港口装卸搬运中所出现的法律问题。

原告湛江港务局第五作业区诉称：被告遂溪县进出口公司从1995年开始委托原告进行港口作业，于2001年8月23日书面确认欠原告港口作业费14832.22元。2003年4月11日，遂溪县进出口公司租用"玫瑰"轮在原告港区作业，欠原告港口作业费120360元。遂溪县进出口公司共

欠原告港口作业费 268681.22 元，已停止经营，原告多次向其追款无着。被告遂溪县人民政府是遂溪县进出口公司的开办部门和唯一股东，向该公司投入的注册资本不足，应对该公司的上述欠款承担连带清偿责任。请求法院判令两被告连带偿付原告港口作业费及其利息。

请分析此港口作业纠纷案件。

单元二　铁路装卸搬运作业的法律制度

一、铁路装卸搬运法律法规概述

同其他物流环节涉及的法律规范相同，铁路搬运装运法律规范也是散布在各个法律规范中的。在法律层次上，《民法通则》、《铁路法》、《合同法》中的许多规定都适用于铁路搬运装卸。在部门规章中，铁道部颁布了《铁路货物运输管理规则》和《铁路装卸作业安全技术管理规则》。《铁路货物运输管理规则》的第 4 章专门规定了装车和卸车；《铁路装卸作业安全技术管理规则》则规定了铁路搬运装卸作业中应该遵守的技术标准。除此之外，还存在着各种国家标准，如《铁路装卸作业标准》等。与铁路搬运装卸作业有关的法律适用同港口搬运装卸的法律适用原则是相同的。

二、铁路货物运输合同中的装卸搬运义务

物流企业在铁路搬运装卸中的权利义务和委托他人进行铁路搬运装卸作业时的权利和义务是不同的。

（1）装车前，应该认真检查车体（包括透光检查）、车门、车窗、盖阀是否完整良好。

（2）认真核对对待装货物品名、件数，检查标志、标签和货物状态；对集装箱还应检查箱内装载情况，检查箱体、箱号和封印。

（3）装车后，认真检查车门、车窗、盖、阀关闭及拧固和载加固情况；需要填制货车装载清单及标画示意图，应按规定填制；需要施封的货车，按规定施封；对装载货物的敞车，要检查车门插销、底开门搭扣和篷布苫盖、捆绑情况；超载超限、超长、集重货物，应按装载加固定型方案或批准的装载加固方案检查装载加固情况。

（4）货物装车或卸车，应在保证货物安全的条件下，积极组织快装、快卸，昼夜不间断地作业，以缩短货车停留时间，加速货物运输。

（5）等待装车或者从机车上卸下的货物存放在装卸场所内时，应距离货物线钢轨外侧 1.5 米以上，并应堆放整齐、稳固。

三、委托他人进行铁路搬运装卸作业的物流企业应遵循的法律规定

（1）及时办理检验、检疫、公安和其他铁路搬运装卸作业所需的各种手续。

（2）按照合同提供约定的货物。合同约定铁路搬运装卸作业人从第三方接收货物进行搬运装卸作业时，物流企业应当保证第三方按照作业合同的约定交付货物。

（3）按照合同支付相应的费用。

【工作任务 2】 分析铁路装卸搬运中出现的法律问题。

原中铁十五局装卸工魏某以非法占有为目的，利用合同诈骗 38 万元，2005 年 9 月 26

日,四川省西昌铁路运输人民法院判处被告人魏某有期徒刑10年,并处罚金10万元。

2004年11月10日,魏某以铁道部第十五工程局三处外委指挥部的名义,与云南省丽江市古城区新业建材门市部经理李某某签订旧钢轨购销协议。11月23日,李某某从湖北襄樊市襄阳第二金属回收有限公司购进两车废旧钢轨,在部营火车站装车发往攀枝花火车站,后魏某以向单位要求拨款为由,要求李某某将取货手续传真给他。11月30日,旧钢轨到达攀枝花火车站。12月1日,魏某伙同他人用取货凭证和货票的传真件等手续,将118.08吨钢轨取走,共计价值38万余元。当天,二人将旧钢轨以低价进行销售,获账款31万余元。之后,魏某将账款转移后潜逃。

法院认为,被告人魏某以非法占有为目的,虚构事实,伙同他人在合同履行过程中,将对方的货物贱卖后逃匿,货物总价值38万余元,数额特别巨大,被告人的行为已构成合同诈骗罪。

单元三 公路装卸搬运作业的法律制度

一、公路装卸搬运法律法规概述

公路搬运装卸所涉及的法规,在法律层面上包括《民法通则》、《合同法》、《中华人民共和国公路法》;在部门规章的层面上包括中华人民共和国交通运输部颁布的《公路货物运输合同实施细则》、《汽车货物运输规则》等一系列法规。

《民法通则》是民事法规中的一般法,《合同法》是民法的特别法,在原则上特殊法的规定是不能与一般法相冲突的,否则无效。在不冲突的前提下,优先适用特殊法的规定。《公路货物运输合同实施细则》和《汽车货物运输规则》是交通部颁发的专门调整公路运输的部门规范。但在适用这些部门规章的时候应该注意,部门法规是在《民法通则》、《合同法》的指导下制定的,其内容不得与上位法发生冲突,否则无效。

二、公路装卸搬运作业人的义务与责任

自行进行公路搬运装卸作业的物流企业和委托他人进行公路搬运装卸作业的物流企业的权利和义务是不同的。

(一) 自行进行公路搬运装卸作业的物流企业应遵循的法律规定

(1) 应对车厢进行清扫,保证车辆、容器、设备适合装卸货的要求。

(2) 搬运装卸作业应当轻装轻卸,堆码整齐;清点数量;防止混杂、撒漏、破损;严禁有毒、易污染物品与食品混装,危险货物与普通货物混装。

(3) 对性质不相抵触的货物,可以拼装、分卸。

(4) 搬运装卸危险货物,按交通部《汽车危险货物运输、装卸作业堆积》进行作业。

(5) 搬运装卸作业完成后,货物需绑扎牢固,编制有关清单,做好交接记录,并按有关规定施加封志和外贴等有关标志。

(6) 应当认真核对装车的货物名称、重量、件数是否与运单上记载相符,包装是否完好。

(二) 委托他人进行公路搬运装卸作业的物流企业应遵循的法律规定

(1) 及时办理检验、检疫、公安和其他货物运输和公路搬运装卸作业所需的各种手续。

(2) 按照合同提供约定的货物。合同约定公路搬运装卸作业从第三方接收货物进行作业，物流企业应当保证第三方按照作业合同的约定交付货物。

(3) 按照合同支付费用。

【工作任务 3】 分析公路装卸搬运中出现的法律问题

物流公司甲与茶叶供应商乙签订了产品的分销配送合同，约定由甲公司运输茶叶供应商的茶叶。在合同履行期间，由于甲公司同时还承担其他货物的运输工作，在一次茶叶运输工作完成之后，收货人向茶叶供应商乙打来投诉电话，称收到的茶叶变味，无法正常销售。茶叶供应商乙对此展开调查，茶叶出厂经过质量检验，为一等品，交付运输时均包装良好。于是乙公司把调查的方向转向了物流公司甲，经调查得知，由于为同一家超市送货，为了节省时间，甲公司在装完茶叶之后，又前往某食品加工厂装了半车的干货类海产品。但事后甲公司否认茶叶的变味与之有关，乙公司的损失应由谁来承担？为什么？

【复习思考题】

1. 试简述港站经营人的赔偿责任。
2. 物流企业在港口搬运装卸作业中有哪些权利和义务？
3. 简述物流企业在集装箱码头搬运装卸中的权利和义务。
4. 简述铁路货物运输合同中的装卸搬运义务。
5. 简述公路装卸搬运作业人的义务和责任。

【补充阅读资料】

1997 年 8 月 15 日，东方公司接受土畜产公司的订舱，开具了一份已装船正本提单，托运人为土畜产公司。1997 年 8 月 19 日晚，当东方公司的"鳄鱼坚强"轮停泊在上海港时，船员发现二舱冒烟，经上海市浦东新区环境检测站到场检查，认定是 OOLU3360121 集装箱内装载的货物二氧化硫脲自燃。该货物的货主系中化公司。事故发生后，东方公司即委托了上海中衡咨询有限公司于 1997 年 8 月 26 日和 1998 年 8 月 28 日对出事的集装箱进行检验，后一次检验东方公司还委托了我国香港专家 EDMONDSON、新加坡专家 MULLEN 一同参加，几份检验报告的一致意见是货物是由于装载不当引起自燃的。

东方公司遂诉至法院，请求中化公司和土畜产公司赔偿其各项损失。

上海海事法院经审理认为，土畜产公司作为涉案海上货物运输合同的托运人，违反了《海商法》关于托运人应将货物妥善包装并装箱的规定，应对由于其过失而给承运人造成的损失负赔偿责任。中化公司仅是实际的货主，与东方公司之间并无海上运输合同关系。其与土畜产公司之间的外贸代理协议，不能对抗承运人。同时东方公司对其诉讼请求应当负举证责任，应提供证据证明其费用发生和对外赔偿的必要性与合理性。对于完成举证责任的部分诉讼请求，法院可依法予以支持。遂判决土畜产公司赔偿东方公司因货物自燃造成的损失，对东方公司的其他诉讼请求未予支持。一审判决后，双方均未上诉。

项目八　认知国际物流中涉及的法律法规

【本章知识点简介】

《联合国国际货物买卖合同公约》自 1988 年 1 月 1 日起对我国生效。《公约》的适用范围为国际货物买卖合同。

国际货运代理的基本特点是受委托人委托或授权，代办各种国际贸易、运输所需要服务的业务，并收取一定报酬，或作为独立的经营人完成并组织货物运输、保管等业务。因而，国际货物运输代理人被认为是国际运输的组织者，也被誉为国际贸易的桥梁和国际货物运输的设计师。国际货运代理人的工作内容完全属于商业或贸易行为。

《联合国国际货物多式联运公约》是在联合国贸易和发展会议主持下起草的，于 1980 年在日内瓦签订，其宗旨是调整多式联运经营人和托运人之间的权利、义务关系以及国家对多式联运的管理。

单元一　国际贸易公约、惯例

一、《联合国国际货物买卖合同公约》(CISG)

(一)《联合国国际货物买卖合同公约》的适用范围

《联合国国际货物买卖合同公约》(以下简称《共约》)自 1988 年 1 月 1 日起对我国生效。《公约》的适用范围为国际货物买卖合同。这是《公约》对其适用范围的概括性规定。《公约》的适用范围包括以下几项。

(1) 公约适用的主体范围　公约适用于营业地在不同国家的当事人之间所订立的货物买卖合同，但必须具备下列两个条件之一：或者双方当事人营业地所在国都是缔约国；或者虽然当事人营业地所在国不是缔约国，但根据国际私法规则导致应适用某一缔约国法律。

(2) 公约适用的客体范围　公约适用的客体范围是"货物买卖"，但并非所有的国际货物买卖都属于公约的调整范围，公约排除了以下 7 种买卖：股票、债券其他投资证券的交易；船舶、飞机、气垫船的买卖；电力的买卖；卖方的主要义务在于提供劳务或者提供其他服务的买卖；仅供私人、家人或者家庭适用的货物的买卖，以拍卖方式进行的销售；根据法律执行令状或者其他令状的买卖。

(二)《公约》的主要内容

买卖双方的义务是买卖合同的核心内容。《公约》在第 3 部分的第 2 章、第 3 章、第 5 章中，对买方和卖方的义务作了详细的规定。一般来说，只有当买卖合同对某些事项没有做出规定，而该合同又适用该公约时，才援引《公约》的有关规定来确定买卖双方当事人的权利和义务。

1. 卖方的义务

根据《公约》的规定，卖方的主要义务有以下几项。

(1) 交付货物　交付货物时应注意以下事项。

① 关于交货的地点。根据《公约》第 31 条的规定，卖方应按下述三种不同情况履行其交货义务。第一，如果合同没有规定具体的交货地点，而该合同又涉及货物的运输，则卖方的交货义务就是把货物交给第一承运人。第二，合同中没有涉及卖方应负责运输事宜，如果该合同的货物是特定物，或者是从某批存货中提取的货物，或者是尚待加工生产或制造的未经特定化的货物，而双方当事人在订立买卖合同时已经知道这些货物存放在某个地方，或者已经知道它们将在某个地方生产或制造，则卖方应在该地点把货物交给买方处理。第三，除上述情况外，在其他的情况下，卖方的交货地点是在其订立买卖合同时的营业地点把货物交给买方处理。

② 关于交货的时间。《公约》第 33 条对如何确定卖方交货的时间作了如下规定。第一，如果合同中规定了交货日期，或根据合同可以确定交货的日期，则卖方应在该日期交货。第二，如果合同中规定了一段交货期间，或根据合同可以确定一段交货期间，则除情况表明买方有权选定一个具体日期外，卖方有权决定在这段期间内的任何一天交货。第三，在其他情况下，卖方应在订立合同后的一段合理期间内交货。

(2) 品质担保义务　《公约》对卖方的品质担保义务作了明确的规定。第 35 条规定，卖方交付的货物必须与合同所规定的数量、质量和规格相符，并必须按照合同所规定的方式装箱或包装。除双方当事人另有约定以外，卖方所交的货物应当符合下述要求，否则即认为其货物与合同不符。

① 货物应适用于统一规格货物通常使用的用途。

② 货物应适用于订立合同时买方曾明示或默示地通知卖方的任何特定用途，除非有情况表明买方并不依赖卖方的技能和判断力，或者这种依赖对卖方来说是不合理的。

③ 货物的质量应与卖方向买方提供的货物的样品或样式相同。

④ 货物应按同类货物通用的方式装入容器或包装；如无此种通用方式，则应按足以保全和保护货物的方式装入容器或包装。

以上四项，是在双方当事人没有其他约定的情况下，由《公约》加之于卖方身上的义务。

(3) 权利担保义务　权利担保是指卖方应保证对其所售出的货物享有合法的权利，也没有侵犯任何第三人的权利，并且任何第三人都不会就该项货物向买方主张任何权利。主要包括三个方面的内容：卖方保证对其出售的货物享有合法的权利；卖方保证在其出售的货物尚不存在任何未曾向买方透露的担保物权，如抵押权、留置权等；卖方应保证其所出售的货物没有侵犯他人的权利，包括商标权、专利权等。

2. 买方的义务

(1) 支付货款

① 履行必要的付款手续。

② 支付货款的地点。如果买卖合同对付款地点没有作出具体的规定，买方应按《公约》第 57 条规定，在下列地点向卖方支付货款。一是在卖方的营业地付款。如果卖方有一个以上的营业地点，则买方应在与该合同及合同的履行关系最为密切的那个营业地点向卖方支付货款。二是如果是凭已交货物或单据支付货款，则买方应在交货或单据的地点支付货款。

③ 支付货款的时间。《公约》第 58 条规定包括以下 3 项内容：一是如果买卖合同没有约定，则买方应当在卖方按合同和《公约》的要求把货物或把装运单据如提单移交给买方处置时，支付货款。二是如果合同涉及货物的运输，卖方可以在发货时订明条件，规定必须在买方支付货款时，卖方才可把货物或含权的装运单据交给买方。三是买方在没有机会检查货物以前，没有义务支付货款，除非这种检验的机会与双方当事人约定的交货或支付程序相抵触。

(2) 收取货物 买方另一项基本义务是收取货物。根据《公约》第 60 条的规定，买方收取货物义务主要包括以下两项内容。一是采取一切理应采取的行动，以便卖方能交付货物。特别是在采用 FOB 条件成交时，买方的配合更是必不可少的。二是接受货物。买方有义务在卖方交货时接受货物。

(三)《公约》不涉及的若干问题

《公约》第 4 条规定："本公约只适用于买卖合同的订立和买方与卖方因此种合同而产生的权利和义务。特别是，本公约除非另有明文规定，与以下事项无关：①合同的效力，或者任何条款的效力，或其任何惯例的效力；②合同对所售货物所有权可能产生的影响无关。"第 5 条规定："本公约不适用于卖方因货物对任何人所造成的死亡或伤害的责任。"

(1)《公约》不调整国际货物买卖合同及其条款和惯例的有效性问题。

(2)《公约》不调整国际货物买卖合同所引起的有关货物所有权的两个问题。其一是关于货物所有权转移的时间问题。其二是第三人对买卖标的物可能提出的权利和要求问题。《公约》对此未作规定而是仅规定卖方有义务将货物所有权转移给买方，并须向买方保证其所交付的货物应当是第三人不能提出任何权利和请求的货物，否则，卖方应对买方承担违约责任。

(3)《公约》不调整产品责任问题。《公约》对卖方所交货物不符合合同或《公约》的品质要求应承担的责任作了具体规定，但对产品缺陷使消费者、使用者或者其他第三人的人身遭受伤害或导致死亡时，卖方应承担的责任即产品责任问题未作规定。其主要原因是各国对此有不同看法和做法，立法差异颇大，很难统一。另外，国内立法对此问题的规定大多属于强制性规范，当事人不得在买卖合同中加以排除，这与《公约》的自由选择适用很难协调，故《公约》只能采取回避的办法。

(四) 我国当事人在选择适用《公约》时应注意的若干问题

1. 注意我国对《公约》的保留

根据《公约》第 95 条、第 96 条的规定，我国在核准《公约》时，提出了两项重要保留。

(1) 关于适用范围的保留 我国认为《公约》的适用范围仅限于营业地处于不同的缔约国当事人之间所订立的货物买卖合同，而不适用于营业地均处于非缔约国的当事人之间或一方的营业地处于缔约国而另一方的营业地处于非缔约国的当事人之间所订立的货物买卖合同。该项规定"虽然当事人营业地所在国不是缔约国,但根据国际司法规则导致应适用某一缔约国法律",这有悖于当事人的意思自治,限制了我国国内法的适用。同时,该项规定容易使《公约》的适用产生不确定性,故我国对此项规定提出保留。

(2) 关于合同形式的保留 《公约》第11条规定:"买卖合同无需以书面订立或书面证明,在形式方面也不受其他条件的限制。"我国对《公约》第11条加以保留,这项规定不对我国发生法律效力。凡一方当事人的营业地在我国境内的,其所订立的国际货物买卖合同均需采用书面形式。

2. 注意自动适用《公约》的情况

自动适用是指分处两个缔约国的当事人签订合同时,如不作相反的法律选择,《公约》将自动适用该合同。所以,我方当事人如不愿适用《公约》的全部条款,就应在合同中明确作出约定。应该注意的是,如果当事人在合同中只是选择某一国际惯例(如FOB/CIF等)作为准据法,则不足以排除《公约》的自动适用。因为这些惯例主要是确定买卖双方在交货方面的责任、费用与风险划分,而不解决合同的成立、违约及对违约的补救措施等问题。

二、国际货物买卖中的主要惯例

在国际贸易业务实践中,由于各国法律制度、贸易惯例与习惯做法不同,国际上对同一贸易术语的理解与运用也互有差异,因而容易引起贸易纠纷。为了减少纠纷和避免争议,有些国际商业团体便先后制定了一些统一解释贸易术语的规则,其中包括以下几个。

(1) 国际法协会修订的《1932年华沙-牛津规则》(Warsa-Oxford Rules 1932)。

(2) 美国一些商业团体制定的《1941年美国对外贸易定义修订本》(Revised American Foreign Trade Definition 1941)。

(3) 国际商会修订的《1990年国际贸易术语解释通则》(International Rules for the Interpretation of Trade Terms 1990, IN-COTERMS 1990)。

上述各项解释贸易术语的规则,在国际贸易中都具有不同程度的影响,因而形成一般的国际贸易惯例,其中以国际商会国际商业惯例委员会再修订的《1990年通则》具有十分重要的意义。因为,通过这次修订,使贸易术语既适应电子数据交换信息(EDI)日益频繁运用的需要,又能适应不断革新的运输技术,尤其是集装箱运输、国际多式联运和滚装船运输的需要,这就有效地促进了国际贸易的进一步发展。

国际商会《1980年通则》曾对14种贸易术语分别作了解释,其排列顺序是:从卖方承担责任、费用、风险最小的工厂交货开始,一直排到卖方承担责任、费用、风险最大的目的地完税后交货。新修订的《1990年通则》删去并合并了原来的一些贸易术语,并增加了新的贸易术语,共计13种。为了便于人们理解和记忆,按不同类型将13种贸易术语划分为下列4个组别。见表8-1。

1. E组

指卖方在自己的地点将货物交给买方。EXW(EX Works)工厂交货。E组为启运(Departure)组术语。按这组贸易术语成交,卖方应在自己的处所将货物提供给买方指定的承运人。

2. F组

指卖方必须将货物交至买方指定的承运人。

表 8-1　13 种贸易术语归纳对比

国际电码	交货地点	风险转移界限	出口报关的责任费用由谁负担	进口报关的责任费用由谁负担	适用的运输方式
EXW	商品产地、所在地	买方处置货物后	买方	买方	任何方式
FCA	出口国内地、港口	承运人处理货物后	卖方	买方	任何方式
FAS	装运港口	货交船边后	买方	买方	水上运输
FOB	装运港口	货物越过船舷	卖方	买方	水上运输
CFR	装运港口	货物越过船舷	卖方	买方	水上运输
CIF	装运港口	承运人处理货物后	卖方	买方	水上运输
CPT	出口国内地、港口	承运人处理货物后	卖方	买方	任何方式
CIP	出口国地、港口	承运人处理货物后	卖方	买方	任何方式
DAF	两国边境指定地点	买方处置货物后	卖方	买方	任何方式
DES	目的港口	买方在船上收货后	卖方	买方	水上运输
DEQ	目的港口	买方在码头收货后	卖方	买方	水上运输
DDU	进口国内	买方在指定地点收货后	卖方	买方	任何方式
DDP	进口国内	买方在指定地点收货后	卖方	卖方	任何方式

(1) FCA (Free Carrier) 货交承运人。

(2) FAS (Free Alongside Ship) 船边交货。

(3) FOB (Free on Board) 船上交货。

F 组为主运费未付 (Main Carriage Unpaid) 组术语。按这组贸易术语成交，卖方必须将货物交至买方所指定的承运人。

3. C 组

指卖方必须签订运输契约，但货物中途灭失或损坏的风险和发运后产生的额外费用，卖方不承担责任。

(1) CFR (Cost and Freighi) 成本加运费。

(2) CIF (Cost，Insurance and Freight) 成本加保险费，加运费。

(3) CPT (Carriage Paid to) 运费付至（指定目的地）。

(4) CIP (Carriage and lnsurance Paid to) 运费、保险费付至（指定目的地）。

C 组为主运费已付 (Main Carriage Paid) 组术语。按这组贸易术语成交，卖方必须订立将货物运往指定目的港或目的地的运输契约，并把货物装上运输工具或交给承运人。但货物中途灭失或损坏的，风险和发运后产生的额外费用，卖方不承担责任。

4. D 组

指卖方须承担货物交至目的地国家所需的一切费用和风险。

(1) DAF (Delivered At Frontier) 边境交货。

(2) DES (Delivered Ex Ship) 目的港船上交货。

(3) DEQ (Delivered Ex Quay) 目的港码头交货。

(4) DDU (Delivered Duiy Unpaid) 未完税交货。

(5) DDP (Delivered Dutv Paid) 完税后交货。

D 组为到达 (Arrival) 组术语。按这组贸易术语成交，卖方必须承担货物交至目的地国家指定地点所需的一切费用和风险。

【工作任务1】 熟练国际贸易术语

1. 我某公司以FOB条件出口一批冻鸡,合同签订后接到买方来电,称租船较为困难,委托我方代为租船,有关费用由买方负担。为了方便合同履行,我方接受了对方的要求,但时间已到了装运期,我方在规定的装运港无法租到合适的船,且买方又不同意改变装运港,因此到装运期满面时,货仍未装船。买方因销售即将结束,便来函以我方未按期租船履行交货义务为由撤销合同。

[问] 我方应如何处理?

2. 有一份CIF合同,日本公司出售450吨洋葱给澳大利亚公司,洋葱在日本港口装船时,经公证行验明:完全符合商销品质,并出具了合格证明。但该批货物运抵澳大利亚时,洋葱已全部腐烂变质,不适合食用,买方因此拒绝收货,并要求卖方退回已付清的货款。

[问] 在上述情况下,买方有无拒收货物和要求卖方退回货款的权利?

3. 某公司按FCA条件出口一批钢材,合同规定是四月份装运,但到了4月30日,仍旧未见买方关于承运人名称及有关事项的通知。在此期间,备作出口的货物因火灾而焚毁。

[问] 此项货损应由谁负担?

4. 我某公司按照FAS条件进口一批木材,在装运完成后,车外卖方来电要求我方支付货款,并要求支付装船时的驳船费,对卖方的要求我方应如何处理?

5. 我某公司以CFR术语出口一批瓷器,我方按期在装运港装船后,即将有关交易所寄交买方,要求买方支付货款。过后,业务人员才发现忘记向买方发出装船通知。此时,买方已来函向我方提出索赔,因为货物在运输途中因海上风险而损毁。

[问] 我方能否以货物运输风险是由买方承担为由拒绝买方的索赔?

单元二 国际货物运输代理法律法规

一、国际货物运输代理概述

(一) 国际货物运输代理的概念

国际货物运输代理(简称货运代理)来自于英文"The Freight Forwarder",关于货运代理人这一概念,国际上尚没有公认、统一的定义。世界上最大的货物运输代理联合组织,即国际货物代理运输代理协会联合会(缩写FIATA,简称"菲亚塔")所下的定义是:"货运代理人是根据客户的指示,并为客户的利益而揽取人货物运输的人,其本身不是承运人。"

根据2004年商务部在《中华人民共和国国际货物运输代理业管理运输代理业管理规定实施细则》(以下简称《实施细则》)中的规定,国际货物运输代理企业(以下简称国际货运代理企业)可以作为进出口货物收货人、发货人的代理人,也可以作为独立经营人,从事国际货运代理业务。

(1)国际货运代理企业作为代理人从事国际货运代理业务,是指国际货运代理企业接受进出口货物收货人、发货人或其代理人的委托,以委托人名义或者以自己的名义办理有关业务,收取代理费或佣金的行为。

(2) 国际货运代理企业作为独立经营人从事国际货运代理业务，是指国际货运代理企业接受进出口货物收货人、发货人或其代理人的委托，签发运输单证、履行运输合同并收取运费以及服务费的行为。当"Freight Forwarder"从事无船承运业务、多式联运业务、物流业务时，是以自己的名义参与运输等服务，不是以委托人（被代理人）的名义，当事人确立的不是委托合同关系，而是运输关系或仓储关系等。

（二）国际货物运输代理的性质

随着国际贸易和运输方式的发展，国际货运代理已渗透到国际贸易的各个领域，是国际贸易中不可缺少的重要组成部分。国际货运代理的基本特点是受委托人委托或授权，代办各种国际贸易、运输所需要服务的业务，并收取一定报酬，或作为独立的经营人完成并组织货物运输、保管等业务。因而，国际货物运输代理人被认为是国际运输的组织者，也被誉为国际贸易的桥梁和国际货物运输的设计师。国际货运代理人的工作内容完全属于商业或贸易行为。

二、国际货运代理企业

（一）国际货运代理概述

1. 国际货运代理企业的概念

国际货运代理企业（人）是接受货主委托，办理有关货物报关、交接、仓储、调拨、包装、转运、租船和订舱等业务的。

2. 国际货运代理企业的经营范围

《国际货运代理行业管理规定》第17条规定，国际货运代理人接受委托后可以代办下列部分或者全部业务。

(1) 货物的监装、监卸、交接、调拨、转运。

(2) 集装箱拼装拆箱。

(3) 货物的包装。

(4) 订舱、仓储。

(5) 国际多式联运、国际快递（私人信函除外）。

(6) 报关、报检、报验、保险。

(7) 缮制有关单证，并付运费，结算、交付杂费。

(8) 代办揽货、燃物料供应等与运输相关的业务。

鉴于2001年《中华人民共和国国际海运条例》（简称《海运条例》）将无船承运人作了专门的规定，这里有必要对其业务范围进行简单的归纳。无船承运业务是指无船承运业务经营者以承运人身份接受托运人的货载，签发自己的提单或者其他运输单证，向托运人收取运费，通过国际船舶运输经营者完成国际海上货物运输，并承担承运人责任的国际海上运输经营活动。

无船承运业务的业务范围包括：①以承运人身份与托运人订立国际货物运输合同；②以承运人身份接收货物、交付货物；③签发提单或者其他运输单证；④收取运费及其他服务报酬；⑤向国际船舶运输经营者或者其他运输方式经营者为所承运的货物订舱和办理托运；⑥支付港到港运费或者其他运输费用；⑦集装箱拆箱、拼箱业务；⑧其他相关的业务。

（二）国内投资国际货运代理企业的设立

1. 国际货运代理企业的设立条件

根据原外经贸部1995年6月29日发布的《中华人民共和国国际货物运输代理业管理规定》（以上简称《管理规定》），及《中华人民共和国国际货物运输代理业管理规定实施细则》（以下简称《实施细则》）的规定，国际货物运输代理企业必须依法取得中华人民共和国企业法人资格。

(1) 主体条件 申请设立的国际货代企业可由企业法人、自然人或者其他经济组织组成，与进出口贸易或国际货物运输有关、并拥有稳定货源的企业法人应当为大股东，且应在国际货代企业中控股。企业法人以外的股东不得在国际货代企业中控股。

(2) 组织形式 国际货运代理企业应当依据取得中华人民共和国企业法人资格。企业组织形式为有限责任公司或股份有限公司。禁止具有行政垄断职能的单位申请投资经营国际货运代理业务。承运人以及其他可能对国际货运代理行业构成不公平竞争的企业不得申请经营国际货运代理业务。

(3) 营业条件

① 具有至少5名从事国际货运代理业务3年以上的业务人员，其资格由业务人员原所在企业证明，或者取得外经贸部颁发的资格证书。

② 有固定的营业场所。

③ 有必要的营业设施，包括一定数量的电话、传真、计算机、短途运输工具、装卸设备、包装设备等。

④ 有稳定的进出口货源市场，是指在本地区进出口货物运量较大，货运代理行业具备进一步发展的条件和潜力，并且申报企业可以揽收到足够的货源。

从事如国际多式联运业务的企业条件还需满足：①从事《实施细则》第32条中有关业务3年以上；②具有相应的国内、外代理网络；③拥有在商务部登记备案的国际货运代理提单。

(4) 注册资本条件

① 经营海上国际货物运输代理业务的，注册资本最低限额为500万元人民币。

② 经营航空国际货物运输代理业务的，注册资本最低限额为300万元人民币。

③ 经营陆路国际货物运输代理业务或者国际快递业务的，注册资本最低限额为200万元人民币。经营前面两项以上业务的，注册资本最低限额为其中最高一项的限额。

国际货运代理业每申请设立一个分支机构，应当相应增加注册资本50万元人民币。如果企业注册资本已超过规定的最低限额，则超过部分，可作为设立分支机构的增加资本，此处的分支机构是指分公司。

2. 国际货运代理企业的等级

(1) 国际货运代理资格由审批改为登记注册 商务部、国家工商总局2005年2月16日联合发布了《关于国际货物运输代理企业登记和管理有关问题的通知》。《国务院关于第三批取消和调整行政审批项目的决定》取消了国际货物运输代理经营资格审批后，企业申请从事国际货物运输代理业务时，商务主管部门再对其进行资格审批，申请人可直接向所在地工商行政管理部门办理登记注册，为经登记注册不得从事相关业务。

工商行政管理部门在登记注册时，是严格执行《管理规定》中关于经营海上、航空、陆路国际货运代理业务最低注册资本限额的规定。按照《管理规定》第17条规定的相关业务核定，其中依据有关法律、行政法规的规定，需经有关主管机关审批的，还应当提交有关主管机关批准文件。

(2) 为了保障货主的利益,加强对国际货物运输代理业的管理,商务部颁布了2005年第9号令《国际货运代理企业备案(暂行)办法》。国际货物运输代理企业及其分支机构在办完工商登记手续后即到各省商务厅办理备案手续,并向备案机关提交下列材料:①填写《备案表》;②营业执照复印件;③组织机构代码证书复印件。

(3) 以从事国际货运代理为主要业务的,企业名称中应当体现"国际货运代理"类似字样。

(4) 有关业务的相关规定

① 无船承运业务。无船承运业务经营者申请交通部办理提单登记,首先应当向交通部指定的中国境内银行专门账户交存80万元人民币的保证金。中国的无船承运业务经营者在中国境内的分支机构,申请提单登记,应当按照每设立一个分支机构增加20万元人民币保证金的原则交纳保证金。无船承运业务经营者的运价,应当按照规定的格式向国务院交通主管部门备案。

② 民用航空运输销售代理业务。从事民用航空运输销售代理业务的企业,必须取得企业法人资格,应当向民航行政主管部门——中国民用航空总局提交书面申请,并接受民航行政主管部门或者民航地区行政管理机构的监督、管理。注册资金不少于人民币150万元。其年度代理销售量连续2年均超过200吨,并在该2年内未收到罚款、停业整顿处罚的,可以申请设立分支机构或者营业分点。每增设一个分支机构或者一个营业分点,应当增加注册资本人民币50万元。

民用航空运输销售代理人应当在获准的代理业务类别范围内经营民用航空运输销售代理业务,在其营业地点公布各项营业收费标准,并将此标准报核发空运销售代理业务经营批准证书的民航行政主管部门或者民航地区行政管理机构备案。

③ 国际集装箱多式联运业务。《国际集装箱多式联运管理规则》仅适用于我国水路、公路和铁路的国际集装箱多式联运,不适用于航空运输。申请经营多式联运业务的企业注册资金不低于人民币1000万元。多式联运企业设立经营性分支机构,每增设一个分支机构应增加注册资金人民币100万元。

④ 代理报关业务。中华人民共和国海关是代理报关企业的报关资格审定和报关注册登记的主管机关。代理报关企业的注册资本在人民币150万元以上,交纳风险担保金人民币20万元。

3. 国际货运代理企业的变更

企业成立并经营国际货运代理业务1年后,方可申请扩大经营范围或经营地域。企业成立并经营国际货运代理业务1年后,在形成一定经营规模的条件下,可申请设立子公司或分支机构,子公司或分支机构的经营范围不得超出其母公司或总公司。国际货运代理企业设立非营业性的办事机构,必须报该办事机构所在地行业主管部门备案并接受管理。

三、外商投资国际货运代理企业的设立

为了适应对外经济贸易的需求,促进国际货运代理行业的发展,2005年10月19日我国商务部修订通过了《外商投资国际货物运输代理企业管理办法》,从2005年12月11日施行。

外商投资国际货物运输代理企业是指外国投资者以中外合资、合作以及外商独资形式设立的接受进出口货物收货人、发货人的委托,以委托人的名义或者以自己的名义,为委托人

办理国际货物运输及相关业务并收取服务报酬的外商投资企业。

1. 投资者的资格条件

（1）中国合营者至少有一家是从事国际货运代理业务 1 年以上的国际货运代理企业或获得进出口经营权 1 年以上的企业，或者是从事相关的交通运输或仓储业务 1 年以上的企业，且符合上述条件的中方合营者在中方中为第一大股东。

（2）外国合营者至少有一家是经营国际货运代理业务 3 年以上的企业，且符合上述条件的外方合营者在外方中为第一大股东。

（3）中外合营者在申请之日前 3 年内无违反行业规定的行为。

（4）不属于码头、港口、机场等可能对货运代理行业带来不公平竞争行为的企业。

（5）拟在中国投资设立第二家国际货运代理企业的同一个外国合营者，其在中国境内投资设立的第一家国际货运代理企业经营已满 2 年。

外国投资者申请设立国际货运代理企业的最长经营期限不超过 20 年。

另外，申请设立国际货运代理企业的外国投资者，除必须具备国家有关外商投资企业的法律、法规所规定的条件外，还应符合下列条件。

① 申请设立外商投资国际货运代理企业的中外投资者必须是与从事国际货物运输组织工作相关的企业。

② 投资者必须有 3 年以上的营运历史，有与申办业务相适应的经营管理人员及专业人员，有较稳定的货源，有一定数量的货代网点。

2. 外商投资国际货物运输代理企业审批规定

外商投资国际货运代理企业的注册资本最低限额为 100 万美元。外商投资设立经营国际快递业务的国际货运代理企业由商务部负责审批和管理；外商投资设立经营其他业务的国际货运代理企业由各省、自治区、直辖市、计划单列市及新疆生产建设兵团商务主管部门（以下简称省级商务主管部门）负责审批和管理。外商投资国际货运代理企业的备案工作由商务部统一负责。

3. 外商投资国际货运代理企业分支机构的设立条件

根据《外商投资国际货运代理业管理规定》第 11 条、第 12 条的规定，外商投资国际货运代理企业正式开业满 1 年且注册资本全部到位后，可申请在国内其他地方设立分公司，分公司的经营范围应在其总公司的经营范围之内。外商投资国际货运代理企业每设立一个从事国际货物运输代理业务的分公司，应至少增加注册资本 50 万元人民币。如果企业注册资本已超过最低限额，超过部分，可作为设立公司的增加资本。

4. 香港和澳门投资者投资国际货运代理企业

（1）港澳服务提供者可在内地设立合资、合作、独资形式的国家货运代理企业。

（2）注册资本最低限额应当符合下列要求。

① 经营海上国际货运代理业务的，注册资本最低限额为 500 万元人民币。

② 经营航空国际货运代理业务的，注册资本最低限额为 300 万元人民币。

③ 经营陆运国际货运代理业务或者国际快递业务的，注册资本最低限额为 200 万元人民币。经营前面两项以上业务的，注册资本最低限额为最高一项的限额。

（3）港澳服务提供者在内地投资设立的企业在缴齐全部注册资本后，可申请在国内其他地方设立分公司。每设立一个分公司，应当增加注册资本 50 万元。如果企业注册资本已超过最低限额，则超过部分，可作为设立分公司的增加资本。

四、国际货物运输委托代理合同

(一) 国际货物运输委托代理合同概述

1. 国际货物运输委托代理合同的概念

国际货物运输委托代理合同(以下简称委托代理合同)是指国际货运代理企业接受货物收货人、发货人、承运人或其代理人的委托,以委托人名义或自己名义办理国际货物运输业务及其他相关业务,并收取服务报酬的合同。

2. 委托代理合同的法律特征

委托代理合同的缔约以委托人和代理人的相互信赖为基础,以自愿为前提,当委托人将自己的事务托付给代理人,代理人作出允诺才达成合意,自代理人允诺之时,委托代理合同即告成立。

① 除特殊情况外,受托人必须亲自完成委托事务,未经委托人同意,不得将受托事务转托他人;否则,转委托人将承担由此而产生的不利于委托人的法律后果。

② 委托代理合同的代理人必须以委托人的名义,在委托权限内处理委托事务,其行为与委托人本人所实施的行为具有同等的法律效力。即与第三人发生的民事法律关系的后果直接由委托人承担。

③ 委托代理合同的标的是处理事务的行为,委托代理合同只强调以处理事务为目的,而不以完成事务且有成果为要求。

④ 委托代理合同具有有偿性,法人之间根据法律规定和合同的约定,委托人应向代理人支付报酬,属于有偿双务合同。例如,代购、代销、代理运输等委托代理合同。

(二) 国际货物运输委托代理合同的主要内容

为便于代理人在委托权限内委托事务,有利于合同的正确履行,合同应包括以下主要条款。

(1) 委托代理合同的主体条款　合同当事人条款必须明确委托人、受托人的姓名或名称、国籍、住址、主营业场所、法定代理人、电话、传真等。对于国际货运代理合同而言,还可以要求署名国内企业的国籍货物运输代理企业批准证书、企业法人营业执照号码、外国企业的公司注册证书、商业等级证书号码,以便核实当事人身份和经营资质,避免、减少无效合同的发生。

(2) 委托事务条款　对于国际货物运输委托代理合同来讲,应当注意规定委托运输的货物名称、规格、数量、重量、体积、包装、发运期限、运输方式、运输路线、起运地及发货地、收货人的姓名或名称、地址、电话、传真等内容。对于危险、鲜活、超限等特殊货物和容易发生自然损耗的货物,还应当在合同中相应地注明要求。

(3) 权利义务条款　对于双方有偿的委托代理合同来讲,权利义务条款是必不可少的,是委托代理合同的核心内容,决定着双方当事人权利的行使、义务的履行和违约责任的承担。这样有利于当事人履行义务,发生了纠纷也比较容易解决。

(4) 代理报酬条款　对于国际货物运输委托代理合同而言,代理报酬主要是指国际货运代理企业为了完成货主委托的进出口货物运输事务及相关事务而支出、垫付的费用。由于国际货物运输委托代理合同的特殊性,还应当明确计价、支付的币种、适用的货币兑换率等。

(5) 合同履行条款　应注明履行期限、履行地点以及履行方式。

(6) 违约责任条款 当事人一方不履行合同义务或者履行合同义务不符合约定的,应当承担继续履行、采取补救措施或赔偿损失等违约责任。

(7) 适用法律条款 国际货物运输委托代理合同具有一定的涉外因素,根据我国有关法律规定,具有涉外因素的国际货物运输委托代理合同的当事人可以在合同中规定适用于合同的效力、合同的解释及解决合同争议的法律。关于合同所适用的法律,可以适用中国法律,也可适用与该合同有某种联系的其他国家或地区的法律,以免在合同的效力、合同的履行及合同争议的解决方面产生不必要的麻烦。

(8) 合同争议的解决条款 合同争议解决条款是关于合同争议的解决方式、解决机构、解决地点等的规定。关于合同争议解决方式,通常有协商、调解、仲裁和诉讼四种方式。应当指出的是,仲裁和诉讼两种解决争议方式不能同时选用。

(9) 当事人协商一致的其他条款 实践中,为简化签订国际货物运输代理合同的手续,双方可以参照中国国际货运代理合同的主要内容,明确约定双方权利义务关系受《中国国际货运代理协会标准交易条件》的约束。

(三) 合同当事人的责任

1. 货运代理的责任

(1) 基本责任 作为承运人完成货物运输并承担责任(由其签发货运单据,用自己掌握的运输工具,或委托他人完成货物运输,并收取运费);作为承运人完成货物运输不直接承担责任(由他人签发货运单据,适用掌握运输工具,或租用他人的运输工具,或委托他人完成货物运输,并不直接承担责任)。

在委托办理业务中向委托方提供的情况、资料必须真实,如有任何隐瞒或提供的资料不实造成的损失,委托方有权向货运代理人追索并撤销代理合同或协议。在货运代理过程中所得到的资料不得向第三者泄露,同时,也不得将代理权转让给他人。

(2) 责任期限 从接收货物时起至目的地将货物交给收货人为止,或根据指示将货物置于收货人指示的地点业已作为完成并以履行合同中规定的交货义务。

(3) 权利 国际货运代理接受客户支付的因货物的运送、保管、投保、报关、签证、办理汇票的承兑和其他服务所发生的一切费用,同时还接受客户支付的因国际货运代理不能控制的原因致使合同无法履行而产生的其他费用。如果客户拒付,国际货运代理人对货物享有留置权,有权以某种适当的方式将货物出售,以此来补偿所应收取的费用。国际货运代理人接受承运人支付的订舱佣金。

2. 货运代理的赔偿责任

国际货运代理协会一般条款规定的赔偿原则有两个方面:一是赔偿责任原则;二是赔偿责任限制。

(1) 赔偿责任原则 收货人在收到货物发现货物灭失或损害是由货运代理人过失造成的,即向货代提出索赔。一般情况下,索赔通知的提出不超过货到后合理期限,否则,就视为货代已完成交货义务。

(2) 赔偿责任限制 从现有的国际公约看,有的采用单一标准的赔偿方法,有的采用双重标准的赔偿方法,对国际货运代理人的赔偿方法也应同样如此,但实际做法不一,差异较大。

(四) 国际货运代理的责任保险

国际货运代理的责任保险,通常是为了弥补国际货物运输方面所带来的风险。这种风险不仅来源于运输本身，而且来源于完成运输的许多环节，如运输合同、仓储合同、保险合同的签订，向承运人索赔和保留索赔权的合理程序等。上述这些经营项目一般都是由国际货运代理来履行的。因此，国际货运代理有必要投保自己的责任险。另外，当国际货运代理以承运人身份出现时，不仅有权要求合理的责任限制，而且其经营风险还可以通过投保责任险而获得赔偿。

承保范围内的责任，从保险公司得到赔偿。这里包括两方面：一是承保范围内的责任，保险公司予以赔偿；二是保险公司扣除了免赔额。投保时，保单中一般都会有免赔额条款，如果索赔金额未达到免赔额，则保险公司免赔，即损失会全部由投保人自己承担；如果索赔金额超过免赔额，则保险公司赔偿超过免赔额部分的损失。货物错运后，被保险人采取的补救措施一定要及时、合理。被保险人在采取措施之前，最好征得保险公司的意见，尤其是在改变运输方式、加大费用支出的情况下，以免事后向保险公司索赔时产生纠纷或得不到全部赔偿。

(1) 货运代理过失，责任保险人给予赔偿。
(2) 货运代理错交货，责任保险人予以赔偿。
(3) 集装箱货物短少，属责任保险赔偿范围。

五、国际货运代理企业在进行跨国业务合作时的注意事项

(1) 首先应和国外代理签订合作协议，在协议中清楚地列明两个货运代理之间的合作条件。这样既可以明确彼此间的合作关系，而且分工具体便于各自履行职责。一旦发生争议，还可以成为解决纠纷的依据。

(2) 如果是相互代理关系，在接受客户委托办理业务时使用何种单据尤为重要。在提国外货代办理其营业地所在国的进口货物的运输业务代理时，就应该根据国外货代的委托与授权，使用该货代的单证，而非自己的单证或共同的单证。而且在合作关系终止时，应返还所有的单证。

(3) 在签订有关费用的条款时，如果是合伙关系，在分享利润的条款中，不仅要列明分享的比例，还应当把相应的财会程序以及用于完成调查和汇款的时间限制列明。如果是相互代理关系，就不应按分享利润的方式来约定，也不能按加收差价的方式来收费，而是应当在协议中约定按佣金方式收取代理费，佣金率及支付方式、支付时间、支付地点都要列明。

(4) 不论是合伙还是代理，因为其商业交易性质所决定，对终止合作关系的原因和通知方式，应在合同中作相应约定。在通知期间，合作关系应当继续存在，避免给客户和其他合作者造成损失。

(5) 合作者除了对协议中的合伙义务和代理义务承担相应的责任外，每个国际货代还要对其他合作伙伴承担诚信义务。

【工作任务 2】 选择国际货运代理企业和签订委托代理合同

原告（某外贸公司）1995年2月9日通过出口货物明细单委托被告（某货代公司）代理出运鲜活文蛤，要求2月15日"丽波"轮从上海运至大阪。被告受托后办理了订舱手续。2月14日，货物被运抵被告仓库。由于被告接到中远公司集装箱运输总部的传真通知"大阪港压港严重，导致班轮脱班，遂决定调整'丽波'轮航次为2月22日。"被告将此情况迅速通知了原告。另查明，从2月14日货物进被告仓库至2月18日装船，集装箱温度始终控

制在原告要求鲜活文蛤保存的温度内，但货运抵大阪后文蛤全部死亡腐烂。

海事法院认为，被告作为原告的货运代理，接受原告委托，代办鲜活文蛤的出口运输，代订舱位，将货物装上船，在履行代理义务过程中没有过错。由于大阪港港口拥挤，承运人通知船舶改期，被告亦已通知原告。目前没有证据表明原告对延期出运表示过异议，也无证据表明被告在代理过程中有过失，应该承担责任。

[问] 如果你是法官应该如何处理呢？

单元三　国际货物多式联运法律法规

一、《联合国国际货物多式联运公约》

《联合国国际货物多式联运公约》（以下简称《多式联运公约》）是在联合国贸易和发展会议主持下起草的，于1980年在日内瓦签订，其宗旨是调整多式联运经营人和托运人之间的权利、义务关系以及国家对多式联运的管理。

（一）适用范围

《多式联运公约》规定，只要多式联运合同规定的多式联运经营人接管货物的地点在一个缔约国境内，或者是交付货物的地点在一个缔约国境内，则该公约的各项规定对该合同强制适用。但《多式联运公约》的规定不能影响发货人选择多式联运或分段运输的权利。

（二）多式联运经营人的赔偿责任

1. 赔偿责任期间

《多式联运公约》规定，多式联运经营人对于货物所负责任的期间，是从其接管货物之时起至交付货物之时为止，也就是指货物在多式联运经营人的掌管之下这一期间。

具体到接受货物的情况是指多式联运经营人从以下各方接受货物之时起：一是从发货人或其代表那里接收；二是根据接管货物地点适用的法律或规章，从货物必须交其运输的当局或其他第三方那里接收。即包括了两种情况。

交付货物是指多式联运经营人将货物以下列方式交付时为止。

（1）将货物交给收货人。

（2）如果收货人不向多式联运经营人提取货物，则按多式联运合同或按交货地点适用的法律或惯例，将货物置于收货人支配之下。

（3）将货物交给根据交货地点适用的法律或规章必须向其交付的当局或其他第三方。

2. 赔偿责任基础

《多式联运公约》对经营人的赔偿责任采取推定过失或疏忽的原则，即除非多式联运经营人能证明他和他的受雇人或代理人为避免损失事物的发生及其后果已经采取了一切必要合理的措施，否则就推定多式联运经营人有疏忽或过失，就应对货物在其掌管期间发生的灭失、损失或延迟交货负赔偿责任。

如果货物灭失、损坏或延迟交付是由于多式联运经营人或其受雇人或代理人的过失或疏忽与另一原因联合而产生的，则多式联运经营人仅对其过失或疏忽范围内所引起的损失负赔偿责任，但多式联运经营人必须证明哪部分损失是不属于他的过失或疏忽造成的。

3. 赔偿责任限额

关于多式联运经营人赔偿责任限额，《多式联运公约》规定如下。

（1）包括海运在内的多式联运，其赔偿责任按灭失或损坏的货物的每包或其他货运单位计不得超过920记账单位，或按毛重每千克计不得超过2.75记账单位，以较高者为准。

（2）国际多式联运如果根据合同不包括海上或内河运输，则多式联运经营人的赔偿责任按灭失或损坏货物毛重每千克不得超过8.33记账单位。

（3）如果能够确定损失发生的运输区段，而该区段所适用的某项国际公约或强制性的国内法律所规定的赔偿限额高于《多式联运公约》规定的赔偿限额时，则适用该项国际公约或该国内法律的规定。

（4）多式联运经营人对延迟交货造成损失所负赔偿责任限额，相当于延迟交货应付运费的2.5倍，但不得超过多式联运合同规定的应付运费的总和。

（5）如果多式联运经营人与发货人同意，可在多式联运单据中规定超过本公约所规定的赔偿限额。

4. 责任限制权利的丧失

《多式联运公约》规定，如果有证据证明，货物的灭失、损坏或延迟交付是由于承运人或其受雇人或代理人有意造成的，如多式联运经营人有意欺诈，在单据上列有不实资料，或明知会引起损失而毫不在意的作为或不作为所造成的，则该多式联运经营人或其受雇人或代理人就无权享受本公约规定的赔偿责任限制的权利。

（三）多式联运单据

按《多式联运公约》规定，多式联运经营人在接管货物时，应向发货人签发多式联运单据。这种单据是证明多式联运合同及证明多式联运经营人已接管货物并负责按合同条款交付货物的单证。

1. 多式联运单据的签发

多式联运经营人接管货物时，应签发多式联运单据，该单据应依发货人的选择，或为可转让单据或不可转让单据。如果签发可转让的单据，应列明是按指示或是向持单人交付。如列明按指示交付，须经背书后才能转让；如列明向持单人交付，则无须背书即可转让。收货人必须交出可转让的多式联运单据，才能向多式联运经营人或其代表提取货物。对于不可转让的多式联运单据，则必须在单据上指明记名的收货人。

2. 多式联运单据的内容

多式联运单据应载明下列内容：货物的品名、类别、标志、包数或件数、货物毛重、危险品的性质、货物外表状况、多式联运经营人的名称和地址、发货人和收货人的名称、多式联运经营人接管货物的地点和日期、交货地点、多式联运单据签发地点和日期、多式联运经营人或经其授权人的签字等。《多式联运公约》还规定，多式联运单据中如缺少上述事项中的一项或数项，并不影响该单据作为多式联运的法律性质。

3. 多式联运单据中的保留

《多式联运公约》规定如果多式联运经营人或其代表知道、或有合理的根据怀疑多式联运单据所列货物的品类、主要标志、包数或件数、重量或数量等事项没有准确地表明实际接管货物的状况，或无适当方法进行核对，则该多式联运经营人或其代表应在多式联运单据上作出保留，注明不符之处、怀疑的根据、或无适当核对方法。如果多式联运经营人或其代表未在多式联运单据上对货物的外表状况加以批注，则应视为他已在多式联运单据上注明货物的外表状况良好。

4. 多式联运单据的证据效力

多式联运单据应是该单据所载明的货物由多式联运经营人接管的初步证据；如果多式联运单据以可转让方式签发，而且已转让给正当地信赖该单据所载明的货物状况的、包括收货人在内的第三方，则多式联运经营人提出的反证不予接受。

（四）发货人的责任

关于在多式联运中发货人应付的基本责任，《多式联运公约》从一般原则和对危险货物的特殊规则两个方面分别加以规定。

（1）如果多式联运经营人遭受的损失是由于发货人的过失或疏忽，或者他的受雇人或代理人在其受雇范围内行事时的过失或疏忽所造成，发货人对这种损失应负赔偿责任。如果损失是由于发货人的受雇人或代理人本身的过失或疏忽所造成，该受雇人或代理人对这种损失应负赔偿责任。

（2）发货人对危险货物应负的责任。首先，发货人应以合适的方式在危险货物上加明危险标志或标签；其次，发货人将危险货物交给多式联运经营人或其任何代表时，应告知货物的危险特性，必要时并告知应采取的预防措施。如果未经发货人告知而多式联运经营人又无从得知货物的危险特性，则发货人对多式联运经营人由于载运这类货物而遭受的一切损失应负赔偿责任或视情况需要，可随时将货物卸下，销毁或使其无害而无须给予赔偿。

（3）发货人还应对多式联运单据中有关事实记载的正确性负责。

（五）索赔与诉讼

1. 收货人向多式联运经营人索赔

《多式联运公约》规定，当货物发生灭失或损坏时，除非收货人不迟于在货物交给他的次一工作日，将说明此种灭失或损坏的一般性质的灭失或损坏书面通知送交多式联运经营人，否则，此种货物的交付即为多式联运经营人交付多式联运单据所载明的货物的初步证据。如果货物在灭失或损坏不明显时，如果在货物交付收货人之日后连续六日内未提出书面通知。如果货物的状况在交付收货人时已经当事各方或其授权在交货地的代表联合调查或检验，则无须就调查或检验所证实的灭失或损坏送交书面通知。

除非在货物交付收货人之日后连续六十日内，或者在收货人得到通知，货物已按照规定交付之日后连续六十日内，向多式联运经营人送交书面通知，否则对延迟交货所造成的损失无须给予赔偿。

2. 多式联运经营人向发货人索赔

除非多式联运经营人不迟于在灭失或损坏发生后连续九十日内，或在按照规定交付货物后连续九十日内，以其较迟者为准，将说明此种灭失或损坏的一般性质的灭失或损坏书面通知送交发货人，否则，未送交这种通知即为多式联运经营人由于发货人、其受雇人或代理人的过失或疏忽而遭受任何灭失或损失的初步证据。

3. 诉讼时效

根据《多式联运公约》规定，有关国际多式联运的任何诉讼，如果在两年期间内没有提起诉讼或交付仲裁，即失去时效。但是，如果在货物交付之日后六个月内，或于货物未交付时，在应当交付之日后六个月内，没有提出书面索赔通知，说明索赔的性质和主要事项，则诉讼在此期限届满后即失去时效。

二、《多式联运单证规则》

《多式联运单证规则》于 1991 年由联合国贸易和发展会议与国际商会共同制定。本规则系民间规则,供当事人自愿采纳。

"多式联运单证"是指证明多式联运合同的单证,该单证可以在适用法律的允许下,以电子数据交换信息取代,而且以可转让方式签发,或者表明记名收货人,以不可转让方式签发。

(一)责任基础与责任内容

《多式联运单证规则》采用了典型的网状责任制原则。根据该规则,多式联运经营人对所有区段的运输负责。

多式联运经营人的责任从接受货物起到交付货物时止,对于货物的灭失、损坏及延迟交付负责,除非能证明损失不是由于他或他的雇用人、代理人或其他请来履行合同的人的过失或疏忽引起的。但只有在托运人已经申请货物及时运到的重要性并被多式联运经营人接受时,多式联运经营人才对货物的延迟交付负责。延迟交付指货物没有在明确约定的时间,或没有明确约定时应该要求一个谨慎的多式联运经营人交付的时间内运到。如果货物没有在应该交付的时间连续 90 天内运到,应该视为货物已经灭失。

在全程当中包括海运的情况下,如果货物灭失、损坏或延迟交付是由于海运承运人的船长、船员、引水员或其他雇佣人在航行或管理船舶中的行为、疏忽或过失引起的,或没有承运人的实际错误或知情的火灾引起的,多式联运经营人不负责任。

(二)责任限制

多式联运经营人的责任限额是每件或每单位 666.67SDRs,或毛重每千克 2 个 SDRs,以高者为准。除非托运人对货物的性质和价值另有申明并已记载在多式联运单证上。

如果全程不包括海运或内河运输,多式联运经营人的责任限制金额为每千克 8.33SDRs。

如果货物的灭失或损坏发生在某个特定区段,该区段的运输如果单独签订运输合同,从而该合同将受某个适用于该区段的国际公约或强制性的国内法的制约。那么多式联运经营人对这种灭失或损失的责任限制将根据该公约或国内法确定。

多式联运经营人累加的责任不应超过货物全部灭失时的责任。

如果能证明货物的灭失、损坏或延迟交付是由于多式联运经营人有意或明知损失会发生而严重疏忽的个人行为或不为引起的,他将不能享受责任限制。

【工作任务 3】

1. 基本案情:

原告:匈牙利 A 公司,住所地:匈牙利布达佩斯。

被告一:中国香港 B 公司,住所地:中国香港。

被告二:中国香港 C 公司,住所地:中国香港。

1994 年 10 月 4 日,原告 A 公司作为买方与温州市进出口公司签订一份售货确认书,购买一批童装,数量 500 箱,总价为 68180 美元。1995 年 2 月 11 日,温州市进出口公司以托运人身份将该批童装装于一 40 尺标箱内,交由富天公司所属"金泉"轮(M/V JianQuan)

承运。B 公司加封铅，箱号为 SCXU5028957，铅封号 11021，并签发了号码为 RS-95040 的一式三份正本全程多式联运提单，厦门外轮代理公司以代理身份盖了章。该份清洁记名提单载明：收货地厦门，装货港香港，卸货港布达佩斯，收货人为 A 公司。提单正面管辖权条款载明：提单项下的纠纷应适用中国香港法律并由香港法院裁决。提单背面条款 6（1）A 载明：应适用海牙规则及海牙维斯比规则处理纠纷。

1995 年 2 月 23 日，货抵香港后，B 公司将其转至 C 公司所属"海发"轮（M/V ZIM-HAIFA）承运。C 公司在香港的代理新兴行船务公司（SUN-HING SHIPPING CO.LTD）签发了号码为 ZIMUHKG166376 的提单，并加号码为 ZZZ4488593 的箱封。B 公司收执的提单上载明副本不得流转，并载明装货港香港，目的港科波尔，最后目的地布达佩斯；托运人为 B 公司，收货人为 B 公司签发的正本提单持有人及本份正本提单持有人，通知人为本案原告 A 公司，并注明该箱从厦门运至布达佩斯，中途经香港。

1995 年 3 月 22 日，C 公司另一代理甲某传真 A 公司，告知集装箱预计于 3 月 28 日抵斯洛文尼亚的科波尔港，用铁路运至目的地布达佩斯有两个堆场，让其择一。原告明确选择马哈特为集装箱终点站。

3 月 29 日，C 公司将集装箱运抵科波尔，博雷蒂诺（BOLLETTINO）铁路运输公司出具运单，该运单载明箱号、铅封号以及集装箱货物与 C 公司代理新兴行船务有限公司出具给 B 公司的提单内容相同。4 月 12 日，甲某依照原告 A 公司指示，将箱经铁路运至目的地布达佩斯马哈特集装箱终点站。4 月 15 日，A 公司向甲某提交 B 公司签发的一份正本提单并在背面盖章。6 月 6 日，A 公司提货时打开箱子发现是空的。同日，匈牙利铁路公司布达佩斯港口出具证明，集装箱封铅及门锁在 4 月 15 日箱抵布达佩斯寿洛科沙里路时已被替换。

1995 年 11 月 28 日，A 公司第一次传真甲某索赔灭失的货物。1996 年 1 月 2 日，甲某复函称，已接马哈特集装箱终点站通知货物被盗之事。在此之前，C 公司两家代理甲某和香港新兴行船务公司来往函电中也明确货物被盗，并函复 B 公司厦门办事处及托运人温州市进出口公司。后虽经 A 公司多次催讨，三方协商未果。

1996 年 4 月 10 日，原告 A 公司向厦门海事法院起诉。

本案是一起国际货物多式联运合同引发的纠纷。主要的问题集中在以下几点。

第一，集装箱货物的真实性问题。根据国际航运惯例，在集装箱运输方式中，由托运人负责装箱的货物，从装箱托运后至交付收货人时的期间内，如集装箱箱体和封志完好，货物损坏或短缺，由托运人负责；如箱体损坏或封志破坏，箱内货物损坏或短缺，由承运人负责。鉴于以上事实，B 公司与 C 公司关于货物真实性的质疑，应予否定。

第二，集装箱货物灭失产生的区段。根据航运惯例，承运人收回正本提单只是作为其向收货人交付货物的一个必要条件，集装箱运抵目的地堆场后、收货人提货前这段期间，货物仍在承运人掌管之中，承运人仍有义务保管照料货物直至将其交给收货人。若收货人未及时提货，承运人在交付货物时可以向收货人收取额外的堆存和保管费用，但不免除其对货物应负的责任，直至将货完好交付收货人。本案的集装箱运抵目的地后，收货人 A 公司虽向 C 公司提交了正本提单，但货物仍堆放在承运人堆场里，故不能视为承运人已交货。

第三，多式联运经营人与区段承运人的责任分担形式问题。国际上对此主要有三种形式。基于国际航运惯例及我国海商法的规定，本案采用网状责任制。本案查明货物灭失发生在 C 公司运输的区段，但 B 公司作为联运经营人不能免除对全程运输负责的责任，C 公司作为区段承运人亦应对在其运输的区段发生的货物灭失负责。

第四，两被告承担的连带责任问题。网状责任制就是连带责任的一种表现形式，它能充分保护托运人或收货人的利益，原告可以向应对全程运输负责的多式联运经营人索赔，也可以要求在本区段运输中致货物灭失的区段承运人承担赔偿责任，故B公司与C公司对原告的损失应承担连带赔偿责任。

第五，收货人提起索赔的诉讼时效问题。提单中对收货人对货物损坏或灭失提起索赔时效的约定应否采纳，是航运界及海商法学界一个较有争议的问题。在本案中，法院认为，这种缩短诉讼时效（海商法定为一年）的约定与延长诉讼时效的约定一样，是与现行法律规定相违背的，不应采纳。根据我国的立法原则，允许当事人就合同的某些条款作出特别约定，但不得与现行法律相抵触。

第六，关于本案的法律适用问题。总结本案，在涉外民事关系法律适用问题上，可以确立这样一个原则，即对法律允许当事人选择准据法的合同中的准据法条款，如果是无法执行的条款，而当事人又未作出新的确定性约定的，受案法院可适用法院地法处理该合同纠纷。

【复习思考题】

1. 国际多式联运有哪些特征？
2. 国际多式联运经营人应具备哪些条件？
3. 比较国际多式联运与一般国际货物运输的主要不同点。

【补充阅读资料】

自我国加入WTO及2005年进出口经营权全面放开以来，一方面，外资货代纷纷进入中国，他们凭借着各方面优势在中国货代市场占据了相当比例的市场份额；另一方面，国内的国际货代企业数量也在持续增加，截至2010年9月，在中国境内注册的货代企业已达3万多家（含合资、外资在华办事处），且平均每天还有100家新货代企业诞生。

另外，受金融危机的影响，从2008年年底开始，我国的进出口贸易额都出现了不同程度的萎缩。2009年5月份，中国前十大港口的20英尺集装箱的理箱量达821万个，同比下降7%，2009年前5个月，该10大港口理箱量同比减少11.1%。2010年虽有较大幅度回升，但因外资货代进入中国市场参与竞争，导致中国货代企业的业务量减少、资金紧张、风险增大、利润下降，严重威胁着我国国际货代企业的生存与发展。

我国国际货代业的发展特点如下。

1. 成立时间短，基础条件差。我国货代行业起步晚、历史短，大多数货代企业只有十年左右的历史。与国外大型优秀货代企业相比我国货代企业还存在着许多不足，例如服务网络资源有限（几乎没有一家货代企业拥有全球范围内的服务网络）、服务项目少、服务质量良莠不齐、专业人员缺乏等。总体来说，我国的货代企业在全球市场上缺乏竞争力。

2. 缺乏服务网络，服务水平低。从货源结构看，国内中小型货代企业主要以承揽出口预付货为主，营销手段主要是靠比拼运价的高低和社会关系的强弱。而对于已超过我国对外贸易比重80%的FOB指定货，却主要由具有全球网络优势的跨国货代公司所控制。而中国的中小型货代公司由于缺乏海外代理网络及服务水平较低等因素，往往专业化服务程度低，导致市场竞争力低下。

3. 服务内容简单，可替代性强。由于人力、物力、财力所限，目前我国小型货代企业的业务范围大多数限于订舱、报关、报检等简单的中介服务，而在仓储服务、目的地清关、门到门运输等增值服务较强的领域无力企及。由于缺乏特色，我国小型货代企业在信息的收集、存储、管理和利用方面的能力较弱，且都未能形成自己的核心优势，易被替代。

4. **市场秩序混乱，管理亟须完善。** 目前，我国货代市场存在低价竞争、支付回扣等不正当手段争取客户和业务的现象，部分货代公司面向一些不熟悉货代业务的小客户乱收费的现象也同时存在，这些行为都扰乱了货代市场，影响了合法货代企业的生存空间。另外，管理部门对货代行业的管理可以简单描述为"行政主管条块化，市场利益部门化，部门利益法规化"。在我国，商务部、交通运输部、铁道部、民航总局、邮政总局等各政府部门都有权对货代行业进行行政管理，而各个部门又都有各自主管的市场和业务，而且各部门通过行政立法的方式来保护本部门在货代行业里的利益，导致货代行业更加混乱。

参 考 文 献

[1] 道格拉斯·兰伯特（Lambertt. D.）、詹姆士·斯托克（Stock. J.）、莉萨·埃拉姆（Ellram. L.）. 物流管理（修订本）[M]. 张文杰译. 北京：电子工业出版社，2008.

[2] 刘渝，劳动和社会保障部，中国就业培训技术指导中心. 国家职业资格培训教程·物流师基础 [M]. 北京：中国劳动社会保障出版社，2009-02.

[3] 牛鱼龙. 中国物流百强案例 [M]. 重庆：重庆大学出版社，2007.

[4] 国家发展和改革委员会经济运行调节局、南开大学现代物流研究中心，中国现代物流发展报告（2010年）. 北京：中国物资出版社，2010.

[5] 中国物流与采购联合会、中国物流学会、中国物资出版社，中国物流发展报告（2010—2011）. 2011.

[6] 霍红. 十一五现代物流精品规划系列教材·第三方物流企业经营与管理 [M]. 北京：中国物资出版社，2008.

[7] 万志坚. 企业物流运营实务与案例分析 [M]. 北京：中国物资出版社，2006.

[8] Ronald H. Ballou. 企业物流管理：供应链的规划组织和控制 [M]. 王晓东，胡瑞娟等译. 北京：机械工业出版社，2006.

[9] 唐纳德 J. 鲍尔索克斯. 戴维 J. 克劳斯. M. 比克斯比·库珀（M. Bixby Cooper）. 供应链物流管理 [M]. 马士华译. 第 3 版. 北京：机械工业出版社，2010.

[10] 小保罗·R·墨菲，唐纳德·F·伍德. 当代物流学 [M]. 陈荣秋等译. 第 9 版. 北京：中国人民大学出版社，2009.

[11] 肯尼斯·莱桑斯，布莱恩·法林顿. 采购与供应链管理 [M]. 鞠磊，吴立生. 第 7 版. 北京：电子工业出版社，2007.

[12] 米歇尔 R. 利恩德斯、P. 弗雷泽·约翰逊、安娜 E. 弗林，采购与供应管理 [M]. 第 13 版. 北京：机械工业出版社，2009.

[13] 张玉斌，陈宇. 采购管理 [M]. 北京：化学工业出版社，2009.

[14] 乌云娜. 项目采购与合同管理 [M]，第 2 版. 北京：电子工业出版社，2010.

[15] 鲁照旺. 采购法务与合同管理 [M]. 北京：机械工业出版社，2008.

[16] 真虹，张捷姝. 物流企业仓储管理与实务 [M]. 北京：中国物资出版社，2007.

[17] 霍红，刘莉. 物流仓储管理 [M]. 北京：化学工业出版社，2009.

[18] 杜文. 物流运输与配送管理 [M]. 北京：机械工业出版社，2006.

[19] 徐丽群. 运输物流管理 [M]. 北京：机械工业出版社，2007.

[20] 陈明蔚. 物流运输组织与实务 [M]. 北京：清华大学出版社，2009.

[21] 刘南，张锦. 高等院校物流管理与物流工程专业系列教材·交通运输学 [M]. 杭州：浙江大学出版社，2009.

[22] 薛荣久，栗丽. 国际货物运输与保险 [M]. 第 2 版. 北京：中国人民大学出版社，2011.

[23] 朱新民. 高职高专物流管理专业教材新系·物流运输管理 [M]. 大连：东北财经大学出版社，2008.

[24] 林自葵. 普通高等教育"十一五"国家级规划教材·普通高等教育物流管理专业规划教材·货物运输与包装 [M]. 第 2 版. 北京：机械工业出版社，2010.

[25] 姚新超. 国际贸易运输与保险 [M]. 第 2 版. 北京：对外经济贸易大学出版社，2010.

[26] 姚新超. 国际贸易运输 [M]. 第 3 版. 北京：对外经济贸易大学出版社，2010.

[27] 罗佩华，孟建华，王桂霞. 物流法律法规 [M]. 北京：清华大学出版社，2008.

[28] 刘忠. 中等职业教育物流专业规划教材·物流法律法规 [M]. 北京：化学工业出版社，2009.

[29] 方仲民，赵继新. 物流法律法规基础 [M]. 北京：机械工业出版社，2011.

[30] 罗闽，叶晓鹰. 物流法规概论 [M]. 上海：立信会计出版社，2006.

[31] 吴清一. 物流常用法律法规（参考资料）[M]. 北京：中国物资出版社，2005.

[32] 裴斐，范晓晔. 物流业务法规教程（物流管理专业）[M]. 北京：中国水利水电出版社，2011.

[33] 王峰. 物流法律法规知识（第 2 版）[M]. 北京：北京理工大学出版社，2011.

[34] 罗佩华，孟建华，王桂霞. 物流法律法规 [M]. 北京：清华大学出版社，2008.

[35] 张冬云. 物流法律法规概论与案例 [M]. 北京：清华大学出版社，北京交通大学出版社，2011.

[36] 周艳军. 21 世纪全国高等学校物流管理专业应用型人才培养系列规划教材·物流法律法规 [M]. 长沙：华中科技大学出版社，2009.

[37] 新世纪高职高专教材编审委员会，孙秋高，刘亚梅. 新世纪高职高专物流管理类课程规划教材·物流法规 [M]. 第 2 版. 大连：大连理工大学出版社，2010.

[38] 王玫. 厚学·21 世纪高等职业教育"十一五"规划教材·物流管理专业·物流法律法规 [M]. 长沙：华中科技大学出版社，2010.

[39] 王芸. 物流法律法规与实务 [M]. 第 2 版. 北京：电子工业出版社，2011.
[40] 杨志刚. 国际货运物流实务法规与案例 [M]. 北京：化学工业出版社，2003.
[41] 黄红丽. 物流法律法规 [M]. 北京：化学工业出版社，2010.
[42] 王容，黄福华. 物流法规与实务 [M]. 杭州：浙江大学出版社，2009.
[43] 胡美芬，郑丙贵，阎萍. 物流法规教程 [M]. 第 2 版. 北京：电子工业出版社，2011.
[44] 周艳军. 教育部立项推荐高等职业教育物流管理专业紧缺人才培养指导方案配套教材·物流法律法规知识（中高职通用）[M]. 北京：中国物资出版社，2006.
[45] 胡美芬. 现代物流系列·物流相关法规与国际公约 [M]. 成都：四川人民出版社，2008.
[46] 胡美芬，郑丙贵. 物流法规教程 [M]. 北京：电子工业出版社，2006.
[47] 郑彬. 物流法律法规 [M]. 北京：高等教育出版社，2007.
[48] 郭声龙. 教育部职业教育与成人教育司推荐教材·高等职业教育现代物流规划教材·现代物流法规概论 [M]. 武汉：武汉理工大学出版社，2010.